軍事叢書35

敦克爾克大撤退

DUNKIRK

The Complete Story of the First Step in
the Defeat of Hitler

諾曼格爾伯(Norman Gelb)著
張　　　　佩　　　　傑譯

軍事叢書 35

敦克爾克大撤退

DUNKIRK：The Complete Story of the First Step in the Defeat of Hitler

---

作　　者　諾曼格爾伯(Norman Gelb)
譯　　者　張佩傑
發 行 人　蘇拾平
出　　版　麥田出版有限公司
　　　　　台北市新生南路二段82號 6 樓之 5
　　　　　電話：396-5698　傳眞：341-0054
郵撥帳號　1600884-9　麥田出版有限公司
印　　刷　世和印製企業有限公司
登 記 證　行政院新聞局局版臺業字第5369號
初版一刷　1995（民84）年8月1日

版權代理　博達著作權代理有限公司

ISBN 957-708-305-6

售價：340元　　Printed in Taiwan

身爲多佛港區海軍指揮官並負責發電機作戰計劃的伯特藍·雷姆賽海軍中將率領人員將一個即將成爲軍事史上的大災難轉變成歷史性的大勝利。
(*Imperial War Museum*)

溫斯頓·邱吉爾首相。在他就任首相的前三個星期裡，就必須面臨到英軍可能在敦克爾克遭到軍事史上大挫敗的危機。(*Imperial War Museum*)

邱吉爾首相和外交部長哈利法克斯爵士。在英軍受困於敦克爾克最黑暗的日子當中，哈利法克斯曾試圖說服邱吉爾看是否能和希特勒簽署不致於喪權辱國的和平條約。
(*Imperial War Museum*)

由左至右依次爲：帝國參謀總長約翰・狄爾將軍，陸軍大臣安東尼・艾登，以及英國遠征軍總司令高特將軍。
（*Imperial War Museum*）

敦克爾克海灘上排列著數列等待撤離到英吉利海峽對岸的士兵。(*Imperial War Museum*)

莫那皇后號救援船隻上的生還乘客，他們後來被一艘驅逐艦所救。莫那皇后號在發電機作戰計劃的第三天於駛離敦克爾克之後，被德軍所設置的水雷所擊中，在不到兩分鐘之內，整艘船隻就已沉入海底。（*Imperial War Museum*）

士兵在小艇裡奮力搖槳，以便駛離敦克爾克附近的海灘，並且朝著一艘停泊在外海的大型船隻前進。由於退潮的緣故，使得該艘船隻無法停靠在海岸附近。(*William Kershaw*)

士兵們涉水在英吉利海峽中，雖然水深已經到達頸部，但他們還是朝著不遠處的小型船隻和小艇前進，以便離開敦克爾克。(*William Kershaw*)

士兵們涉水抵達救援的船隻。在較為平靜的時刻，執行撤退行動的船隻停泊在外海，而整個撤退行動也以非常井然有序的方式進行。但是，通常船隻極為短缺，而德軍戰機隨時也可能會出現在上空。(*Imperial War Museum*)

在敦克爾克大撤退的期間，專業或經驗豐富的攝影師未能出現在附近的海灘上。這一幅油畫的作者是查爾斯・肯達爾（Charles Cundall），其中清楚地呈現出從海灘上撤退時所可能發生的景象。（*Imperial War Museum*）

敦克爾克港的東防波堤。在發電機作戰計劃完成，以及德軍抵達之後，就立即遭到棄守的命運。防波堤前面那艘沉沒的船隻只不過是在撤退行動期間被德軍炸毀的衆多船隻中的一艘而已。(*William Kershaw*)

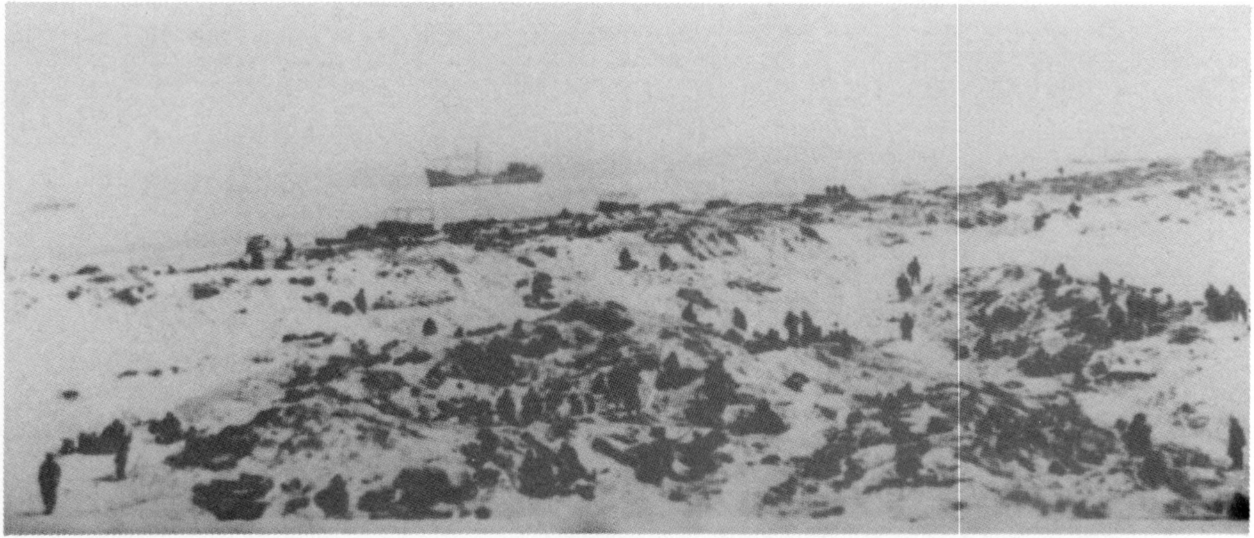

英軍躲藏在沙灘的沙丘上他們事先所挖掘的坑洞裡，他們天眞地認爲，當敵機來襲時，這些坑洞可以勝任掩護的任務。
(*Dunkirk Veterans Association*)

對於大多數的士兵來說，整個撤退行動中最糟的部分就在於必須等待多達兩天的時間——有些士兵等待的時間更久——而在這期間：德機又對沙灘和沙丘上的他們展開攻擊。(*Dunkirk Veterans Association*)

德國士兵在同盟國撤退之後檢視了一處由英軍所建造的代用碼頭。這個替代性碼頭是由衆多卡車所組成的，其目的在於使士兵能利用它們而攀爬到停泊在外海無法駛近海岸的船隻。（*Imperial War Museum*）

從退潮時可以看出一個由卡車所建構而成的臨時性碼頭如何地支援撤退行動。卡車被駛往指定的地點依序地排列，然後在上面鋪著厚木板以利士兵們能快速地行走在上面並且終而登上小型船隻。(*National Archives*)

發電機作戰計劃結束之後被棄置在海灘上的作戰和運輸工具。圖中左上角的「×」記號處爲一艘被敵機轟炸而無法航行因而棄置的船隻。（*National Archives*）

橫躺在敦克爾克以東海灘上的英軍士兵屍體。他們都是在撤退行動中遭到德軍的空襲和大砲的轟擊而陣亡（*National Archives*）。

敦克爾克郊外英軍卡車的殘骸。英軍爲了確保在將部隊撤退到海岸之後這些軍用大卡車不致落入敵軍手中，而自行將其摧毀。（*National Archives*）

一度曾爲海邊休閒區的敦克爾克附近沙灘，在棄置了擱淺和沉沒的船隻，以及其他工具和器物之後，已成爲一幅超現實的畫面。（*Dunkirk Veterans Association*）

當最後一批的後衛部隊從周邊防衛陣地撤退，再加上敵軍已抵達並掌控整個局勢，使得敦克爾克變成一個滿是沉沒或棄置船隻的港口。（*National Archives*）

首批抵達敦克爾克德軍士兵的側影。他們正在市區廣場的斷垣殘壁間休息。(*National Archives*)

在敦克爾克附近沙灘上的一小組德國士兵，他們的旁邊是一座遭到摧毀但上面仍飄揚著一面英國國旗的英軍營帳。他們的背後則是一些被擊沉或擱淺在海灘上的船隻。（*National Archives*）

德軍部隊以征服者的姿態沿著海岸線前進。先前曾防衛該海岸的英法部隊要不是獲得解救，就是爲德軍所捕。
（*National Archives*）

31 May: As a personal experience D.A & Q.M.G. embarked with 7 other soldiers at dawn on 31 May. Every man was most unhandy - not one appearing to know the purpose of an oar. The tide was falling and it was not possible to get the men to understand that the boat must be kept afloat. After falling about in the baot (folding boat R.E manned by one heroic sapper) saome progress was made in a crab like manner outwards when after several attempts a tow line was secured to a naval motor boat. On arrival at destroyer side the boat was allowed to charge the ship - no man had an idea how to fend off. The boat did not break and the very dopey and awkward soldiers climbed on board somehow. During the tow 2 men in a boat in front threw away their rifles - it was not possible to identify them. The sappers remained and took back the boat still in tow. The 'Shikari' Destroyer arrived at Dunkirk at 0530 & Dover at 0930.

* * * *

(Signed) J.G. HALSTED
Brig

英國遠征軍第一軍經理署署長准將海斯德(J. G.Halsted)的個人紀錄，記載著撤退時的情形。

NAVAL OFFICER IN C...
-4JUN1940
RAMSGATE

14 OLD SQUARE.
LINCOLN'S INN, W. C. 2.
HOLBORN 4036

3rd June 1940

Sir,

Sub-Lieut. Lucey, R.N.

The above officer was out in command of the Fire Float "Massey Shaw" for the purpose of embarking troops from Dunkirk on the afternoon and night of the 31st May-1st June.

As a member of the crew, which consisted entirely of officers and men of the London Fire Brigade and Auxiliary Fire Service, I venture to send you a brief account of the work done by Mr. Lucey on this occasion, which might not otherwise be brought to the notice of his superior officers, in the hope that he will be given proper credit for it.

The Massey Shaw brought a light skiff in tow from Ramsgate, but this was swamped in the breakers early in the proceedings. It was then decided to attempt to get a grass line on to an R.A.F. motor boat which was aground on the beach, and so bring out a load of troops to the Float. After an unsuccessful attempt with a rocket line, Mr. Lucey and I swam ashore with a light line and made fast a grass line to the stern of the boat, the grass line then being hauled in from the Float. As it seemed unlikely that the motor boat was going to come successfully through the breakers stern-first, we attempted to transfer the line to the bow, but unfortunately at the same moment the Float was got under way in order to drag the motor boat out, and the line took charge and was lost. I swam after the line but was unable to get it back to the beach and was hauled aboard the Float. From that point Mr. Lucey was alone on the beach in the gathering darkness with about 50 or 60 soldiers, who were rather demoralised, for two three hours, most of which time I believe he spent in the water.

The Float then had to be shifted into deeper water owing to the falling tide, and various attempts to get into contact with the motor boat and Mr. Lucey were unsuccessful. Eventually at, I think, about 11 o'clock Mr. Lucey got out to the Float in a boat from another ship. He then immediately insisted upon further attempts being made to ferry out more men with this boat, and went ashore in it again himself and remained ashore while some thirty or forty men were brought out in the boat.

肯特郡藍斯蓋特港資深海軍士官的報告。

	Destroyers, minesweepers and all manner of craft were arriving, loading and leaving the beaches and Dunkerque continuously, but there were often periods when no ships were at one place or another and embarkation had to wait. Bombing of ships and beaches had so far been spasmodic - the day had been overcast and visibility was not good; sound of fighters overhead seemed to account for our freedom from air attack.
31st May 0400	Report received at 0400 of aircraft dropping mines 1 mile north of La Panne: planes frequently passed close overhead during dark hours.
Dawn	Light N.W. wind sprang up right on the beaches: many boats seen capsized, broached to or high and dry, including at least one of the local boats which carried a lot of men and could get close inshore. Not a cheering sight. Sky cleared and visibility improved; absence of haze all day.
0730	Made contact with KEITH. EXPRESS now fully loaded and left for Dover as soon as I had transferred to KEITH, in which ship I now hoisted my flag - prior to this I had used a Red Ensign (no flag being available before) to indicate which ship I was in. While I was in KEITH she did not embark any troops - same as for HEBE.
1035	To VA, Dover:- "Majority of boats broached to and have no crews. Conditions on beach very bad due to freshening onshore wind. Only small numbers being embarked even in daylight. Under present conditions any large scale embarkation from beach is quite impracticable; motor boats cannot get close in. Only hope of embarking any number is at Dunkerque. Will attempt to beach ship to form a lee to try to improve conditions." Reply:- Urging importance of using beaches as long as possible.
(15) 1105	To VA, Dover:- "Dunkerque our only real hope. Can guns shelling pier from westward be bombed and silenced?" Successful use of Dunkerque depended on being able to put ships alongside Eastern breakwater: my constant fear that this might be so accurately shelled as to render it untenable. Signalled to shore urging movement towards Dunkerque: troops seen moving slowly westward. Beach events clearly visible from seaward. Bodies of men marched along - some in good order, others in groups and knots. Ond battalion in perfect order seen marching down through a winding road from dunes to shore - told later it was the Welsh Guards, but not certain if this was correct. Embarkation going on all the time, with ships leaving as soon as filled; largest numbers came from Dunkerque. Commencing of day before and continuing on this day, the Army had been driving lorries down to beach to form a barricade and breakwater. At Braye the R.E. had planked a gangway and made a handrail on these lorries so that motor boats could go alongside. As line ran straight out to sea and wind was directly on shore, breakwater gave very little shelter - still it helped. During forenoon sent Stevenson over to some paddle minesweepers off Braye to get one beached to act as a breakwater. Done; next day she was high and dry at daylight. Don't know to what extent she was used: no ship was long enough to cover distance tide ran out, so could only be of value for part of the tide.
1000	HEBE returned with Bush, bringing plan for embarkation that night. Was as follows:- Large numbers of boats were now being sent over in tow of tugs, etc. Due to start arriving at 1500; were to be
(16)	kept for use of rear-guard for whom embarkation scheme was planned. To take the troops, 11 sloops were being collected and were to rendezvous and proceed in company, arrival being timed for 0130 on 1st June. Given berths in which to anchor in 3 batches, 1 batch off each of the embarkation beaches.

威克渥克海軍少將的報告，他負責指揮皇家海軍於敦克爾克近海附近的撤退作業，視情況安排轉接工作。

1st June, Sat. Ship in Granville dock. Repaired and ready for service.

0800. Left Dock and proceeded to Dunkirk. by " X " route.

1306. Observed wreck of " Scotia " and another vessel, apparently on Dyck Bank, with H.M.S. H. 15 alongside wreck taking off survivors.
Closed as requested by H. 15, in company with a great number of small craft proceeding to Dunkirk.
Lowered 3 boats, manned by various ratings of all departments, and picked up a few survivors. All other craft doing likewise. Took some survivors from other craft.

1422 When no more could be done, proceeded towards Dunkirk. H.15 had left for Dover, crowded. Scotia was on fire aft and it was apparent that no more men were on the wreck itself, and very few alive in the water.

1445. Passed No 5 buoy. Heavily shelled and straddled by small calibre guns. No hits after about 4 salvoes.

1505. Between Nos 11 and 13 buoys, was straddled by two salvoes from Dive bombers. Bombs were very close, deluging the entire ship with water, but apparently no damage, though ship was badly shaken.

1540. Berthed at inside berth, Eastern arm, Dunkirk. S.N.O wished me to go to Western arm, but tide being low there was insufficient water.

1550. Com'ced to embark British troops, and numerous stretcher cases.

1730. Ship full and very congested with about 1500 men. Advised S.N.O I could not safely take more, being considerably worried about stability.
S.N.O strongly advised me to wait, under cover of the shore guns, until 2100, when it was high water and getting dark for the passage across.
This I agreed with; During this wait of nearly 4 hours, several dive bombing attacks were made by flights of aircraft on two wrecks outside the harbour, which seemed to indicate that they were anxious to get rid of their bombs on anything which did not fire back, as an intense fire was maintained on them from our 2 Lewis guns and several Bren guns which the soldiers had rigged up in various places and worked for us.
Several flights of aircraft passed overhead, apparently bombers, but whilst the R.A.F. were about there was peace.
This long wait was trying to all concerned.

配備登艦小艇的莫那島號，其指揮官的報告。

33. About 1900 a telephone message was received from La Panne Military Headquarters through the War Office and the Admiralty to the effect that Dunkirk harbour was blocked by damaged ships, and that all evacuation must therefore be effected from the beaches.

About the same time a corrupt message from S.N.O., Dunkirk, was received stating continuous bombing, one destroyer sinking, one transport with troops on board damaged and impossible at present to embark more troops, though pier undamaged.

34. In this confused situation the Vice Admiral, Dover, at 2128, ordered all ships approaching Dunkirk not to close the harbour, but instead to remain off the Eastern beach to collect troops from the shore, and the drifters and minesweepers which were about to be despatched to Dunkirk harbour were also diverted to the beaches.

It appeared, therefore, at this time that the use of Dunkirk harbour would be denied to us except possibly to the small ships.

Signals addressed to S.N.O., Dunkirk, HEBE, VERITY, who were known to be in the vicinity of Dunkirk, were sent requiring information as to the accessibility of the Eastern pier for personnel vessels. Admiral Nord was also informed that Dover was out of touch with Captain Tennant, and asked whether it was still possible for transports to enter harbour and berth alongside.

No reply to these enquiries could be expected until after midnight.

35. In the event only 4 trawlers and a yacht entered Dunkirk during the hours of darkness, and as enemy activity was much reduced only two bombing attacks being made, it subsequently transpired that a good opportunity had been missed. It is probable that ships to lift some 8000 to 10,000 troops could have been made available for Dunkirk during the night at little loss to embarkation from the beaches.

摘自雷姆賽海軍中將於發電機作戰期間對海軍總部做的報告。主要爲在五月二十九日發生誤以爲敦克爾克港口因爲敵軍的攻擊行動已經無法使用的情形。

"The once fashionable place of Malo les Bains was packed with what must have amounted to thousands of deserted vehicles which somehow gave one a melancholy feeling of disaster. Div. H.Q. and ourselves marched across the beach to the mole at intervals. The Mole is about 1¾ miles long and stands about 20 feet above the water. As we marched along, accurate salvos of 5/9's continued every 10 minutes. The noise was somewhat frightening, but again our luck held as they were shelling the forward end of the mole when we were at the back and vice versa.

"As we proceeded, stretchers bearing wounded, and yawning gaps in the mole itself which we had to scramble across, told the story of what might have been our lot. The behaviour of the troops was excellent throughout, and they remained steady and cheerful. Three destroyers could be seen nearby. One had been burnt out and another broken in two by enemy action. On arrival at the end of the mole we found the boat which we were to embark on had been hit by shell fire. It was disabled and low in the water. After a longish wait we embarked at 0200 hours on the 1st June on a small auxiliary vessel and arrived at Ramsgate about 0730 hours without further incident."

由第二師的作戰日誌中證實在接到撤退至敦克爾克的命令前，爲了維持撤退至海岸的通道，已造成了慘重的傷亡。

By 30th May, there remained in the area, at an estimate, 80,000 British troops for evacuation and I had now to complete the plans for the final withdrawal of the Force. I had received a telegram from the Secretary of State, which read as follows :—

"Continue to defend present perimeter to the utmost in order to cover maximum evacuation now proceeding well. . . . If we can still communicate with you we shall send you an order to return to England with such officers as you may choose at the moment when we deem your command so reduced that it can be handed to a Corps Commander. You should now nominate this commander. If communications are broken you are to hand over and return as specified when your effective fighting force does not exceed equivalent of three divisions. This is in accordance with correct military procedure and no personal discretion is left to you in the matter. . . . The Corps Commander chosen by you should be ordered to carry on defence and evacuation with French whether from Dunkirk or beaches. . . ."

The problem was to thin out the troops, while maintaining a proper defence of the perimeter, yet at the same time not to retain a larger number of men than could be embarked in one lift.

I had received orders from home that French and British troops were to embark in equal proportions. Thus it looked at one time as if the British would have to continue holding a perimeter, either the existing one or something smaller, at least another four or five days, to enable all the troops to embark. Yet the enemy pressure was increasing and there was no depth in our position. A line on the dunes could only be held during the hours of darkness to cover the final phase of the withdrawal.

I discussed the situation with the Commanders of 1st and 2nd Corps on 30th May. Embarkation had gone well that day, especially from Dunkirk, but enemy pressure had increased at Furnes and Bergues and it was plain that the eastern end of the perimeter could not be held much longer. The enemy had begun to shell the beach at La Panne. I was still concerned lest the arrangements for embarking the French should for any reason prove inadequate. I therefore motored to Dunkirk to inform Admiral Abrial of my views and to assure myself that the arrangements for embarking British and French troops in equal proportions were working smoothly.

The Admiral assured me of his agreement about the evacuation of the sector, and we then

英國遠征軍總司令高特將軍於發電機作戰結束後對國防部做的報告。

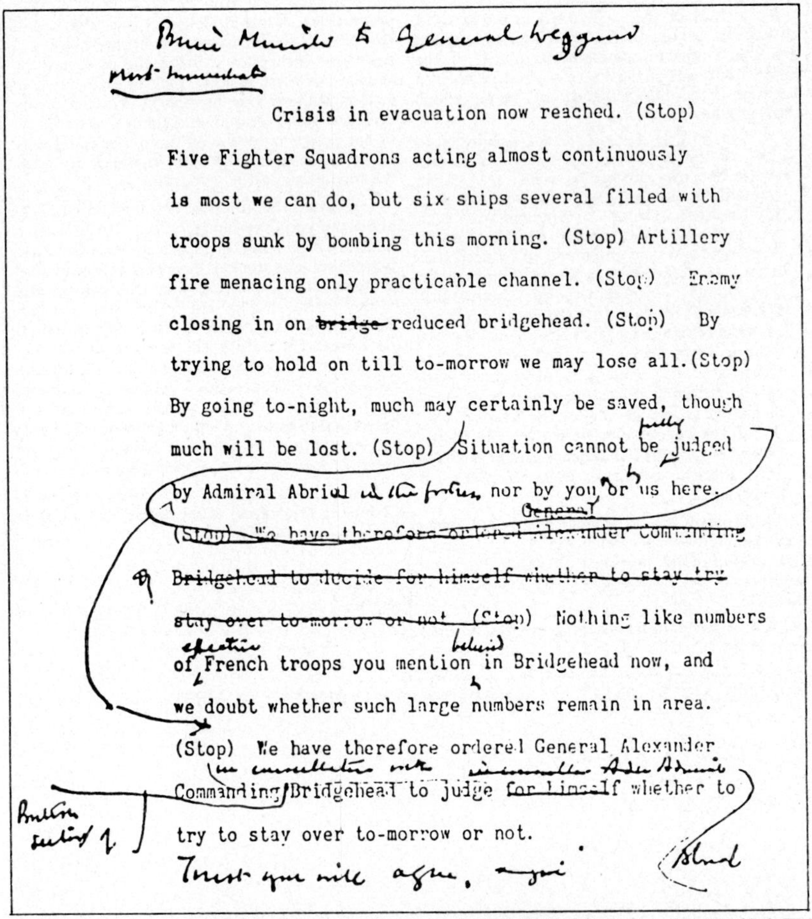

Prime Minister to General Weygand

Most Immediate

Crisis in evacuation now reached. (Stop) Five Fighter Squadrons acting almost continuously is most we can do, but six ships several filled with troops sunk by bombing this morning. (Stop) Artillery fire menacing only practicable channel. (Stop) Enemy closing in on ~~bridge~~ reduced bridgehead. (Stop) By trying to hold on till to-morrow we may lose all. (Stop) By going to-night, much may certainly be saved, though much will be lost. (Stop) Situation cannot be fully judged by Admiral Abrial in the fortress, nor by you, or by us here. ~~(Stop) We have therefore ordered General Alexander Commanding Bridgehead to decide for himself whether to stay try stay over to-morrow or not~~ (Stop) Nothing like numbers of effective French troops you mention believed in Bridgehead now, and we doubt whether such large numbers remain in area. (Stop) We have therefore ordered General Alexander Commanding British section of Bridgehead in consultation with Admiral Abrial to judge ~~for himself~~ whether to try to stay over to-morrow or not.

Trust you will agree.

邱吉爾於六月一日致電魏剛將軍的原始稿件。邱吉爾嘗試說服法國，英國於敦克爾克所做的努力是爲了避免慘禍的發生，而非背棄盟邦法國。

目錄

【第二篇】

戰爭將人類天性範疇中可接受及無法接受的人性標準加以揭示。

——格林．葛雷

《戰士：沙場軍人的反省》

謝詞

感謝許多人在我們撰寫本書的時候所提供的寶貴協助。他們包括了敦克爾克退伍軍人協會的祕書長哈洛德・羅賓森(Harold Robinson)，他提供了廣博且具啓發性的建議。至於在倫敦時對我們提供相關資料協助的，則包括了以下幾個單位的工作人員——帝國戰爭博物館文件與書籍部、大英博物館的英國圖書館、倫敦圖書館、科林戴爾(Colindale)報紙圖書館、位於格林威治的海洋博物館文件部、位於基佑(Kew)的公衆紀錄辦公室、位於萬茲渥斯(Wandsworth)公立圖書館西丘分館(West Hill Branch)的經常被忽略但卻擁有絕佳資料的特殊收藏部，以及位於契爾西亞(Chelsea)國立軍事博物館的閱覽室。此外，位於華盛頓特區的國立資料館軍事參考部，以及位於紐約海德公園的佛蘭克林・羅斯福圖書館之工作人員也提供不少協助。非常感謝位於倫敦的國防部空戰歷史館之艾瑞克・孟岱(Eric Munday)、皇家海軍歷史館之保羅・麥爾頓(Paul Melton)，以及英國傳統博物館的史考特(K. W. Scott)等人提供在位於多佛絕壁的發電機作戰總部所發現的一些遺物與遺稿。

尤其要感謝的是敦克爾克大撤退中的生還者，其中包括了在一九八八年五月隨同敦克爾克退伍軍人協會再度造訪敦克爾克期間所認識的老兵，他們好心地允許我探索其所記憶的事件，而且，甚至還將個人的日記、信件、照片，以及其他未出版的資料借給我或是拿給我參考。我特別要感謝約翰·艾格特(John Agate)、史丹利·艾倫(Stanley Allen)、約翰·卡本特將軍(General John Carpenter)、西得·道得(Sid Dodd)、詹姆士·艾爾斯(James Else)、法利(F. R. Farley)、哈利·詹德斯(Harry Genders)、萊斯利·金士堡(Leslie Ginsburg)、湯姆·葛利菲絲(Tom Griffiths)、派屈克·漢那西(Patrick Hennessy)、亞瑟·哈普肯斯(Arthur Hopkins)、威廉·克爾蕭教授(Professor William Kershaw)、李查·梅考克(Richard Maycock)、李查·麥瑞特少校(Major Richard Merritt)、史坦利·奈特爾指揮官(Commander Stanley Nettle)、湯姆·諾依斯(Tom Noyce)、厄尼斯特·李查茲(Ernest Richards)、維克多·史洛特(Victor Slaughter)、法蘭克·塔布洛爾(Frank Tabrar)、西瑞爾·湯普森(Cyril Thompson)、亞伯特·懷特(Albert White)、伯納德·懷亭少校(Major Bernard Whiting)、艾斯頓·韋德將軍(General Ashton Wade)，以及比爾·渥威克(Bill Warwick)。

我非常感激皇家威爾斯燧石槍團的麥可·伯克罕中將(Lietenant General Michael Burkham)，他不但誠摯地審查本書的草稿，而且還提供了極具建設性的看法，若是本書還有任何錯誤，請原諒本人不察。

我最感謝的是我的妻子芭芭拉的建議和精神上的支持。

敦克爾克大撤退

DUNKIRK

The Complete Story of the First Step in the Defeat of Hitler

【第一篇】

敦克爾克周邊防禦計劃

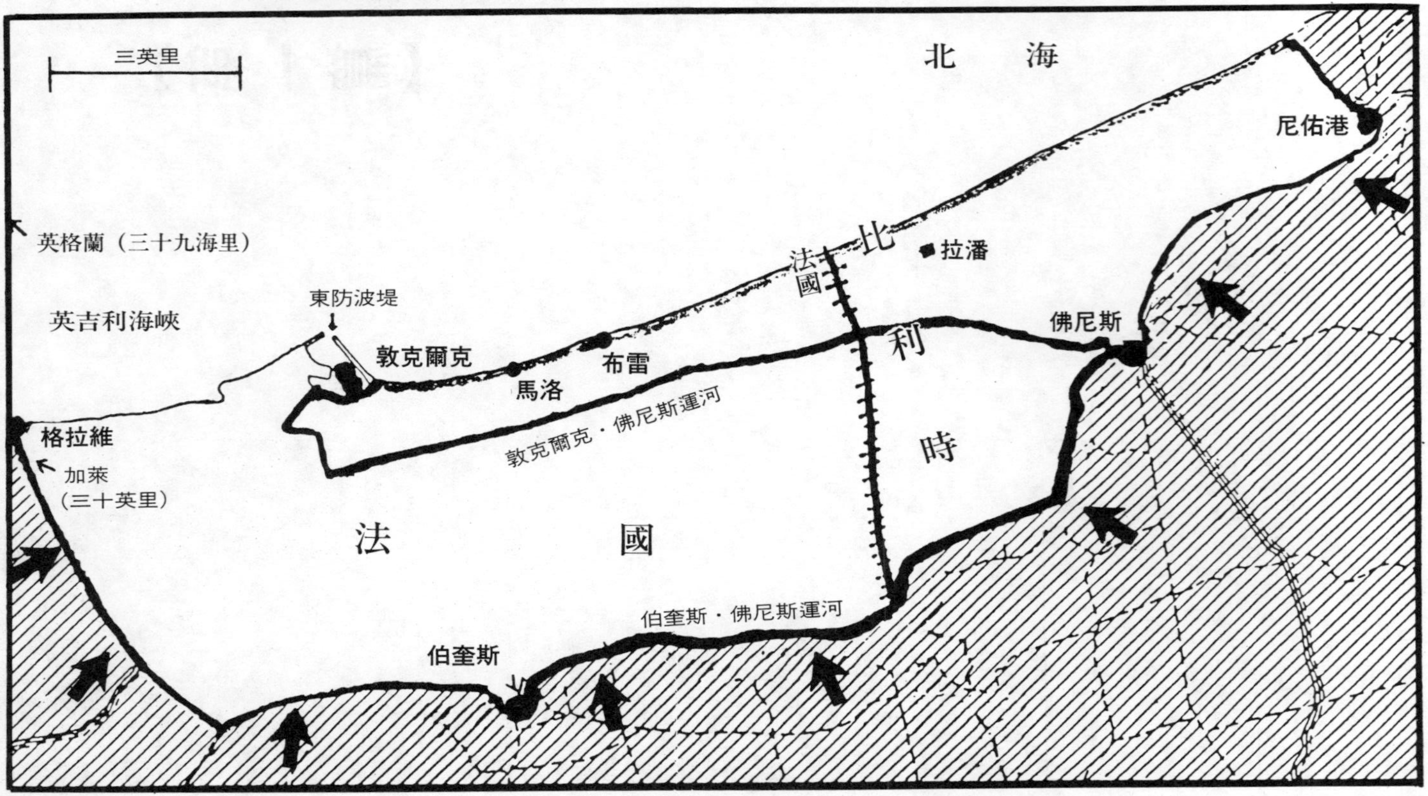

三英里
北海
尼佑港
英格蘭（三十九海里）
拉潘
法國
比利時
東防波堤
英吉利海峽
敦克爾克
布雷
馬洛
佛尼斯
敦克爾克・佛尼斯運河
格拉維
加萊
（三十英里）
法國
伯奎斯・佛尼斯運河
伯奎斯

敦克爾克

一九四〇年五月十日破曉時刻，納粹德國的軍隊迅速地從其鄰近國家的邊界展開一場征服西歐的長征。德軍在一支可怕的坦克龐大先鋒部隊的領軍以及有史以來最具威力的攻擊性戰機之強力支援下，準備完成二、三十年前在第一次世界大戰中未能達成的使命——擊潰法國並重挫不列顚。

雖然同盟國的防衛部隊已做好將被攻擊的準備，但不論在武力、戰略的運用等方面都明顯地不如德軍，因而在遭到一番猛攻之後，很快地就崩潰了。在不到三個星期當中，阿道夫・希特勒（Adolf Hitler）這位喪心病狂且意識型態相當濃烈的德國獨裁者達成了現代史上最為不凡的軍事勝利。不僅法國的軍隊（原先被認為是世界上最不屈不撓的戰鬥部隊）處於全面崩潰的危機，就連英國遠征軍（先已被派遣橫渡英吉利海峽前往歐洲協助阻撓德軍）也受困在法國西北海岸的敦克爾克。

對於頑強抵抗納粹德軍威脅的部隊來說，大災難的到來已是隱約可見。奧地利、捷克斯拉夫、波蘭、丹麥、荷蘭，以及盧森堡早已落入希特勒的手中。比利時大多數的地區已遭到德軍的蹂躪，正面臨著即將投降的危機。同樣地挪威也將臣服於德軍，即使是一向高傲的法國也正準備和德國簽定喪權辱國的投降條約。

倫敦的政府官員和軍事將領不但對於橫掃法國北部的德軍之速捷和大範圍之攻擊感到震驚，而且也對於英國遠征軍在絲毫沒有預警但卻突然遭受極度危難的情形感到憂心不已。英國遠征軍涵括了英國所有可立即作戰的部隊、訓練幹部，以及經驗豐富的軍官。當他們瞭解到英國遠征軍陷於「前有追兵，後有大海」，而且幾乎不可能突破的境地時，都極為震驚。雖然戰爭才展開不久，但英國卻將面臨沒有軍隊可供運用的窘境。

英國政府已願意接受此一殘酷的事實——英軍所有的重武器裝備（也就是伴隨著英國遠征軍到法國的重武器裝備）是注定要遭到完全毀損的噩運了。雖然如此，英國政府還是迅速地擬定各種計劃，試圖解救一些被困在法國的英國遠征軍。英國的大小型船隻集結起來並橫渡英吉利海峽，以便盡可能地將部隊從敦克爾克運抵英格蘭。可是，德軍的轟炸機早已接連幾天爆破敦克爾克的港口設施，使那些設施幾乎再也無法使用。而一再地向前逼進的德軍地面部隊距離敦克爾克已不過數哩之遙。即使是英軍領導階層最為樂觀的人士也都認為此次撤退行動絕無成功的可能。英方人士認為，在德軍的圍攻行動展開之前，至多能解救出極少數的人，而根據他們的估計，大約是十分之一，也就是三萬名士兵。至於一些資深的英軍軍官則認為，事實上，沒有任何一位士兵能從德軍的圍攻中逃脫出來。

英國已選定一天做為哀悼在法國境內的英國遠征軍的日子，而一些聽到此一消息的英國遠征軍則因而推論，他們早就認定必會戰死。一些政府官員建議應讓英國大衆（在此之前早已遭到嚴格的新聞管制）先知曉此一狀況，以便一旦最壞的情況最後終於出現時，不會過於震驚。

很多人相信德軍將會入侵不列顛，而那些早已知曉英國遠征軍困境的人則擔心英國將無可用之兵來驅退德軍。溫斯頓・邱吉爾(Winston Churchill)——被任命爲新首相，他在被任命時曾被倫敦的許多老一輩的保守份子斥爲政治的門外漢，因而不適合擔任首相的職務——則向下議院提出預警，必須鼓起勇氣來接收「悲慘且沉重的消息」。

有些人認爲那些消息過於悲慘和沉重，將令人無法承受。一位名爲哈洛德・尼古森(Harold Nicolson)的中級政府官員和他的作家妻子維塔・莎克維爾威斯特(Vita Sackville-West)曾經考慮要自殺。雖然資深的外交部官員亞歷山大・凱德肯爵士(Sir Alexander Cadogam)並沒有如同常人般地陷入愁雲慘霧的情緒當中，但他也相當沮喪，以致於在日記中記載著：「假如希特勒統治英國的話，那我應該會把死亡列爲最先考慮的事項。」由於英方擔心置身在敦克爾克的英軍命運，有一位內閣資深部長（他對於邱吉爾不惜任何代價也要作戰到底的決心感到相當憤怒）呼籲必須採取行動以便確保能和德國獨裁者簽定「不喪權辱國」的和平條款，如此一來，也才能使他在重新展開征服的行動之前，先鞏固他在歐洲的勝果。

接下來所發生的，對於直接牽涉其中的國家和軍隊產生了極大的衝擊。許多事務必須在敦克爾克裁定，而非立即實現。最後決定戰爭結果的兩個國家受到非常深遠的影響。美國政府因而相信，由於英國已陷入極大的困境當中，這使得英國政府終究會臣服於希特勒並且指揮倫敦當局。

華府持續遭到上升的壓力——假如英國在已沒有可用之兵而且將被迫臣服於希特勒的情形之下，美國不應再坐視納粹德國掌控整個歐洲而不採取與之對抗的行動。不過，美國政府不但沒有立即運送軍需補給品給陷於掙扎狀況中的西方民主國家，反而準備派遣爲數衆多的美軍部隊前往拉丁美洲，因爲，美國政府一直堅信，希特勒在征服西半球並在歐洲獲致勝果之後，一定會隨之計劃攻打拉丁美洲。同時，美國政府也認眞地考慮，是否應該爲了美國國家的安全著想，而兼併英屬西印度群島。

至於在莫斯科的蘇維埃政府官員也焦慮不安地觀看戰局的發展。由於蘇維埃的部隊必須執行其統治者約瑟夫・史達林(Joseph Stalin)在整肅軍官叛變行動中逮捕或槍殺的任務，因而使得該國軍隊無法有所行動。雖然史達林在一年前曾和希特勒簽定互不侵犯條約，但德國的「元首」(納粹德國希特勒的稱號)仍然不斷地重申，摧毀共產蘇維埃以及征服俄國是他首要的目標之一。由於法國已瀕臨崩潰的地步，假如英國也遭到挫敗，那將再也沒有任何一個對手得以牽制希特勒，使其不將兇猛的兵力往東面投注。

也正因爲如此，在敦克爾克的撤退行動就顯現出多重的重要性。若從整個撤退行動的核心來說，這是一個大規模逃離圍攻的行動；同時，它也是一個把龐大英軍擊敗並迫使其陷入絕境的德軍勝利轉變成將遭受大災難的部隊之撤退行動。同時，這也是一個不朽的海軍救援行動，在此一立即下令展開的救援行動當中，不但對於所將遭遇到的對手所知有限，而且事實上也根本沒有救援成功的機會，但最後卻達成了救援的目的。就個人的層面來說，這是一個充滿了對比的撤退行動——澄澈和混淆之比，眞正的膽識和深沉的沮喪之比，非凡的機敏和顯著的無能之比，無我的同袍之愛和盲目的驚惶失措之比等。有史以來所曾採用過的求生方法都會出現在此一撤退行動當中。

本書在接下來的篇幅當中，也將詳加說明整個撤退行動的經過。而在敍述始末當中，吾人將發現，許多該學卻未學到的教訓，該注意卻被忽略的警訊，以及該避免卻又讓其發生的錯誤重複不斷地出現。此外，吾人也將發現，由於政府和將領們的錯誤決策，幾乎使其步入人類史上最大的災難之路，而要是沒有那十天的敦克爾克大撤退，或是大撤退未能成功的話，那勢必將演變成更大的災難。

序幕

當歐洲國家仍然未能從第一次世界大戰的廢墟和悲傷中復原過來之前，卻又再度被無情地捲入另一場大浩劫。位於歐洲大陸心臟地帶的德國境內，不祥的宣言和舉動早已意味著危機的到來。

在先前的那場「大戰」當中，德國已被美國、英國和法國打得只好跪地求饒。而且，在大戰後所簽定的和平條約中，由於德國遭到嚴厲的懲罰，使得德國非得經過一段長時期才能再度成爲主要的強權國家。德國軍隊被消滅的比例相當驚人。德國被禁止生產任何具侵略性目的的武器。德國被禁止建立空軍部隊，而且，還必須大幅度地消滅其海軍的規模。德國被迫割讓十分之一的領土，而在該領土上，不僅居住著德國百分之十的人口，而且還蘊藏著豐富的自然資源。德國還被迫放棄其海外的殖民地（當時殖民主義尚未被視爲是一項邪惡的思想）。除此之外，德國也被迫支付大量且使其財政面臨危機的賠款，以便補償其在戰爭中對受害國所造成的破壞。就一個國家來說，德國早已名存實亡；就一個軍事強權來說，德國早已不復存在。也正因爲如此，德國的部隊在極爲短暫的時間之內，即能把先前將其征服的各國部隊加以擊敗，或陷困在敦克爾克這個煉獄之中，實在是令人難以想像。

其實，即使是在戰後的一代還沒有長大成人之前，德國早已經復原，而且還成爲一個武裝強大、昂首濶步的巨人。除此之外，德國也已變成一個足以威脅其他歐洲國家以及美國的超級強權。希特勒的納粹黨標誌「卐」已經從中竄起而成爲一個如同魔鬼般的護身符，象徵著一個以殘酷、種族主義、瘋狂的民族榮耀，和侵佔他國領土爲根基的「邪惡十字軍」(Sinister Crusade)。殘暴和兇狠的氣氛，再加上祕密警察的恐怖行動，使得世人很難想像，這個國度的土地上曾蘊育出貝多芬、歌德，和愛因斯坦。

希特勒從不掩飾其利用犧牲鄰國的方法而擴展德國疆域的決心。他曾經如此地寫著：「歐洲的土壤是爲擁有武力奪取的人而存在的。」到德國的工業中心參觀的人都會發現，德國早已違反凡爾賽和約的規定，大肆生產戰爭的軍需品。至於到德國北海港口參觀的人，則可很容易地發現，各造船廠裡到處都是建造中的潛水艇和其他戰艦。不過，當他們必須思考到有一天可能會和強大且具威脅性的德軍相遭遇時，腦海中卻又因浮現出先前德軍戰敗的淒涼情景而遭矇蔽了。

在第一次世界大戰中，有一千多萬人喪生，兩千多萬人受傷。年輕一代的人當中，有十分之一遭到殺害。無數的婦女成爲寡婦，而無數的孩童也都失去了父親。死去的還受到人們的悼念，而傷殘者絕大多數依然在街角販賣著火柴和鞋帶。他們都會使人憶起戰爭的意義。大量的國家資源遭到耗損，國家的經濟也因而癱瘓，財物的損失相當嚴重，任誰也無法想像若此一現象再度出現，那將變成什麼樣子。

西方民主國家普遍地認爲，備戰和交戰是沒有多大差別的。當希特勒已頗有成爲統治歐洲的獨裁者時，牛津大學的學生卻都一面倒的認爲不應爲國王或國家而戰。而這種看法並非只存於英國的秀異分子當中而已。一般大衆也都認爲，不論處於任何發展、任何情況、任何原因，或是任何的煽動，都不可能據此而作爲動武的藉口。

英國各地紛紛成立和平協會。這些協會舉辦了無數個和平會議、和平示威以及和平遊行。英國全國各地共有數千人加入和平宣誓聯合會。許多書籍、劇本、歌曲、雜誌、報紙和牧師的講道也都譴責戰爭的徒勞無功以及重整軍備的荒謬可笑。

有些頗具影響力的英國人士雖然不是納粹主義的支持者，但他們卻認爲，當希特勒在重建德國和從事建軍時，沒有必要對其加以阻撓。他們在詳加體量希特勒公開表達的向外擴展的野心之後，即相當擔憂，假如希特勒遭到冒犯之後，很可能會轉而採取戰爭的方式，來消除前一次大戰中德國所遭到的苦楚和挫折。倫敦《泰晤士報》(*Times*)的編輯吉佛利•勞森(Geoffrey Lawson)就曾對朋友說：「我花了好幾個晚上的時間把(報紙上)我認爲會傷到德國的任何文章加以刪除。」

即使是在那些被希特勒所震驚以及對納粹的野蠻行爲感到恐懼的英國人來說，仍然有些人不願過度地對其加以批評。他們對於德國在第一次世界大戰末期遭到戰勝國的報復感到相當遺憾。他們認爲，由於德國先前遭受到嚴酷的待遇，因而很自然地會試圖找回自尊、尊嚴，或者甚至其所喪失的一些領土。有些人甚至據理地堅稱：除非德國再度成爲強大且有尊嚴的國家，否則國際局勢將無法平穩下來。

並非所有試圖平息希特勒情緒的人都採用這種推理。很多人就相當擔憂，在德國軍力日益強大的情勢發展之下，德國將出現一位獨裁者。不過，由於納粹主義比共產主義出現得晚，因此，他們的擔憂對象主要是指蘇維埃共產主義而言。那時的蘇維埃共產主義不但已震憾了俄羅斯長達二十多年，而且也在俄國以外的其他地區極力鼓吹暴動。他們擔心，假如德國再度被痛擊和羞辱，那蘇維埃聯邦及其對西方價值觀極具威脅的意識型態終將掌控歐洲絕大部分的地方（而此一擔憂後來證實也成爲事實）。

此外，又有誰能對德國加以痛擊？僅英國這個國家是沒有此一能力的。當希特勒的威脅已成爲千眞萬確的事實，英國的三軍部隊不論在規模或武器方面，都遠遜於德軍。更何況，德國的威脅也沒有完全引發英國民衆的注意。對於世界最強大的帝國來說，它還有許多迫切的事務待處理——包括日軍對於其位於東方的殖民地之威脅，以及義大利軍隊對其中東殖民地的威脅。緊臨著德國的法國雖然也擔心另一個戰爭所將帶來的嚴重後果，但該國卻沒有展現出想要和希特勒對抗的跡象。蘇聯的軍隊由於其軍官團遭政治整肅而元氣大減，因而無法擔任對抗希特勒的任務。至於美國，則由於孤立主義的盛行，以及廣大的美國民衆認爲大英帝國是個十足的暴君機構，因而斷定不值得對其加以支援。英國首相奈維爾·張伯倫（Neville Chamberlain）也認爲：「認爲能從美國那裡獲得援助的人，一定是非常草率而不加思考。」即使後來當英國覺得除了和德國交戰而別無他法時，張伯倫也還曾透露：「我根本就不想讓美國人來幫助我們作戰。假如美國有權在和平條款上提出要求的話，那我們將會付出極高的代價。」

由於英國的經濟已陷入很深的衰退期，因此張伯倫相當擔憂，假如英國耗費財力支援另一場戰爭，後果將不堪設想。經濟學者也估計，假如英國再度參戰，將很快地無法支付由外地進口的食物和原料等基本民生用品的費用。在上一次的大戰期間，英國和法國一樣，都曾經向美國商借物品以維持國家的經濟。不過，由於這次英國決心讓美國保持中立，而且，再加上上次借貸尚未償還的痛苦影響，使得國會已經決議，不准再度向美國政府借貸。

第一次世界大戰期間最主要的西戰場就是法國北部滿佈戰壕的地帶。法軍每十名當中就有一名（數量幾達一百五十萬）戰死，另外也有一百萬名士兵因受傷而導致殘廢。曾經是富庶的國家卻遭到嚴重的摧殘。煤礦區遭到破壞，鋼鐵廠被摧毀；全國的鐵路網也大多遭到無情砲火的破壞。境內的都市和城鎮有許多地區被夷爲平地，鄉村地帶有許多地區遭砲火摧殘，導致數百萬英畝的富庶農地變成了荒原。法國只有在中世紀黑死病猖獗時，才曾經遭受過這麼大的浩劫。

法國人一想到即將爆發另一場戰爭，都感到相當恐懼。軍人過去一度被視爲一種極具榮譽的職業，如今卻遭到鄙視。先前的戰爭故事都隱含著榮耀的意義，但當今的戰爭故事則都充滿了憂鬱和沮喪的氣氛。登記入學就讀聖西爾(Saint-Cyr)軍事學院的人數急劇下降，而且，孩童們甚至再也不玩打仗的遊戲了。

由於法國是強大德國的鄰國，這使得法國相當焦慮，因爲，它很清楚，自己暴露在德國監視之下。此外，由於法國在第一次世界大戰末期比其他的戰勝國更加強烈地要求對德國嚴懲，因而使自己的焦慮又更爲加倍。法國的領導階層一再強烈地主張向德國索取大量的賠款，以便補償其在戰爭中所遭到的破壞。如今，希特勒即將展開尋回日耳曼尊嚴和榮耀的行動，這使得法國更加擔心會遭到日耳曼人的報復。法國面積只及德國的一半，人口只及德國的三分之二，因而使法國覺得自己像個小男孩。這個小男孩過去雖然結合一群朋友而將這個粗暴的鄰居惡漢打敗，但如今，卻相當害怕必須獨自面對那個惡漢，因爲，這個惡漢比以前更強大、更憤怒。

當希特勒於一九三〇年代在德國竄起的時候，同時期的法國國內卻發生了大暴亂。左派和右派人士不斷地在街頭發生暴力衝突，不但造成國內政局的不穩，而且也因而分心無法全力注意到邊境的危險正持續地高漲。巴黎的政治局勢持續不斷演變，政府交替的速度快得令人喘不過氣來，也因而一直對德國釐定不出一致性的政策。此外，由於法國中產階級的憤怒而引發一連串使法國政府感到相當棘手的工廠罷工，不但強化了階級之間的敵意，也更進一步導致無法關注國家安全等相關課題上。

不過，法國各政黨的資深人士都深切地體認，法國並不像英國，擁有天然的屛障可供仰賴以阻擋日益好戰的鄰國。法國民衆雖然也厭惡戰爭，但卻不得不接受此一事實——他們並不能像英國和平主義者般，光靠道德意志，來說服敵人不要對其動武。他們非常清楚，一旦在邊境聽到砲彈的爆炸聲，就必須準備應戰了。

然而，法國的軍方和政治領導階層因受到上次世界大戰恐怖經歷的陰影所影響，無法有效地施展其戰爭策略。當時他們所釐定出的戰略計劃之首要目標即在於避免使法國重蹈上一次交戰中被屠殺的浩劫。雖然法國可能必須從事戰爭，但最主要的目標並不在於征服敵軍，而是在於不使敵軍靠近，也就是阻止敵軍，使其無法踏上法國的土地。各種軍事準備的目的在於防衛而非攻擊，在於靜態而非時常移動。也正是如此，惡名昭彰的馬奇諾防線（Maginot Line）於焉產生。

馬奇諾防線是以法國前任國防部長的名字而命名的，它彷彿是由許多停泊戰艦所組成的一條勢不可當的防線，而且，也是歷史上最堅固的防禦工事之一。它包括了「軍事科學裡各種可資運用材料的設計」，由混凝土和鋼筋所建造而成的，總計高達七層深，內部和外部都有防禦設施，以防止敵軍的侵入。它像一條蛇般地沿著德法邊界從瑞士而抵比利時。法國方面相信，一旦防線建造完成，將能有效地阻止德軍直接逼進。法方當然也知道，德軍很可能會在整條防線的某些地方企圖展開突破防線的戰術。但是，展開此一戰術的先頭部隊很快地就會被掩護的部隊所夾攻而落敗。法國北方和比利時交界長達兩百英里的邊界起先並沒有建構如此強固的防禦工事，後來才在該處建造和加強固定的防禦設施。不過，駐守在該邊界地區負責阻擋德軍逼進法國的比利時部隊原本應該自己設計出一個足以阻止德軍入侵的關卡。

建造了此一堅固的防禦牆，使得法軍的將領們不禁產生陶然自滿的感覺。由於法軍把先發制人的權利讓給德軍，因而使得法軍將領除了等待敵軍前來攻擊之外，別無他事可做。當法軍得以重整軍備的時候，其軍事將領並沒有對在巴黎的國防和財政等部長提出任何具體的裝備換置計劃，只建議應繼續維持和強化馬奇諾防線。高齡六十七的法軍參謀總長莫瑞斯・甘末林將軍（Gen. Maurice Gamelin）並不清楚接下來的戰況將會如何，他甚至根本就不去擔心戰局的演變。戰機和裝甲部隊是足以決定法國命運的兩大武器，但甘末林卻公開地對其作用產生質疑：「戰機無法決定戰局的結果，」以及「裝甲師過於笨重和累贅，它們或許能穿透我們的防線，但我們的後備部隊將緊跟在其所產生的明顯軌跡之後，並將其摧毀。」

當法國得知德國祕密建軍的消息之後，就立即展開整軍經武的行動。法國生產了大量的軍需品和武器裝備。但卻沒有人知道要將它們安置在何處。於是，只好將絕大部分的軍需品和武器裝備加以儲存起來。就在法國被迫簽訂投降條約之後，德軍對於他們的發現感到相當驚訝——數百萬枚砲彈仍然儲存在陸軍的軍火庫裡，而數萬發炸彈則還被儲存在空軍的補給站裡。

由於法軍早已決定採用防禦性的戰略，以致於當德軍的攻擊行動一步一步地展開來的時候，法軍已不可能採用較具彈性的軍事性對策。當最危險的時刻逼近時，必須全力展開動員，以便對敵軍展現警示作用。可是，當那個時刻眞正來臨的時候，法國民衆和其領導階層卻非常恐懼，因爲，他們都把全體動員看成是猛然地投入戰爭，也正因爲如此，全體動員就不被列入其所考量的戰略。由於法軍沒有全體動員以便展現警示的作用，也因而使得希特勒獲得「可展開攻擊」的暗示。

對於法國和英國來說，這兩個國家的確應該擔憂，一旦德國又再度變成歐洲最強大的國家並且充滿報復的心理，那該如何處理？可是，這兩個國家卻因爲互相缺乏吸引力而導致無法合力阻擋德國的攻勢。美國總統的顧問阿道夫·伯萊（Adolf Berle）曾語帶諷刺地說：「英國與法國爲鄰長達數百年之久，但卻一點也不瞭解法國，這眞是英國的一大錯誤。」不僅是因爲英國的仇外情結才使得英國人認爲「中東土包子是由加萊(Calais,爲法國濱英吉利海峽的港口)地區發跡的。」法國人和他們的生活方式總是令英國人極爲困惑。英國人一直無法確定，究竟是否應被法國人的瀟灑和敏銳所吸引，或者應對法國人的多愁善感和性好幻想加以藐視。這種「未能瞭解對方」的現象並不只是出現在英國這一方而已。不僅英國人對法國人感到相當困惑，法國人其實也對英國人感到極爲困惑。法國人對英國人的觀感也是相當微妙——他們既激賞英國人的優雅和沉穩，但卻又厭惡英國人的自負和一本正經的樣子。

英國對於法國在第一次世界大戰之後一再堅持對德國採取嚴厲懲罰而導致中歐局勢不安，感到極爲不悅。至於法國則對於英國人以道德原則來處理第一次世界大戰後德國賠償的問題以及英國對德國的重整軍備加以漠視這兩件事務感到相當不屑。此外，倫敦和巴黎競相爭取對油源豐富的中東地區之影響力和掌控力也使得兩國之間產生了磨擦。不過，由於德國的威脅日益增大，使法國絲毫沒有任何選擇。它不但必須藉著和英國結盟以便強化其外交政策，而且還呼籲英國不要被希特勒「毫無攻擊跡象」的假相所迷惑。

然而，英法兩國卻還是繼續各自爲政。就在戰爭快要爆發之前，兩國的高級軍事人士還未曾詳細地交換意見。而在第一次交換意見的會場裡，由於沒有翻譯人員在場，因而使得出席的高級軍官無法眞正地瞭解對方談話的意思。

俄國是列強當中最戒懼納粹德國的國家。希特勒不但早就聲稱俄國的領土是德國人的生活空間，因而應該被納入德國的版圖；他甚至還絲毫不加掩飾地揚言早已垂涎富庶的烏克蘭多時。

在一九三〇年代期間，蘇聯不但兵力極爲薄弱，而且還遭到世界上另外一個強國的極大壓迫。極具侵略性且帶有濃烈軍國主義色彩的日本早已佔據了滿洲，而且，現在又虎視眈眈部署軍隊在蘇聯東面的邊界上。在邊界地區曾爆發數起嚴重的衝突事件，雙方出動了數千名士兵，發動數起空襲，也導致了慘重的傷亡人數。由於蘇聯遭受飢荒，農業嚴重衰退，以及因五年計劃的挫敗而導致的工業斷層等因素，因而相當恐懼必須從事戰線相隔數千英里的兩面戰爭。

我國革命不久之後即成立的共產國際一直不遺餘力地鼓吹工人階級顚覆資本家所建立的政府。不過現在，史達林卻下令在政策上做重大的改變。他企圖建立一個集體安全同盟，以便對抗納粹德國。蘇聯加入了先前被其斥爲帝國主義者工具的國際聯盟。史達林將他那位歐化極深且溫文有禮的外交部長馬克西姆·利特威諾夫(Maxim Litvinov)派遣到巴黎、倫敦、日內瓦(國際聯盟總部所在地)，以及其他地方，以便鼓吹各國同心協力地採取防衛措施來對抗德國的入侵。世界各地的共產黨也接到「停止顚覆其所在地資產階級政府」的訓令。

可是，由於各國對共產主義的厭惡已深，再加上對蘇聯潛在的不信任，使得史達林在政策大轉變後向各國爭取同情的行動終告失敗。各國領袖在聽取克里姆林宮所提的建議之後，大多本能地退避三舍。他們都認爲史達林的動機在於轉移德國對其領土的野心。事實上，史達林的心中倒也眞的是這麼想。

各國之所以對蘇聯極不信任，主要是因爲想到俄國在第一次世界大戰時的變節。英法兩國許多資深人士都回憶起在大戰期間，布爾什維克黨人(the Bolsheviks)在奪取政權之後，不但片面地和德國締結和約，而且還拋棄了仍在戰場上作戰的同盟國戰友。也正因爲如此，才使得德軍高級指揮部門能夠從戰局已趨緩和的東戰線抽調一百萬大軍到西戰線，以支援在該處和同盟國軍隊展開血腥作戰的德國部隊。因此，和一個先前已表現出是個不值得信賴的國家結盟，又能獲得什麼好處呢？除此之外，史達林對軍官的整肅也使人質疑和俄國結盟究竟有何效用？外國觀察家對於爲數衆多的蘇聯高級軍官遭到處決或監禁一事感到震驚。張伯倫就認爲：「卽使俄國想維持一個有效率且具攻擊力的部隊，卻也是欲振乏力。」

歐洲各國大多沒有想到再度把美國拉攏來參加一場血腥的武裝衝突。美國人自己該擔心的事都已經夠多了，因此根本不想再擔憂歐洲的事務。經濟大恐慌以及一九二九年華爾街的崩盤早已使美國心力俱疲。世界上最富裕的國家卻不斷地出現失業、貧窮，以及經濟蕭條等現象。數以百萬計的美國人陷入了絕境。都市裡等待分配食物的隊伍以及可憐的移民在鄉間遊盪著。這些景象已大大地動搖了美國傳統的「什麼都能完成」之信心。顯然地，還是有一些事情是美國所無法完成的。

卽使是政客再怎麼大力鼓吹，有一件事情是絕大多數的美國人所最不願做的——再度被捲入外國的爭端。左派人士希望美國要保持清醒，因爲，任何的介入——甚至是只局限於從遠方借貸物資——都將意味著把佛蘭克林・羅斯福總統(Franklin Roosevelt)所擬定的計劃和他的新政

(New Deal)所需使用的公共基金加以分散運用，而那些計劃和新政目的就在於希望能夠幫助美國脫離經濟不景氣。右派人士則認爲，若是介入戰爭，將使美國有限的軍事資源因轉移做他用而無法擔負其最主要的任務——確保美國的安全。卽使是對於歐洲局勢發展相當關切的美國人，也大多認爲，試圖排解他人的難題是既錯誤且沒有多大用處的。

有人甚至舉美國在第一次世界大戰中所獲得的教訓，並據此認爲美國應該不介入才對。第一次世界大戰實在是一場毫無意義的爭鬥，美國人爲歐洲的忘恩負義者以及無能者在這場爭鬥當中浪費了生命和錢財，可是其代價卻是在數年之後還必須再次捲入戰爭。

暢銷書籍、雜誌上的文章，以及由參議員所組成的調查委員會都同聲譴責貪婪和無恥的軍火商爲了金錢的利益而使美國捲入第一次世界大戰的歐洲戰場。前任總統赫伯特．胡佛(Herbert Hoover)甚至堅稱，由於美國在第一次世界大戰期間於歐洲耗損了許多資源，導致後來美國經濟大恐慌，他因而警告美國，千萬不要再重蹈覆轍。由於美國大衆的孤立主義氣息相當濃烈和廣泛，使得國會通過了中立法案，其中明白地規定，不論戰爭在何處爆發，美國人都不得販售軍火武器給交戰中的國家。

羅斯福總統和美國政界的領導階層都痛恨希特勒以及納粹黨人的所做所爲。美國駐柏林大使威廉．陶德(William Dodd)在希特勒剛開始統治時就曾說過：「當我看見這個人(指希特勒)時，就立卽產生一股恐怖的感覺。」不過，由於美國很可能被誘騙而再度捲入另一場戰爭，一想到戰爭的景象，就使人引發一股更爲強烈的恐怖感。雖然很多孤立主義者都懷疑是羅斯福處心積慮地把美國導向戰爭，然而，就連羅斯福本人也同樣地對於將被捲入戰爭一事感到膽寒。

我曾親眼目睹戰爭。我曾親眼目睹地面戰爭和海上戰爭。我曾親眼目睹鮮血從受傷者的身上流下來。我曾親眼目睹有人把肺咳出。我曾親眼目睹死者躺在泥濘中。我曾親眼目睹城鎮被毀。我曾親眼目睹兩百名跛腳疲憊的士兵從防禦戰線裡走出來投降——他們是一團原先人數高達一千名的作戰單位，在經過四十八小時作戰之後的生還者。我曾親眼目睹孩童挨餓。我曾親眼目睹爲人母親和妻子者痛哭流涕。我憎恨戰爭。我曾經花了無數個小時，我也將再花無數個小時來思考和擬定計劃，以便使這個國家免於戰爭。

不過羅斯福不久之後將不得不相信，美國最後終將必須接受納粹德國的挑戰。除了將可能遭到軍事威脅之外（因爲德國已開始併吞歐洲部分地區），羅斯福的經濟顧問們也告訴他，美國的經濟復原和福祉都面臨重大的危險。

德國用不著以軍事來征服我們。她可以藉著自己和被她所征服的國家之勞動力，將世界上各種市場的各項產品之價格加以操控，使我們的產品在價格上完全沒有競爭能力可言。如此一來，不但會摧毀了我們的生活水準，而且也會搖撼我們早已處於緊張狀態的身心。

雖然羅斯福曾公開建議，當歐洲各國在戰爭中無力對抗德國時，應加入戰局。但是，由於美國民衆普遍充滿孤立主義的心態，因而加入戰局的提議終被制止而不再提出。一架美軍轟炸機在飛行測試中，失事墜毀於加州時，遭到美國民衆紛紛指責，而當美國民衆後來又發覺，殉職人員當中竟然有一位是法國空軍軍官時，抗議的情緒變得更加高昂了。美國行政當局被指控一方面聲稱害怕戰爭，但另一方面卻又積極地計劃投入歐洲戰場。

雖然大多數的美國民衆從報章雜誌和電台所獲知有關納粹德國的種種行爲之後都感到極爲震驚，但是，當他們知道美國不但遠離戰局而且也沒有和任何國家有所糾纏之後，情緒頓時紓解不少，而且，對其不恥和厭惡的程度也不再那麼過度激烈。一向極受敬重的報紙專欄作家華特・利普曼(Walter Lippmann)就曾建議：「讓我們持續維持不涉入自由的現狀吧。讓我們不要和任何國家結盟。讓我們不要做出任何承諾。」流行歌手凱特・史密斯(Kate Smith)在她那每週一次的電台節目裡，以堅定的語調唱著：「當暴風雨的雲層群集在海那邊的遠方，讓我們宣誓絕對效忠自由的土地。」

許多美國人是基於種族的考量而反對美國捲入歐洲戰場。因爲，顯然地，假如美國被捲入的話，那將不可能站在德國那一邊。大多數的德裔美國人都極爲厭惡納粹黨人的意識型態，也因而只有極少數德裔美人希望美國能夠參戰並且出現在他們祖先的土地上。他們還記得，在第一次世界大戰期間所遭受的痛苦。那時候，由於美國境內反德國的情緒高漲，因而使得報紙上相當受到歡迎的漫畫人物「頑皮小子」——一對非常可愛且淘氣的德裔小鬼——爲了迎合第一次世界大戰全國的反德情緒，不得不將他們的名字改成胡亂小子（非德裔的孩童）。至於人數衆多且一向堅持反英的愛爾蘭裔美國人不但沒有對英國遭到的困境感到些許的同情，反而對於美國將可能再度趕往他們祖先世仇的土地上協助作戰一事感到極爲憤怒。

有些頗具知名度的美國人則訝異於納粹的成就——不但讓她的人民有工作可做，而且又能提振國家的整體士氣。因爲，在同一時期，西方的民主國家一直籠罩在愁雲慘霧之間。報業大亨威廉・藍道夫・赫斯特(William Randolph Hearst)到德國訪問返回美國後，對於納粹的成就讚不絕口。身兼航空冒險家、國家英雄，以及國際名人等諸多身分的查爾斯・林白(Charles Lindbergh)在訪問德國期間受到熱烈的接待，而他個人對於德國的軍事航空業之發展，以及納粹在對他展現其成就時所展現的信心十足之精神也同樣地訝異不已。美國駐瑞士大使休・威爾森(Hugh Wilson)就曾告訴國務卿考狄爾・赫爾(Cardell Hull)，他察覺希特勒的思想已逐漸變得溫和，因此，他呼籲應同情德國的民族復興運動。

英軍在面對德軍的挑戰卻落敗一事，起先並沒有激發起原本就認爲必須對希特勒加以制止的人士之同情心。堪薩斯的一位報社編輯威廉・艾倫・懷特 (William Allen White, 不久之後成立全美一個極具影響力的傾同盟國遊說團體) 的批評則更爲嚴苛。

英國所犯的一連串錯誤已使得世界上的民主國家大爲震驚。原本像隻獅子般雄糾糾氣昂昂的英國，如今看起來卻是如此卑下且雙眼腫痛。他不但需要除蟲，而且也應該看牙。他甚至無法大聲怒吼。

最直接受到二次大戰之前幾年間局勢發展影響的美國人當屬國務院的高級官員和軍隊裡的軍

官。海軍不但是當時美國最強大而且也是最重要的防衛兵種，不過，當時美國絕大多數的艦隊都停泊在太平洋地區，以便對抗來自日本擴張主義份子的威脅。由於美國海軍當時寄望英國艦隊能阻撓已重整軍備的德國海軍，使其不致於掌控大西洋，使得美國海軍在西半球仍屬未被列爲值得重視的海軍。

同時，由於當時（其實現在也是如此）拉丁美洲被美國視爲戰略上和經濟上的重要地區，使得國務院相當擔心納粹德國可能會侵襲該地。長久以來即已掌控拉丁美洲的美國不僅從該處獲取廉價的原料，而且當地的市場也非常適合美國產品的輸出。不過，許多德國移民在南美建立了許多殖民區，而且，當地也有許多公衆人物對於希特勒的所作所爲和獲致的成就極爲激賞。從南美各國美國大使館所獲得的報告使美國政府得知，德國在許多國家的影響力日增。顯然，歐洲局勢的發展對於西半球有很重大的影響，也因而影響了美國的政策。

希特勒剛開始展開其征服計劃時，所採取的軍事行動規模不大。一九三六年三月七日，德國部隊進駐萊茵非武裝區。這塊屬於德國的土地和位於萊茵河西岸的法國交界，但在凡爾賽和約中，卻明訂條文禁止德國部隊進入該地。德軍高級將領曾力勸希特勒不要執行此一軍事行動。他們甚至對希特勒提出警告，當時駐守在萊茵地區的法國軍隊將能輕易地消滅在兵力上相對地非常薄弱的德國部隊。當時擔任德軍參謀長的阿弗烈德·約德爾（Gen. Alfred Jodl）於戰後的紐倫堡（Nuremberg）戰犯審判中曾經供出：「衡量當時我們所處的情勢，法國掩護部隊眞的可以把我們炸成碎片。」

但是，當時法軍一直抱持死守馬奇諾防線的理論，因而不願對進駐萊茵地區的德國部隊採取行動。至於英國官方的看法則可從英國外交老兵洛西恩爵士(Lord Lothian)的談話而一窺究竟：「畢竟，德國部隊只不過是回到他們自己的後花園而已。」事實上，這句話說得一點也沒錯。但是，要是當時法國連同英國的支持之下，對德軍進駐萊茵地區一事採取行動而殲滅德軍，要是希特勒在他初次進軍國際的行動中就遭到嚴重挫敗的話，或許將使得他被他的將領和在柏林的一些人士所罷免。這些人其實早就對於在第一次世界大戰時只不過是個下士，而如今卻搖身一變而成爲他們元首的希特勒的能力抱持著質疑的態度。

由於納粹一再地漫罵布爾什維克主義，再加上萊茵地區進駐德軍的事件，使蘇聯呼籲召開一個國際性會議來探討應採用那些方法來對抗德軍的威脅。但是，英國外交部並不認爲曾發生過任何重大事件，而法國則因爲還不斷回憶起第一次世界大戰期間恐怖的經驗，因而顯得使不上力。至於美國方面，雖然曾經公開地表達反對希特勒派兵進駐萊茵地區，但假若歐洲人都不願對此採取行動，那美國人倒也不想去介入這一件事。雖然希特勒這位德國的獨裁者的武裝部隊兵力還不是很強大，但他卻從這一場賭注當中踏上了勝利的第一步。

萊茵地區事件發生兩年之後，希特勒準備開始對德國東面的三個鄰國——奧地利、捷克斯拉夫，以及波蘭——展開攻擊。一九三八年三月十二日，德軍的坦克和載運部隊的軍用卡車穿越德奧邊境以便爲德國「收復」失土。雖然英國和法國曾經象徵性地稍作抗議，但是，這兩個國家稍早以前就曾表示，基於歷史的因素，並不反對德奧兩國建立較密切的關係。畢竟，希特勒自己就有奧地利的血統。假如無可避免的合併即將發生，那麼，縱使所發生的時間比原先預期的要來得早，似乎也用不著過於激烈地反對。更何況，當希特勒進駐維也納時，還受到夾道群衆熱烈的歡迎，可見得奧地利人自己也相當渴望被第三帝國（指納粹統治下的德國）合併。

希特勒在輕鬆地合併奧地利之後，下一個目標對準捷克斯拉夫，但顯然地，這是一個較爲冒險的軍事行動。從來沒有人同意他對捷克斯拉夫擁有主權的論調。不過，希特勒卻憤怒地公開譴責布拉格政府迫害捷克斯拉夫北部以德語爲主要語言的蘇台區(Sudetenland)境內之人民，他進而要求必須立即答應讓該區成爲自治區。希特勒並不否認，在蘇台區成爲自治區之後，他下一步的動作就是把該區併入第三帝國。此外，希特勒也並不諱言，假如他對捷克斯拉夫所做的要求無法實現，那德國將不會靜默的。

捷克斯拉夫人並不想臣服於希特勒的威脅。雖然他們的國家不大，但他們自己擁有第一流的部隊。除此之外，他們也有不少朋友。假如他們遭到攻擊，根據條約，法國必須前來援助，而一旦法國開始履行條約上所規定的責任，那麼，根據條約，蘇聯也必須前來援助。

當捷克斯拉夫的危機開始呈現的時候，反對希特勒作爲的德國人要不是被恐嚇不得持相異的意見，就是被放逐到國外，或者就被殺害了。不過，有一群高級軍官（其中不乏參與或熟悉入侵捷克斯拉夫的計劃者）卻深信，他們的國家在希特勒的治理之下，將會把德國推向一個根本無法贏得戰爭的絕境中，因此，他們打算制止希特勒。他們計劃將他逮捕，然後以「不顧前後地將德國投入一個如同第一次世界大戰那種毫無獲勝且造成德國人民和軍隊必須承擔慘重代價之戰爭」的罪名，將他加以起訴。

他們的計劃能否成功，時機是否正確將是最爲重要的因素。在希特勒被逮捕之後，將在軍方人員嚴密的看管之下，加以監禁，但這一切都必須在他下令開始對捷克斯拉夫展開攻擊之後，才能進行。這些策劃行動的人士擔心，由於希特勒非常受到德國人民的擁護，因而假如在他眞正發動使德國陷入自殺式絕境的戰爭之前，就採取行動，將會使此一行動因發動時機過早而以失敗收場。參加此一行動的資深軍方人士包括參謀長法蘭茲・哈爾德將軍(Gen. Franz Halder)；軍情局首長威爾赫姆・卡那里斯上將(Admiral Wilhelm Canaris)；以及柏林軍區附近的普斯丹警備部隊，和駐防在首都不遠處的一個師等單位的指揮官，當希特勒被逮捕和監禁之後，這些部隊可以被用來對抗可能會群集起來企圖解救希特勒的黑衫隊（爲希特勒之私人衛隊和祕密警察）。

雖然整個行動計劃得相當周詳，但意圖推翻希特勒的人士仍然認爲，假如想成功的話，必須和英法兩國合作。這些人一直認爲，假如西方各民主國家又再度地對希特勒投降，那他在國內的地位將更加鞏固，如此一來，不但將使他們的計劃遭到破壞，而且也將使德國在不久之後就投入一場註定要失敗的戰爭。一九三八年八月，他們冒著極大的危險，派遣相當受到敬重的富有地主依瓦德・馮・克利斯特(Ewald von Kleist)祕密地前往倫敦，以便說服英國的領導階層應堅定地反對德國出兵攻打捷克斯拉夫。

馮·克利斯特受到外交部首席顧問羅伯特·凡斯塔特爵士(Sir Robert Vansittart)以及邱吉爾的熱烈招待。不過，由於當時邱吉爾在政治上陷入昏暗期，他和凡斯塔特兩人一直都極力反對張伯倫的姑息政策，卻沒有成功。他們的觀點被當時在柏林的英國駐德國大使奈維爾·韓德森爵士(Sir Nevile Henderson)所藐視。韓德森一再地告知倫敦當局，雖然希特勒表面上公開地宣佈了許多具侵略性的話語，但他事實上根本就沒有發動戰爭的意圖。韓德森認爲，假如英國認眞考量的話，一定會瞭解，英國實在沒有必要加入此一推翻德國領導者的行動。他還認爲，從企圖推翻希特勒的可憐人士所提出的要求協助事項當中就可以看出，在沒有獲得外國的援助之前，他們是無法在自己國內採取行動的。

幾個星期之後，決定是否阻撓德國出兵攻打捷克斯拉夫一事卻變成一場可悲的鬧劇。英法兩國極力地勸阻希特勒，希望他不要採取行動，這兩國甚至還說，不排除出兵到捷克斯拉夫的可能性。他們先是威脅希特勒，武裝衝突將帶來許多危險，然後又懇請他打消採取軍事行動的念頭。整個過程在一九三八年九月廿九日於慕尼黑所召開的高層會議中結束。英法兩國在會議中懇求希特勒兼併蘇台區，但不要爲了實現他的威脅而發動戰爭。美國大使威廉·布立特(William Bullitt)在巴黎告訴羅斯福總統，英法兩國的領導階層人士在那個祕密會議中是如何地滿足那位德國獨裁者所提出的要求，他們的舉動「就好像小男孩在穀倉後面做一些見不得人的汚穢事……歐洲事務變得越來越汚穢，我們應明哲保身，最好不要淌入這個渾水當中。」

英國當時一位編年史作家就曾生動地描述西方民主國家的領導人士不知羞恥的行徑。

就好像是聽到小偷在樓下而驚惶失措的一家之主般，英國和法國政府討論著應該採取什麼防範措施。他們拿起了撲克牌，然後又將撲克牌放下，大聲對著樓下的小偷喊叫，假如不馬上離開的話，他們將會開始攻擊他，或者，至少也會叫警察；卽使在考慮是否應和他交涉，或許，他們就已經計劃提出建議，假如他把食魚刀放下來，那他們並不會反對他拿起其他的刀子；最後，他們又自我安慰地認爲，不管怎麼說，他並不知道打開保險櫃的方法。

但是，希特勒相當淸楚自己要的是什麼。除了藉由他早已精通的粗暴方式來獲取更多的生存空間(Lebensraum)之外，他想征服更多的土地，也正因爲如此，他想發動戰爭。武裝戰鬥是他的優越民族信條中一個重要的概念。對於一個過去一直擁有精緻文化和強大經濟的德國來說，在納粹黨人的治理之下，必須靠著永不間斷的強大動力，才能不被納粹黨人的剛愎壓得喘不過氣，而能施行希特勒所擬定的和政府、經濟，以及社會秩序有關之改造事項。德國的經濟事實上已陷入極大的壓力，除非出兵征服他國之後能獲得工業器材、新的原料出產地，以及勞力，否則單是全力地準備戰爭，將會陷入極爲嚴重的困境。

德國的宣傳人員準備展開下一個步驟。他們向西方民主國家的人民大肆宣揚，一旦戰爭爆發，他們將因落敗而成爲德軍的階下囚。此舉的目的在於打擊西方民主國家的士氣以及使其民衆產生恐懼的心理。他們挑選一些極具影響力的人士到德國訪問，然後帶著這些人士參觀空軍機場，並對其展示德國空軍的新型攻擊戰機。情報人員和大衆媒體都報導——其實是過分渲染——德國空軍的規模和實力。當法國空軍的首席參謀訪問德國的時候，他和他的隨從人員「被從一座機場帶到另一座機場。但是，在他們抵達另一座機場之前，先前被參觀過的武器早已被拆除而又運送到他們所要參觀的下一座機場並且組合完畢。」因此，到德國參觀的人士就產生了「德國武力比想像中還要壯大」的印象。

法國的情報人員甚至向政府提出報告，在德國宣戰的那天，巴黎很可能會遭到猛烈的轟炸。西班牙內戰期間，德軍轟炸機摧毀了古爾尼卡城(the City of Guernica)的情景被拿來當做宣傳，並加以暗示，一旦戰爭爆發，別的地方也將可能遭到同樣的命運。根據倫敦國防部官員的概略估算，結果顯示，一旦德國空軍下令其轟炸機群飛往英國城市的上空，數百萬平民將被殺害。軍事專家還公佈了可怕的預測。

——在未來的戰爭期間，包括倫敦在內的許多大城市都將遭到來自空中的攻擊，以五百架飛機為一組的每一機群將載運著五百顆十英磅重的炸彈，根據估計，在其抵達上空的半小時之內，將導致二十萬名傷亡人數，並且還將使整個倫敦市陷入一片驚惶失措的狀態……幾天之後，倫敦將會處於瘋狂的狀態，醫院將遭襲擊，交通將會中斷，無家可歸的人會大聲求救，整座城市將變成一座人間地獄……政府將因層出不窮的恐怖事件而不復存在。

英國早已開始做最壞的打算。三軍部隊早已接獲局部動員的命令。此時，重整軍備的速度加快了。倫敦市區內的公園到處都挖了戰壕。反戰機大砲也都就定位。防毒面具也被分配在民衆手中。地下室被徵用爲空襲時的避難處所，而政府也建議民衆在自己家中找一個可能是最安全的地方，並將其佈置成避難室，以便在炸彈墜落時得以有藏身之處。此外，也釐定出許多將學童撤出倫敦的計劃。由於深信戰爭卽將爆發，因此有些人拋棄了在大都市裡的家園和工作，朝著較安全的威爾斯和英格蘭西部遷移。

在蘇台區脫離捷克斯拉夫之後，希特勒幾乎不費吹灰之力地就攻佔了該國。捷克斯拉夫不但遭到西方民主國家的遺棄，而且也遭到西方民主國家的警告，因而成爲一個士氣低落、國家遭孤立且國土遭分割的國家，結果是，捷克斯拉夫的軍隊無法有效動員，終於在沒有對抗的情況之下就被德軍攻佔了。一九三九年三月十五日，德國部隊越過邊境。同時，兩千名德國傘兵也降落在布拉格的飛機場。到了傍晚時刻，希特勒就已經能夠大事聲稱：「捷克斯拉夫已不復存在了！」

其實，當初有鑑於戰爭卽將發生，對於那些不久之後卽將被迫和德國作戰的國家來說，重大軍事挫敗的陰影一直揮之不去，也因而使得這些國家並沒有發射出任何槍砲。捷克斯拉夫被出賣和遭分割之前，還擁有三十四個訓練有素、紀律嚴整，以及士氣高昂的師級部隊。而那個時候，希特勒只有四十個師可供運用。他那威力強大的裝甲兵團尙未組成。曼斯坦將軍(Gen. Fritz von Manstein)後來也證實，德國不但根本無法「有效地防衛」德國和法國的邊界，而且，假如當時捷克斯拉夫曾經抵抗德軍的入侵，那也就不會如此輕易地就被併呑了。

事實上，一直極爲渴望和平的英國卻一直沒有做好備戰的工作。不過，雖然希特勒一再地威脅和高談闊論，但是德國本身其實也是還沒有做好重大軍事衝突的準備。希特勒的將領們也都知道，他們的國家根本無法同時和法國及捷克斯拉夫的部隊作戰。更何況，根據條約的規定，蘇聯必須前來援助。此外，假如英國當初能基於其國家利益的考量，加入對抗納粹德國的聯盟陣營，以其銳不可當的皇家海軍，相信必能對納粹德國的野心有所遏阻。可是，如此大好的機會卻還是被錯過了。

不過，捷克斯拉夫是一個轉捩點。此時，在西方民主國家裡，憤怒的聲浪已經淹沒了人數稀少且仍然希望藉由姑息的方法可以使希特勒不致於開戰的人之想法。張伯倫悲傷地承認，他被德國那位獨裁者所矇騙。於是，他在一九三八年三月三十一日當希特勒正把下一個主要目標指向波蘭時，語氣明確地承諾，一旦波蘭遭到德軍的攻擊，那英國將「立即……盡全力伸出援手幫助波蘭政府。」可怕且無可避免的戰爭已經迫近的想法現在已經深深地籠罩在英國人的心裡。不祥的預兆甚至更加瀰漫在法國人的心中。法國人和波蘭人之間的友誼有一段很深的文化和歷史淵源。法國早就承諾，假如波蘭遭到攻擊，一定會義無反顧地前往協助。法國政府甚至一再地保證，此次將是其光榮地履行承諾的時刻。

至於在華盛頓方面，行政部門一再地企圖藉著普遍高漲的反希特勒情緒來減低孤立主義者的反戰情緒。羅斯福總統要求國會放寬中立法案的條款，如此一來，他才能夠向倫敦和巴黎對戰爭補給品的迫切需求有所回應。但是，雖然白宮不斷地施予政治壓力，國會仍然要求美國不得介入歐洲的戰亂。

蘇聯也對歐戰採取敬鬼神而遠之的態度，不過，這倒不是在自身的考量之下而做出的決定，而是情非得已。法國政府希望蘇聯能繼續不斷地鼓吹建立一個安全同盟。英國外相哈利法克斯爵士(Lord Halifax)也認爲，不論建立安全同盟可能會有什麼缺點，但西方民主國家和蘇聯若能建立同盟的關係，或許可以迫使希特勒重新考量他的擴張野心。雖然曾努力地試圖和莫斯科取得相互的瞭解進而達成協議，但是，由於張伯倫一直深信，史達林的主要動機在於驅策各資本家爲主的強權國家「互相殘殺對方」，因此，任何可能的突破都還是胎死腹中了。

此外，此一聯盟對抗德國的計劃之所以失敗，波蘭的不願合作也是主因之一，而波蘭之所以這麼做，是因爲波蘭對於俄國不但相當恐懼、懷疑，而且也非常仇恨。假如沒有波蘭的同意，縱使和莫斯科達成了協議，那也是毫無任何作用可言。一旦波蘭人阻止蘇聯部隊借道其領土，那希特勒根本就用不著懼怕蘇聯部隊。而當波蘭人在遭到西方民主國家的壓力時，則會理直氣壯地說：「德國人能使我們失去自由，但俄國人則會使我們失去靈魂。」

蘇聯已厭倦了必須一再地向英國和法國說明，其所以提倡聯合各國共同對抗德國之行爲並無任何不良的企圖。此外，蘇聯也更深信，西方民主國家的主要目的就在於將納粹的侵略方向導引遠離其國土而已。於是，蘇聯開始祕密地嘗試能否與希特勒達成和解。雖然蘇聯和英法兩國的會談時日已久但卻沒有達成任何結論，不過，他們和納粹的會商卻很快地就達到了高潮。希特勒一直希望趕快發動入侵波蘭的戰爭，以避免讓他的裝甲部隊在秋季的泥濘中作戰，因此，他非常希望，當他著手派遣部隊攻打波蘭時，俄國人能保證不從旁惹事生非而壞了他的計劃。於是，德國和蘇聯終於在一九三九年八月廿三日簽訂了互不侵犯條約，也因此使蘇聯免除了被德國攻打的危險。

巴黎和倫敦在聽到德蘇兩國簽訂互不侵犯條約的消息之後，著實大爲吃驚。雖然蘇聯和德國之間會談的消息早已洩露到外界，但是，卽使是最爲虔誠的反共產主義者也不敢相信，史達林竟然能夠和在柏林的那位法西斯主義的信徒達成協議，因爲，希特勒不但一向把消滅布爾什維克主義視爲其首要目標之一，而且，也曾公開地侮辱斯拉夫人，將他們視爲劣等民族。歐洲所有的政治和軍事的局面突然地改觀了。希特勒再也用不著害怕將會出現一個龐大的三國同盟之組織來與其對抗。他的部隊已經準備要出動了。而第二次世界大戰也卽將展開。

戰爭

就在德蘇兩國簽訂互不侵犯條約後的第九天——也就是一九三九年八月三十一日，一個德軍集中營的十二名囚犯被迫穿上波蘭軍隊的制服。他們在被黨衞軍的軍醫注射致命的藥劑之後，屍體還被子彈打得滿身是洞。當天夜晚，黨衞軍的士兵將這些屍體運到德國和波蘭邊界但屬德國這一邊的一座森林裡。他們將這些屍體四處排放，使其看起來就好像是隸屬於波蘭軍隊的某個單位，而該單位曾經武裝入侵德國領土，但卻被驅逐出境，並且將死者遺棄在森林裡。

就在大約同一時間，黨衞軍一個小組的士兵佔領了靠近波蘭邊界的葛利威茲城(Gleiwitz)境內之一座電台。他們在電台裡所待的期間，由其中一位會講波蘭語的士兵藉著無線電發表演說，不僅呼籲波蘭人對德國人展開攻擊，而且還說，波蘭和德國攤牌的時刻已經到來了。

德國爲了對這些(捏造的)波蘭入侵和挑撥，以及據傳聞波蘭境內的德國人遭到虐待(希特勒還曾經爲此而假裝發出憤怒之聲達數月之久)有所回應，因而在次日早晨入侵波蘭境內。德國戰機在九月一日清晨五時轟炸邊境地區的波蘭軍事陣地和設施。一個小時之後，德軍大舉入侵波蘭。四十個步兵師和十四個機械化師很快就摧毀了波蘭邊境的防禦部隊，然後就往波蘭的心臟地帶長驅直入。

希特勒曾如此地「解釋」：「波蘭這個國家拒絕我所提出的和平要求……波蘭境內的德國人先遭到血腥恐怖的迫害，然後又被趕出他們的家園……從一連串以強大武力的入侵邊境當中可以證實，波蘭早已不再尊重德國的邊界。」

不過，這是這一位德國領導者到目前爲止最爲大膽的賭注。他的高級將領們又再度地對他提出警告——他正走在一條極爲危險的道路上。他不但將他們的擔憂斥爲無稽之談，而且還信誓旦旦地認爲，德國部隊的怒吼之聲以及其動員能力之強大，是膽怯的西方民主國家所不能相比的。

但是，德國的一般民衆卻不像希特勒那麼有信心。大多數的德國人和其他的歐洲人一樣，都清楚地記得第一次世界大戰給人類所帶來的慘痛教訓——兩百多萬名年輕人因而喪命，四百多萬人則受到嚴重的創傷。希特勒的高談闊論和揑造的似是而非論調使德國民衆極爲擔心，入侵波蘭很可能會引發另一場大戰。

一位在柏林的美國通訊記者就曾把一般的德國民衆描述成「比歐洲其他國家的人民更接近瘋狂失措」，不過，這可能不包括德軍入侵波蘭那天波蘭人的行爲舉止吧。另外一位通訊記者則描述了戰爭第一天德國首都民衆戰戰兢兢的情形。

黃昏時空襲警報的響聲大作——這是一個響聲頗長的哭號聲，是特地爲世界末日而響的。每個人都像是蟻丘被踢壞的螞蟻般沒命地四處逃竄以便尋找可以掩護的地方。巴士和汽車停在街上造成一片混亂。十分鐘之後，另外一陣空襲警報的響聲使得四百萬民衆從掩護的處所跑出來，一面談論一面匆忙地回到家中。當天夜晚，有人整夜地討論，白天的空襲警報究竟是眞的或者只不過是演習而已。

哥倫比亞廣播公司駐柏林的新聞人員威廉‧希爾(William Shirer)在他的日記中就曾如此地記載著：「人們還不知道希特勒已經帶著他們從事一場世界大戰……人們的臉上顯露出驚訝和沮喪的表情。根本看不到任何興奮和愉悅的表情，更聽不到歡呼的聲音，也看不到民衆投擲花朵的景象……」

希特勒所說「西方民主國家都相當膽怯」一事在剛開始的時候似乎證實他所言不假。而優柔寡斷也幾乎是英國和法國兩國政府的反射性反應。他們一直相當擔憂，一旦他們最後終於採取阻撓希特勒的行動，那在不到數小時之內，德國空軍一定會把巴黎和倫敦的一些地區轟炸得只成一片瓦礫。他們必須共同討論該怎麼做。過去幾個月當中，危機一直持續不斷地高漲，但他們卻都因疏忽而沒有釐定出聯合處理偶發事件的計劃。當德國坦克已經轟隆作響地行駛在波蘭的平原上時，法國的外交部長喬治‧布奈特(Georges Bonnet)甚至還妄想召開另一個和談——也就是另一個慕尼黑會議，出賣另一個盟邦。

至於在倫敦方面，張伯倫則宣稱：「現在，我們只好咬緊牙關來參與這一場戰爭。」但是，下議院對於張伯倫什麼都不會做而只會對德國威脅動武一事早已深感挫折，也因而使得剛直的各黨派人士一再地阻撓保守黨和工黨兩黨之間的合作事宜（這種情形一直到今天仍然存在）。在德國展開入侵行動後的第一天，工黨的代理黨魁亞瑟·格林伍德（Arthur Greenwood，爲一位不甚受到保守黨人士喜愛的人）在國會當中挺身支持張伯倫對於英國處境的看法。此舉使得一位著名的保守黨人士因而對他大聲地說：「亞瑟，請你以英國的利益說話。」事實上，在國會當中已有許多人都認爲首相早已不是以英國的利益而說話了。

到了九月二日晚上，也就是德國入侵波蘭的第二天，英國政府所遭受「不要再猶豫」的壓力已大到再也無法承受的地步了。下議院議員的情緒已憤怒到極點，整個情況似乎意味著，除非終於採取對抗希特勒的行動，否則張伯倫首相的職位將不保。皇家海軍一直期待宣戰，如此一來才能展開部署行動。甚至英國國家廣播公司也不再像往日般平衡地報導德國各方面的情形。它已停止稱呼希特勒爲希特勒閣下，而且，爲了表達憤怒之情緒，它現在只稱他爲希特勒。

英國再也無法忍受更進一步的拖延了。英國駐德國大使於九月三日上午九時在柏林將最後通牒交予德方。除非德方能保證在當天上午十一時之前能迅速地將部隊撤離波蘭，否則英國和德國將處於交戰的狀態。

由於在上午十一時的時候英方仍然沒有獲得德方的保證，神情沮喪且老態龍鍾的張伯倫於是前往英國國家廣播公司悲傷地告訴英國民衆，英國又再度地參戰了。由於法國也終於對希特勒發出最後通牒，因此，在英國對德國宣戰的六個小時之後，法國也對德國宣戰。而這個時候，倫敦已經實施了第一次的戰時空襲警報演習。當警報聲大作的時候，汽車和巴士都靜止不動地停在街上，戴著鐵製頭盔的校長和警察則護送著擔心和害怕的學童及民衆進入空襲避難所。緊急小組匆忙地集合並趕往急需救助的地方。首都的上空昇起了許多被設計用來阻撓敵軍戰機的防空汽球。不過後來卻證實，那只不過是個假警報。英國駐法國大使館有位空軍軍官搭乘一架輕型飛機，在沒有經過允許及知會有關當局的情況下，即飛越英吉利海峽上空，而使英方誤以爲是德國戰機。

雖然希特勒一直深信，不論英法兩國做出任何舉動，都不會爲波蘭而戰，當這兩個國家眞的對德國宣戰的時候，他卻也極爲震驚。他的大批兵力正在波蘭境內，他的將領們又曾警告他，認爲他正冒著極大的危險；他又不斷地懷疑國內有人會背叛他；此外，他也相當擔憂，他的第三帝國很可能在還沒有穩固建立之前，就會遭到摧毀。因此，接下來的幾天，對他來說，是一項極大的考驗，他必須瞭解，同盟國對於其入侵波蘭的宣言究竟是虛張聲勢或者眞有其事。

德軍入侵波蘭的消息在華盛頓時間午夜時刻傳到白宮。羅斯福總統被搖醒後告知事情的經過。他和同樣地也被搖醒的高級助理共同討論整個情況。他在破曉之前同意傳送電文給西方同盟國各個政府，以及波蘭、德國和義大利，呼籲所有的相關國家不要從空中攻擊平民居住的處所。不過那個時候，華沙早就已經遭到德國空軍的轟炸了。

美國國內各界幾乎異口同聲地對德國入侵波蘭一事大加譴責。大多數的孤立主義者雖然和希望美國介入者同感憤怒，但他們也相當擔憂，德國入侵波蘭此一事件將使那些早就呼籲應運送物資給同盟國的人的主張聲浪更爲高漲。因此，他們更加強烈地要求美國政府一定不能被歐洲各國的參戰情緒所感染。他們這種觀點，可以從紐約《世界電訊報》(*World Telegram*)的文章中清楚地看出。

> 我們認爲，日後史學家在記載這段歷史的時候，絕對能斬釘截鐵地寫下誰該爲此一戰爭負責。由於我們何其有幸地居住在大西洋的這邊，因此我們不必扛起承擔在歐洲所將發生的這一場悲劇之責任。相反地，我們應把精力和決心投注在使我們國家不介入其中的工作上。

助理國務卿蘇諾．威勒斯(Summer Welles)曾說：「除了在一二地區之外，全美孤立主義的情緒幾乎已沸騰到極點。美國民衆要求政府不能採取任何行動，即使是表態也不可以，因爲，他們擔心，如此一來，將使對德國提出警告的各強權國家認爲美國將介入其中。」

羅斯福在一個記者會上曾說，他不但希望而且也相信，美國一定不會介入戰爭，而且，「美國各行政部門將盡各種力量來達成此一目的。」羅斯福總統在九月三日(也就是英法兩國對德國宣戰的當天)在一個電台的廣播中曾告訴美國民衆，無可避免地，歐戰將對美國造成影響。不過，就當時美國民衆的情緒而言，根本不可能讓他這麼說。於是，他又承諾，「只要我還有能力讓美國避免參戰，那美國境內將仍可看見和平。」同時，美國遊客也群聚在倫敦和巴黎的美國大使館，要求協助其返回美國，因爲，不久之後，德國戰機很可能會在倫敦和巴黎的上空投擲炸彈。

英國在宣戰後的幾個小時之內，就已採取軍事行動。英國皇家空軍對於從威廉港(Port of

Wilhelmshaven)出發的德國海軍艦艇展開轟炸。那是一個還算成功的轟炸行動，但是，由於英方一直擔心德國空軍將對英國的城鎮展開報復行動，因此，皇家空軍的轟炸機指揮部不但不能接著繼續對德國本土展開攻擊行動，而且，英方還呼籲法國不要對德國採取「猛烈的行動」，因爲若不這麼做，將很可能會對德國老百姓造成重大傷亡。

法軍高級指揮部根本就不想採取大膽或躁進的行動，因此，倫敦當局原先認爲法軍會採取猛烈的行動一事，根本就是一種錯誤的判斷。英國空軍參謀長西瑞爾・尼華爾上將(Cyril Newall)就曾告訴戰時內閣，除非法軍自己開始採取積極性的軍事行動，否則，縱使巴黎當局要求英國皇家空軍的空中攻擊部隊和法軍密切合作時，他是不會給法國當局好臉色看的。從這裡就可看出，法國當局根本就不想積極參戰。

不過，在戰爭開始的最初幾天中，英國皇家空軍的轟炸機確實曾對德國本土發動兩次小規模的空襲行動。然而，卻都只局限於投擲宣傳小册，就如同邱吉爾後來所說的，其目的在於「激發德國人較高的道德意識」。由於德軍早已如閃電般馳騁在波蘭境內，而且也沒有遭到波蘭盟邦多麼顯著的反應，因此，那些小册似乎不可能對德國人的道德標準產生任何提昇的影響。當有人向國務卿艾爾・金斯里・伍德(Air Kingsley Wood)建議，對德國的黑森林(Black Forest)投擲燃燒彈，因爲該地區很可能藏有大量的軍火和武器，他卻不悅地反問說：「難道你不知道那是私人土地嗎？」

同樣地，英國皇家空軍也避免轟炸其認爲非軍事的目標——例如避免對德軍的鐵路調車場加以轟炸（但卻沒有料到，德軍藉著這些調車場運送軍隊和設備）。一個轟炸機中隊在德國北方的基爾港(Port of Kiel)展開偵察工作，但卻遭到猛烈的防空砲火攻擊而喪失了五架轟炸機，但是，該轟炸機中隊卻還是沒有把炸彈投擲在該港口的戰艦上，其主要原因就在於害怕傷害在那裡工作的平民或是破壞了屬於非軍事性的設施。

不過，一向對姑息政策批評最爲嚴厲的邱吉爾不但在此時被任命爲海軍大臣(First Lord of the Admiralty)，而且還開始立即地強烈要求同盟國掌握能先發制人的機會。邱吉爾出現在張伯倫的政府當中使該政府展現出較爲強勢的作戰決心，而此種決心是張伯倫和其顧問們即使在不對希特勒採行姑息政策之後，都無法展現的。當德國空軍指揮官同時也是希特勒的密友赫曼・戈林(Hermann Goering)聽到邱吉爾被英國政府任命爲海軍大臣之後，即憂心地說：「這意謂著戰爭眞的展開了。」

邱吉爾呼籲英國皇家空軍和法國軍隊應立即展開聯合作戰行動，對德國的西牆(West Wall)齊格飛防線(Siegfried Line)加以攻擊，以便減輕波蘭所遭受到的壓力。雖然他的建議受到內閣同仁的贊同，但張伯倫仍舊顯得過份小心翼翼。當時若採取行動將可產生重大的結果，但卻由於張伯倫提議前往巴黎商討英軍和法軍在此次聯合作戰行動中所將扮演的角色爲何，而錯失時機。

不過，最後還是做成決議，由英國派遣一支遠征軍部署在法國境內。英國利用船隻將步兵和支援部隊運往英吉利海峽對岸的法國境內。九月份的最初幾天總共運抵了兩個師的部隊，預計在夏季和冬季之間將部隊增加到十個師。有一些在八月份的時候到軍營裡接受年度訓練計劃的後備軍人在沒有機會返回家中料理家事以及向其家人道別的情況之下，就被直接送往法國，許多人甚至從此以後就再也沒有回到自己的家裡。

在法國，當載運他們的火車和卡車奔馳在法國境內時，受到法國民衆熱烈的歡迎。而在巴黎市內，許多餐館供應像「張伯倫鱒魚」(Trout Chamberlain)等佳餚；雖然大多數的英國大兵都無法進入巴黎市區，但不少酒吧還是在外面掛起「此處販售英國啤酒」和「歡迎英國大兵」等標語。英國遠征軍當中大多數的士兵被直接運往法國北部和比利時爲鄰的邊界附近陣地中，一般人都認爲，假如德軍要對法國展開攻擊的話，應會從該處開始。

至於在英國境內，不祥的氣氛已日益濃烈。一位美國的外交人員在觀察英國民衆對宣戰的反應後向華府報告：「在倫敦，整個宇宙都因處於緊張狀態而突然地靜止不動。」

無憂無慮的日子再也見不到了！步槍上刺刀的閃光在英國到處可見。在每一個重要的鐵路交會點——每一座大車站、橋樑、隧道、工廠等，都可看見鋼製的武器。每一條鐵路沿線都如雨後春筍般地出現了許多營舍，以便護衛家園……海軍、空軍和陸軍的士兵穿著制服列隊在各處來回巡視……公衆的酒館還是相當地吵雜和歡樂。英國人還沒有因爲過於擔心戰局而過於悲傷地不到酒館飲酒作樂……雖然英國民衆臉上露出了嚴肅、焦慮和不悅的表情——但他們的意志卻是極爲堅定的……巡警非常嚴格地執行燈火管制，只要任何一個窗户有燈光外洩，屋子裡的人很快地就會遭到巡警的斥責，這是十分嚴重的事情……沙袋正以成千上百的

> 數量運送到城鎮裡……每一個地下室都會檢視以便充當空襲避難所……學童都撤離倫敦。很多家庭都上路了……那些有錢有閒的人都到那裡去了……有位工黨發言人就曾在下議院裡繃著臉說，有錢人都撤離倫敦地區，而那些勞工階級和貧苦的民衆則無處可去只得待在倫敦。雖然這句話並非全然事實。但我認爲其中也有不少事實存在。

燈火管制時間是從日落到日出，這段期間在秋天到來以及正要邁向冬天時將日益增長。英國政府要求英國民衆不能讓汽車上的燈火過於閃亮。除了發出空襲警報的聲音之外，工廠的汽笛聲和其他類似的的聲音都不准再發出響聲。倫敦動物園裡的毒蛇被撲殺，以防在遭到空襲的破壞之後，逃脫出來咬傷民衆。電影院和歌劇院也下令關閉，直到進一步通知才能重新營業，這其中還包括一家正在上映一部片名爲《詭計之城》(*Dodge City*) 的西部槍戰片之電影院。雖然有人建議在戰爭期間一律關閉所有的電影院，但由於擔心如此一來將對民衆的士氣產生負面的影響，此一建議因而遭到否決。

在巴黎，空襲的預防措施也計劃得相當周詳。而且，也開始對可能出現的第五縱隊份子(the fifth columnists)展開大力整飭的行動。由於政府試圖過濾任何破壞民衆士氣的言論，因而法國境內被檢查過的媒體上都出現了許多空白處。原本在巴黎上映的輕鬆滑稽歌劇《玫瑰瑪麗》(*Rose Marie*)，由於其中男性的合唱部分有一句是要求舉白旗投降，因而被迫禁止演出。

英法兩國未能在德軍入侵波蘭時立即對德國加以還擊，事後證明是一項極爲重大的錯誤。當時，單是法國部隊的人數就已遠超過齊格飛防線上的德國守軍。大批的德國陸軍以及幾乎是所有的德國空軍都被派往波蘭征戰。德軍在和法國的邊界地區只部署了十一個正規師和二十三個從旁支援的後備師（其中沒有任何一個連隊曾經有過實際作戰的經驗）。至於法軍方面，不但可以部署八十五個師，而且還可配備二千五百輛坦克以及一萬門大砲。德軍的西牆根本就不是一個堅固而無法攻破的防線。事實，它根本就是一條不應存在的防線。德軍將領魏斯特伐(General Siegfried Westphal)對於法國在對德國宣戰之後卻未能採取行動感到相當驚訝。

> 九月期間德軍的西部防線連一輛坦克也沒有。所儲存的軍火只能供三天作戰使用。我們的後方並沒有眞正可供運用的後備部隊。德國空軍所有的飛行單位都在波蘭服役，在西部的戰線則只留下一些偵察機和老舊的戰機以供使用。當時在西部戰線服役的德國軍事專家每當想到法軍可能會立即展開攻擊時，都緊張得毛骨悚然。不過，令他們不解的是，法軍卻一直沒有展開攻擊，也正因爲如此，他們也都非常慶幸，法國的領導階層似乎不知道德軍的防衛能力眞是弱得驚人。

雖然法國第二集團軍的指揮官安德烈・加斯頓・布利特雷特將軍(General Andre-Gaston Pretelat)被授意對法德邊境展開軍事行動。但是，他的行動只能局限於偵察和「小規模的攻擊」。甘末林將軍就曾告訴他，「身爲同盟國一員的我們來說，主要的責任就在於應在邊界之外的地區展開行動。」此舉對於波蘭來說，實在談不上忠誠可言。法國仍然希望戰爭將會遠離。

可是，英國報紙的讀者們卻並非如此來看待法軍的意圖。倫敦《每日郵報》(*Daily Mail*)的一位通訊員就曾經從法國做了以下的報導：「在這一片玉米田、葡萄園，以及牧場遍佈的美麗大地上，沒有任何一座村莊或城鎮不顯現出其六百萬經過武裝的男孩壯大和紀律嚴整的軍容……我……看見了一個強大和充滿信心的國家正出現在我眼前。」該報在倫敦的頭條新聞標題如此地寫著：「法國軍隊正湧向德國邊境。」

上述的報紙極不正確地將法軍報導成最強大的軍隊，事實上，這和英國軍方所獲得的情報有很大的差距。法國部隊進駐馬奇諾防線和齊格飛防線之間約十二英哩寬的無人地區。德軍從來就不想防衛這個無人地區，因此，法國部隊在這個地區只遭遇到一些詭雷和地雷而已。不到一個月，當華沙已落入德軍手中之時，法軍只不過越過法國邊界還不到五英里的地方，而且，還很快地就撤回法國境內，因爲，根據他們的解釋，法軍已經再也不可能影響波蘭的戰局。

就在波蘭人投降的前幾天，巴黎的高級指揮部最後終於向法國政府提出報告——法國軍隊已經完全地動員到足以準備應付法國多年來一直不安地認爲即將開打的戰爭。甘末林將軍向軍隊大聲疾呼：「法國的軍人們，從現在開始，不論在任何時刻，一場決定我們國家命運的大規模戰爭將可能再度展開。」不過在那個時候，許多被徵召的平民士兵卻還是不清楚他這句話的要點究竟是什麼。

由於同盟國不但無法在德軍對波蘭展開閃電攻擊時加以制止，而且又無法對希特勒展開任何主要的軍事行動以便加以對抗，因而大為影響了英國人的情緒。當時即將成為新聞局長的阿弗烈特·道夫(Alfred Duff)後來回憶：「……人們開始說：『我們對於波蘭被攻打一事感到相當遺憾，但我們卻又愛莫能助，因此，我們為什麼要繼續作戰？』」

美國大使約瑟夫·甘乃迪(Joseph Kennedy)從倫敦傳回的報告指出，和張伯倫相當親近的前任外交大臣山姆·荷瑞爵士(Sir Samuel Hoare)對於希特勒很可能在征服波蘭之後，轉與英法兩國發生衝突一事似乎一點也不在意。甘乃迪深信，英國若傾全力作戰，將會被打敗。他還認為，雖然有責任感的英國領導階層人士或許會企圖掩飾此一事實（英國若傾全力作戰將遭挫敗的命運），但他們對此的感覺一定是相同的。甘乃迪於九月十八日就其和張伯倫的一席對話，向華府提出報告，在此一報告中，發表了他自己對於整個局勢的看法。

在全部聽完之後，根據我的經驗，我得到了以下的印象：當我還從事電影事業的時候，每當一部新的影片首次於放映室中放映時，一些高級執行人員會在影片放映之前，先進入放映室裡觀看那部影片，當我們（這些執行人員）走出放映室的時候，媒體記者會圍著我們想瞭解我們對那部影片的觀點。我在那四年的日子當中，每次都看見執行人員從放映室走出來時莫不讚揚影片「太棒了！」同時，我也看見，每一位守候在放映室外等候執行人員對影片評斷的媒體人員都能從執行人員的口氣當中明確地推測出該部影片究竟是否「太棒了」或者是「糟透了」。因此，雖然執行人員每次所用的字都是相同的，但其眞正的意旨卻能被正確地捕捉。我覺得，從製作影片中所獲得的經驗和今天的對話所獲得的經驗，兩者極爲相似。雖然張伯倫並沒有說一切事情進展得太棒了（他當然並不想讓我覺得一切事情都糟透了），但是，我卻認爲，一切事情眞是糟透了。

白宮和外交部都對甘乃迪的局勢分析感到半信半疑。羅斯福和駐倫敦大使甘乃迪的看法不同。他並不認爲應該把歐洲匆促達成的停戰協定一事看成是一種滿意的結果。他擔心，可能會爲了早日獲得和平而匆忙結束戰爭，然而，如此一來，將可能會在一或兩年之後又重燃戰火。同時，甘乃迪親姑息政策的傾向也和羅斯福總統以及國務卿赫爾強烈的反納粹情緒有所衝突。羅斯福告訴他的財政部長亨利·莫根索(Henry Morgenthau)：「喬(Joe)一直是個姑息主義者，未來也將會是個姑息主義者。假如德國……明天提出一個條件良好的和平方案，喬將開始規勸國王、他的朋友、王后，以及王室以下的許多人，以便使得每一個人都同意接受投降的方案。對我來說，他就好像是個令我頭痛的人物。」

由於甘乃迪已成爲羅斯福頭痛的人物，使他無法再成爲羅斯福的外交人員，因而羅斯福總統也只得以不透過他以及張伯倫首相和外交大臣哈利法克斯的方式，直接和邱吉爾展開私人通訊。他想清楚地瞭解倫敦當局對於戰局發展的看法，而不是透過張伯倫駐華府的大使或是他派駐到倫敦的外交人員來瞭解。

蘇聯軍隊在德蘇簽訂祕密條約之後，於九月十七日，趁著波蘭軍隊還在和由西面入侵的德軍作戰時，就從東面入侵波蘭。波蘭軍隊的防線很快被摧毀，也因而使得該國被兩個入侵的強權瓜分。史達林對於九月初英法兩國無法在德軍入侵波蘭時採取強硬措施一事不但絲毫都不覺得驚訝，反而還加深了他的信念——同盟國一直希望德軍不攻打他們，反而去攻打蘇聯。假如英法兩國試圖和德國展開停戰交涉，那此刻的蘇聯應該可以從中獲取一些利益。蘇聯和德國共同瓜分波蘭此事使得西方民主國家因而體認到，假如蘇聯最後眞的加入德國部隊的陣容，那西方民主國家就再也別想從蘇聯那裡獲得任何援助。

在波蘭淪陷後的幾個月當中，德軍將立即向西面攻擊的謠言以日益增高的頻率流傳。同盟國的部隊不斷地施行警戒，但也經常再度中止警戒。不過，英國遠征軍指揮官高特爵士(Lord Gort)則相當確信，在春季之前，德軍將不會發動攻勢，因爲，秋末和冬季期間不良的地面和雲層狀況將妨礙其坦克和戰機的行動。

高特爵士，在宣戰當天之前，就已經被任命爲英國遠征軍的指揮官。當初他還曾經對於這項人事命令大發牢騷。他在第一次世界大戰期間個人於戰鬥中所展現的英勇——他曾在遭到嚴重受傷之後，還在戰場中率領著他的部下英勇作戰，也因而獲得維多利亞勳章(Victoria Cross)——是無庸置疑的，不過，許多資深人物卻質疑他的領導能力。由於此一任命，使他的職位超過許多經驗和階級都比他資深的將領，也因而引發了許多怨懟。現役資深軍官艾德蒙・艾侖賽將軍(General

Sir Edmund Ironside)是一位精力充沛，經驗豐富，但已年長的軍人。他一直想成爲英國遠征軍的指揮官，但是，當他被任命接替高特的職務——帝國參謀總長——時，則顯得極爲失望，因爲，他一直認爲，參謀總長只不過是個空有名聲但卻只處理文書工作的職務。艾侖賽認爲，高特「甚至不知道如何處理大場面。」

不久後即將被派往巴黎擔任邱吉爾私人代表的愛德華・史皮爾斯少將(Major General Sir Edward Spears)認爲，雖然高特是位值得信賴、腳踏實地，以及十分勇敢的人，但他卻不是很聰明伶俐。高特的英國遠征軍三個軍其中一個軍長亞倫・布羅克將軍(General Alan Brooke)不但非常妒忌高特，而且還認爲他「對自己的領導能力沒有信心」。布羅克認爲高特無法施展完全獨立的先發制人之軍事行動。而是否具有施展此種軍事行動的能力，其重要性不容忽視。由於英軍地面部隊人數不多——規模只及法軍的十分之一——對於同盟國的貢獻不大，因而使得布羅克擔心高特和英國遠征軍將會被置於法軍的領導之下。高特將接受法軍第一集團軍指揮官蓋斯頓・比洛特將軍(General Gaston Billotte)的命令。比洛特聽命於同盟國部隊位於法國東北方的指揮官阿爾方斯・喬吉斯將軍(General Alhones Georges)。至於喬吉斯他自己則又受到同盟國最高指揮官甘末林將軍的指揮。

由於馬奇諾防線的防禦工事阻撓了德軍，使其無法直接地對法國展開攻擊，因此，甘末林將軍深信，德軍將經由比利時來攻打他的國家——也就是沿著德皇威廉的軍隊在第一次世界大戰時所採行的同一路線。當德軍對比利時和法國邊界展開攻勢的時候，甘末林會將計就計地將他早已佈置在該地區的部隊（其中包括英國遠征軍）調離，以便誘使德軍進入比利時。如此一來，他將能夠在德軍抵達法國領土之前，就在比利時境內將德軍加以狙殺。

比利時在知道同盟國部隊的計劃之後，當然會顯得相當焦慮。比利時一直想維持中立的角色，因而擔心此舉將引起希特勒的不悅。也正因爲如此，該國拒絕讓同盟國在其領土上佈置軍隊。他們甚至拒絕讓同盟國的軍官偵察假如德國入侵其國土所將開戰的地形（根據情報的顯示，希特勒有此打算）。比利時只允許一些軍官以穿著平民服裝而喬裝成觀光客的方式對地形從事簡略的偵察。比利時人甚至不同意在他們的軍官和同盟國的軍官當中設置參謀本部。由於作戰計劃並非經由實地堪察而釐定，再加上對於地理上的諸多因素之理解度不夠，使得同盟國的戰略推定不夠完整，有些參謀本部的軍官甚至還驚訝地發現，對於某些地點竟全然只是用推敲的方式釐定作戰計劃。

希特勒於九月中旬在確知可篤定佔領波蘭之後，就開始將部隊和裝備運往西部戰線，以便採取向西出擊的攻勢。他並不想因爲等待而把先發制人的大好機會拱手讓給英法兩國。他的將領們又再度陷於沮喪絕望的狀態中。他們認爲，在秋季展開攻勢非常不智。白晝的時間太短了。純粹就各項統計數字來說，即使是將在波蘭境內所有的德軍調往西線，同盟國部隊的兵力還是比德軍強大。現在，他們可供運用的部隊共有一一四師，而德軍則只有九十八師。由於濃霧的緣故，將無法利用戰機採取空中攻擊。至於地面的狀況則因氣候的影響而不適合坦克作戰。雖然德軍很快地就打敗了波蘭，但在征服波蘭的這一段期間，早已犯下了不少潛在的大錯。前進部隊的軍火，以及裝甲部隊的替換零件都已呈現供給短缺的現象。在征服小國家時，若犯了上述的錯誤倒還無所謂。但若是在對抗強大的法國和其盟邦英國的時候，又犯了上述的錯誤，情形可就不妙了。

哈爾德將軍在他的日記裡曾經記載，所有的高級總部都認爲此一攻擊行動根本不可能會成功，即使是極受希特勒信任的戈林也都認爲應延緩此一行動。他希望，由他所派遣，經由中立國家而進入英國和法國的和平試探者(peace feeler)將能達成目的，而使德國能夠在採取更進一步的行動之前，先鞏固其最近所征服的土地。這些將領——其中有些又再度企圖罷免希特勒，但卻又再度地未能執行該項計劃——怯懦的表現令希特勒大爲震怒，他因而堅持應儘快地採取向西攻擊的行動。同時，他也利用公開發表希望和平的訴求之方式，企圖使同盟國的部隊產生自滿的心理。

我主要的目的一直在於排除使德法關係無法有所進展的阻礙……我一直向法方表達兩國應盡棄前嫌並且本著兩國既有的光輝歷史共同攜手邁進之願望……我不但一直致力於增進德英兩國的瞭解，也希望更能增進兩國之間的情誼……甚至直到今天，我還一直堅信著，假如德國和英國能互相有所瞭解，那歐洲和全世界必將能達到眞正的和平。

德國電台甚至還大肆廣播以下的謠言——一個新的英國政府已經在倫敦正式宣誓就職，並且準備和希特勒達成協議，德國和同盟國事實上已在討論停戰的相關事宜，因而使得德國民衆終於得以放鬆心情來同聲慶賀。這一則完全昧於事實的故事只廣播了很短的一段時間後就煙消雲散。張伯倫回憶起希特勒以前許多信誓旦旦的空口白話，因此告訴英國國會，千萬不要相信希特勒這位德國的獨裁者。法國總理達拉第(Daladier)也深表同感。

這一次，英法兩國的領導人終於沒有再做出錯誤的判斷。即使是在十月十日，也就是英法兩國嚴厲拒絕希特勒的和平要求之聲明正式送達柏林之前，希特勒早已命令他的將領必須爲了對法國發動一項攻擊行動而做好萬全的備戰工作。

我們必須展開此一攻擊行動……而且時間上愈早愈好……我們的目的不僅要盡可能地將法國最強大的作戰部隊加以擊敗，而且也要打垮協助法軍共同作戰的同盟國部隊。同時，我們也要盡可能地攻取荷蘭、比利時，以及法國北部，以便做爲攻打英國的海空軍基地。

攻擊行動預定將在十一月十二日展開。同盟國也從情報的蒐集當中獲知攻擊的日期。德軍情報局漢斯・奧斯特上校(Colonel Hans Oster)——係一位極爲反對納粹的軍官，他對於自己的長官未能順利發動謀反希特勒的行動一事感到相當遺憾——曾經透過管道向荷蘭以及比利時傳達此一消息。但後來卻證實，德軍並沒有在這一日期發動攻勢。希特勒之所以推翻原先的日期並非受到其將領的規勸，而是受到天候的影響。德國氣象人員的預報促使希特勒將此一大規模攻擊行動的日期延後。不過，他命令他的部隊應保持警戒，以便在良好天候狀況來臨時，能立即發動攻勢。然而，儘管希特勒的怒氣日益高漲，但究竟天候狀況將在何時轉好，仍然令人難捉摸。他必須將攻擊行動延到冬季之後，而這全部加起來總共有十一次之多！

那一年的冬季相當酷寒，爲數年來所少見。河流都結冰，軍隊在營房裡凍得顫抖不已。同盟國部隊唯一所能做的，就是在凍結的土面上挖戰壕，以靜待希特勒的下一個行動。如此靜止不動的狀態實在是和邱吉爾的個性極不搭調。自從邱吉爾加入張伯倫的戰時內閣之後，他就一直是個最爲獨斷和精力旺盛的閣員，不斷地呼籲在這一場戰爭中，應採取較爲強勢的作風。他時常提出打敗德軍的建議、提案，以及計劃。雖然內閣裡有些閣員早已對他感到不滿，但他並不是只把注意集中他職務範圍的海軍總部而已，而是擴及和戰爭相關的軍事以及外交等各方面。他是一個動人的演說家和擅用言詞的人，他的辯才無礙獲得了國會以及英國民衆的讚賞。他儼然已成爲戰時內閣當中，唯一能夠發表眞正的戰爭演說之閣員。由於張伯倫顯得日益消沉和疲憊，因此，民間早已流傳，不久之後，他將取代張伯倫而成爲首相。

可是，在保守黨當中，邱吉爾卻沒有獲得全數的支持，其中有一些資深黨員對他在還是個初生之犢時，於脫黨後又加入另一政黨以便「順應時代潮流」一事提出質疑。同時，他們也對於邱吉爾以高傲的態度對待張伯倫和其他內閣閣員一事感到極度的不滿。當有人建議任命邱吉爾爲首相時，一位著名的保守黨員竟然禱告，希望「這樣的大災難千萬不要發生」。有位張伯倫的中級幕僚人員在聽到邱吉爾的一個電台演講之後，隨即認爲，在戰爭結束之前，邱吉爾必將成爲首相。不過，他也相當擔憂：「從他過去那種不值得信賴和不穩定的記錄看來，假如他眞的成爲首相，將把我們帶到最危險的道路上。」

隨著秋季的結束，以及冬季的到來，希特勒更加擔憂戰局的發展正日益脫離他的掌控。他相當擔憂，同盟國的部隊很可能會以對德國的魯爾工業盆地展開攻勢並將其佔領，來取得先發制人的優勢。假如同盟國的部隊眞的採取此一攻勢的話，那將會完全擾亂了他的計劃；而假如同盟國的部隊又成功地攻佔了魯爾工業盆地，那他的作戰部隊不久之後將因無法獲得充足的軍需補給品而動彈不得。

希特勒在極度的憤怒、焦慮、對持反對意見的將領之質疑，以及厭惡了一再拖延等諸多因素的影響之下，下定決心不再等待。他下令部隊在一九四〇年一月十七日依照原定計劃，對比利時和荷蘭發動陸空聯合攻擊，然後再攻打同盟國部隊。由於早已做好萬全的準備，因此，要不是發生一個意外事件，導致再度延期，那此一攻擊行動早已展開，而且，或許會對德軍和希特勒造成重大的災難。

一月十日，當預計攻擊荷比盧三個低地國的部隊正要就攻擊陣勢時，一架德國軍機在從事德國境內的飛行當中，由於雲霧的干擾而迷失方向，最後被迫飛越比利時邊境而降落在該國境內。該架軍機的駕駛員是空軍後備軍官艾瑞克・霍曼斯少校（Major Erich Hoenmanns），當時正執行勤務的他企圖編造「想到科隆會見妻子」的藉口。其實是他所搭載的乘客，隸屬德軍第七空降師參謀軍官的赫姆特・藍柏格少校（Major Helmut Reinberger）建議他編造此一藉口的。藍柏格負有前往科隆的緊急任務，但由於鐵路交通發生中斷，使他無法藉由地面抵達，因而才轉而搭乘軍機。他身上所攜帶的文件包括在即將發生的入侵行動中德國空軍的一些機密作戰指示。

當藍柏格走出軍機並瞭解腳上所踩的是比利時領土而非德國領土時，曾經企圖把那些文件燒燬。不過，在該架軍機降落時即已立刻動員的比利時士兵很快地就將焚燒文件的火勢撲滅。當這兩位德國軍官被帶到當地的軍事單位接受質問時，藍柏格突然攫取放在桌上且已燒黑的文件，然後將其投入壁爐中。可是，他的計謀又再度地受挫。有位比利時軍官動作迅速地將手伸入火勢裡，雖然手部遭到燒傷，但還是能夠將那些文件取回。除了地圖已無可辨認之外，德軍將攻擊比利時和荷蘭的計劃則清楚地被記載在那些文件上。於是，他們兩個就被立即地交給層級較高的比利時軍官。

由於當時比利時人相當擔憂德軍可能會發動攻勢，因此，他們最初所獲致的結論是——這根本就是個圈套，一個詐欺，其目的可能在引誘他們要求同盟國部隊進駐比利時，如此一來，將使希特勒得以依此爲藉口而對他們的國家發動攻勢。不過，從別的地方（其中包括在柏林的反納粹軍官）所獲得的情報都證實德軍即將展開攻擊，因此，文件上所記載的作戰計劃似乎是千眞萬確的。除此之外，在對所有的情況和那兩位被逮捕的德國軍官之表現加以審視一番之後，似乎也顯現出這絕非一項欺敵的行爲。若沒有正當的理由，那兩位德國軍官似乎用不著對其所遭遇到的處境感到如此地困擾和難堪。霍曼斯說他的飛行並沒有經過有關單位的核准，而藍柏格則說他知道不應該攜帶那些文件外出。

德國駐比利時大使館的空軍武官則一直試圖徵求比利時當局的同意，以便允許其會晤那兩名德國空軍軍官。而當他終於能夠如願地和那兩位軍官見面時，其地點則是位於一個到處都佈滿了竊聽器的房間。他所問的第一個問題就是——文件是否被摧毀？擔心自己的軍人生涯以及自己生命安危的藍柏格只好一再地保證已經將文件燒燬。

不過，德軍的最高指揮部則不相信藍柏格所說的是眞的。由於比利時部隊突然調動其部隊，因而使得德軍最高指揮部推論，藍柏格所攜帶的文件不但被比利時當局取得，而且很可能已被傳送給英國和法國當局。雖然戈林所詢問的那位預言家一再地向他保證，文件絕對沒有落入比利時的手中，但希特勒還是相當震怒，他極不願接受部屬的勸告——將向西進攻的行動再度延後，以重新檢討此一行動的戰略（藍柏格和霍曼斯很幸運地沒有被送回德國。他們以戰俘的身份，被立即送往加拿大，並且一直待在該國，直到戰爭結束）。

比利時人倒也眞的將其所獲得的祕密文件之內容詳細地傳送給同盟國部隊的高級指揮官，而這些指揮官也因此立即命令其部隊處於警戒狀態。不過，比利時人還是不允許同盟國部隊進駐比利時境內。法國政府呼籲比利時當局要面對現實。同盟國的部隊、車輛，以及馬匹等都已經蓄勢待發，他們絕對不能無限期地處於備戰的狀態。但是，比利時人仍然寄望，假如他們一直堅守著中立的立場，那希特勒就不會前來攻打他們。比利時最高指揮部甚至又重新發佈命令——任何一支企圖進駐比利時境內的外國部隊，不論其目的爲何，都將遭到比利時部隊的對抗。此舉顯得相當可笑，因爲，其所可能演變的情形是：比利時部隊不但不和德軍作戰，反而還將和有意前來協助防衛其國土的英軍和法軍作戰。

部署在法國境內以便對抗德軍攻擊的同盟國地面部隊共組成三個集團軍。法國第二和第三集團軍的部隊部署防禦德法邊界，其中一些最精良的法軍則被部署在馬奇諾防線裡或者附近地區，而由於馬奇諾防線的防禦工事相當堅固，因此駐防在該地的部隊反而派上用場的機會不大。由於遭到比利時的拒絕而無法進入該國境內，使得第一集團軍（其中包括英國遠征軍的九個師。另外一個英國師則被往南調往法德邊界，以便協助駐守在當地的法軍。）只好被部署在「小馬奇諾防線」——也就是從馬奇諾防線的盡頭，沿著法比邊界而抵達海岸。一旦德軍入侵比利時，這些部隊將迅速前往比利時以便阻擋德軍的攻勢。

春季即將到來，因而和戰局有關的人士都相當淸楚，數個月以來寂靜無聲的備戰也即將因爲大戰的爆發而告一段落。當德軍參謀人員正爲著向西面展開攻擊行動而忙著準備的時候，同盟國將其注意力投注在斯堪地那維亞(Scandinavia)，尤其是瑞典將其鐵礦運往德國的事情上。瑞典將其格利伐爾(Gällivare)礦區所產的鐵礦經由鐵路運往挪威的那維克港(Port of Narvik)，然後，再用船隻從挪威的水域將鐵礦運往德國北部的港口。德國若是沒有那些鐵礦，其所發動的戰爭終將功虧一簣。邱吉爾曾經一再要求張伯倫讓皇家海軍在挪威的海域佈置水雷，以便阻擋德國運送鐵礦的船隻。他一再強調，由英國來掌控挪威的海岸，是一項極爲重要的戰略目標。法國對此不但深表同感，而且也非常希望同盟國的部隊能引誘德軍的北翼部隊，使得戰爭不要發生在法國境內。

不過，希特勒並不把征服挪威視爲優先要務。他一直把心思放在不斷遭到延誤的西進攻擊準備工作上。而且，由於他的種族優越論調，也使他覺得應先征服其他地方較爲次等的民族，然後再來征服位於德國北方的那些條頓民族。不過，他也非常清楚，假如同盟國的部隊在挪威取得了根據地（德國情報人員曾向希特勒報告，同盟國確實有此打算），那將使德國遭到很多難題。希特勒曾說：「敵軍到時候將發現自己處於前進柏林並且突破我軍後方兩大陣線的絕佳位置。」也正因爲如此，同盟國和德國都擬定了在挪威境內取得絕佳戰略地位的計劃。德國將丹麥列入其計劃當中，因爲如此一來，將使德國空軍在該國得以擁有前進的戰機基地。

張伯倫最後終於在四月八日接受邱吉爾堅持不斷的呼籲——在挪威的水域佈置水雷。同盟國早就料到德軍必定會以攻佔挪威的重要港口做爲因應之道，因而在德軍前往那些港口之前，早就派遣軍隊將其佔領。上述這些行動將於未來的幾天當中開始進行。預計在挪威登陸的英國部隊則已經登上了蘇格蘭境內羅西茲（Rosyth）港內將搭載他們開往挪威的船隻上。

不過，希特勒卻搶先一步採取行動。他派駐在奧斯陸和哥本哈根的大使於四月九日清晨四時三十分別將挪威和丹麥的外交部長從睡夢中搖醒，並告知他們，納粹德國將對他們的國家提供防衛部隊。此外，這兩位外交部長還被告知，德軍將不計任何代價摧毀任何反抗力量。德國的入侵部隊已經在前往挪威的路上了。

將近一百年來，丹麥人民都能巧妙地避免捲入戰爭，而丹麥人也時常以幾乎沒有建立任何軍隊爲榮。這使得丹麥在遭到德軍入侵時，在毫無任何抵抗的情況下就向德國投降了。丹麥的領土不但狹小平坦，而且，絕大部分的地區又和德國的北部相交界，因此極易遭到地面的閃電攻擊。至於挪威民衆則因爲其大部分的領土皆爲山區，不易遭到立即的征服，因而拒絕向德軍稱臣。此外，其武裝部隊又受到英軍一個旅級部隊的支援作戰。不過，由於德軍的戰術較爲高明，空軍又展開猛烈且無情的轟炸和攻擊，再加上首度在戰場上使用空降部隊，因此使希特勒的部隊得以在佔盡各種優勢的狀況下，佔領了不易攻取的挪威。雖然同盟國的部隊曾經從德軍手中奪取戰略地位極爲重要的那維克港，但在不久之後又讓其重新落入德軍手中。同盟國的部隊在經過一連串的挫敗之後，很快就被迫將其部隊撤離挪威，使得該國從此直到大戰結束，一直遭受到被納粹德國佔據的苦楚。

法國在秋冬兩個季節期間，政治上曾經動盪不安。一般人都認爲，法國武裝部隊之所以無法在德軍入侵波蘭時做出令人心悅誠服的回應，其實正好反應出在巴黎的法國政府之懦弱無能。政客們抓住了法國處於戰爭危機的困境爲話題而相互指責對方。官員們也暗中算計著對方。每個人都用盡心思地想延攬八十三高齡的亨利・菲利浦・貝當元帥（Marshal Henri Philippe Pétain，爲第一次世界大戰的英雄，當時正擔任駐西班牙大使）回到政府裡任職，以提高該政府的聲望。貝當不但極盡諷刺能事地加以回絕此一延攬，而且還大聲斥責該政府根本就沒有執政的能力。

「冬季戰爭」（Winter War）才剛結束不久，在此一戰爭中，蘇聯攻打並擊敗了芬蘭，此一戰爭在法國引起強烈的反應。芬蘭這個面積不大的獨立自主之民主國家不但悍然拒絕了蘇聯所提出的割讓領土之要求，而且，在被蘇聯打敗之前，曾經頑強奮戰不懈地和蘇聯此一強權作戰。同盟國除了發表嚴正聲明之外，並沒有前往援助芬蘭，此舉看在法國人心裡自是特別地苦味十足。達拉第總理還因此而於三月二十日被迫辭職。短小精悍且言詞尖銳的財政部長保羅・雷諾德(Paul Reynaud)脫穎而出地成爲法國的領導者。他下定決心不但要阻止巴黎市內失敗主義者企圖損毀法國的士氣和意志力之計謀，而且還要領導法國打敗希特勒。

雖然法國民衆對由一位不怕德國獨裁者希特勒恫嚇之人來擔任總理感到欣慰，但是，雷諾德的支持者卻對這位新任總理的一些標新立異言行感到吃驚。就在他擔任總理一職不久之後，就被肺部充血所擾，並且在醫師的指示之下，躺在病床上療養。法國當時正處於危急的狀況，令一些人感到非常驚訝和沮喪的是，他竟然允許他的情婦——高傲自大卻又容易緊張的海倫・狄・波特斯伯爵夫人(Countess Hélène de Portes)在他因生病而無法處理政事時取代他的職務。雖然她並沒有對整個政局造成重大的影響，但不難想像的是，當時她確實具有此種影響力。法國當時正處於備戰的狀況中，但有一位訪客卻發現這位外交上毫無任何經驗，對政治的態度又不認眞的婦女，在將領、下議院的議員，以及高級官員的圍繞之下，坐在雷諾德的桌子後面，滔滔不絕地說著話，並且還「提供意見和下達命令」。狄・波特斯伯爵夫人和達拉第的情婦珍妮・狄・卡魯莎侯爵夫人(Marquise Jeanne de Crussol)因私人和政治等因素而互相厭惡。此外，又因爲她們兩人對權力和職位都展現出極大的野心，因而使得雷諾德和達拉第（已成爲國防部長）的競爭更加顯得白熱化。

雷諾德擔任總理職務不久之後，就必須面對同盟國部隊因犯下了所派遣的軍隊規模太小且時機太晚的錯誤而在挪威失利的戰局。他強烈地指責英方，認爲既然身爲該次軍事行動的主要策動者，就應該事先做好萬全的準備，並且在迅速且非常清楚該如何達成任務的情況之下，來採取行動。雖然這位新任的法國總理基本上是位親英國的人士（這點和其內閣大多數的閣員有所不同），但他卻極爲擔心，從英國未能在適當時機發動所需部隊一事，正可看出，「英國政府和英國的高級指揮部實在是太沒頭腦了。」

至於倫敦方面，由於對挪威的軍事行動遭到挫敗，因而引發極大的憤怒和怨恨。許多人員和船隻在那個軍事行動中損失了，但卻還是未能達成「對希特勒掌握先發制人的態勢」之目標。張伯倫的政府應對此負責。但是，對於他的指責卻又很快地從「於挪威戰役中損失慘重且顏面盡失」而轉移到其他層面。當年張伯倫在和希特勒於慕尼黑簽訂協議，同意德國對捷克擁有處理權之後，回到倫敦時曾受到英國大衆的喝采。如今，卻由於未能對希特勒突襲歐洲一事在事先做好萬全應對之道，使整個國家籠罩在愁雲慘霧之中；再者又因爲在德軍隨時都可能於西部陣線發動攻擊時，他所領導的政府又顯得相當無能，基於上述兩項因素，使他遭到極爲嚴厲的譴責。

就身爲張伯倫內閣閣員之一的邱吉爾來說，他和其他人一樣都應擔負責任，他尤其更應擔負起在挪威軍事行動中所犯下絕大多數的錯誤決策之責任。但是，一方面由於他一直對希特勒採取堅定的反對立場，另一方面也因爲他一直努力地喚起國人「堅持到底，終將勝利」的意識，因此，才使他沒有像張伯倫首相般遭到嚴厲的譴責。

由於張伯倫一直無法將自己轉化成戰時能激發民心的國家領導人，再加上他早期曾經有迎合希特勒的不良紀錄，使得下議院開始對他感到不耐煩了。他再也無法保住自己的地位。雖然他還能獲得國會中大多數保守黨籍議員的支持，但他卻再也無法獲得足夠票數的支持來控制整個局面。當德軍於一九四〇年五月七日爲了向西面攻擊的計劃一再遭延期而重新部署的時候，李歐波德・艾莫瑞（Leopold Amery，爲一知名的保守黨員，同時也是樞密院的顧問）在下議院議員爭辯著挪威軍事行動的責任歸屬時，突然起身並引用奧利佛・克倫威爾（Oliver Cromwell）所曾使用的話對著張伯倫說：「就你所曾做過的事來說，你在這個職務上待得太久了。我要勸告你，該辭職了。讓我們議會同仁和你斷絕關係吧！我以上帝的名義要求你離去吧！」

當首相自己所屬的政黨一位顯赫的黨員都發出了如此嚴苛的譴責和不滿時，無庸置疑，張伯倫這位首相勢必得下台；張伯倫也頗有自知之明地準備辭去首相的職位。邱吉爾仍然是繼位首相職位的一位熱門人選。在全英國裡，只有他能夠擔當戰時的領導者，而且，也只有他能激起民衆熱烈地參與戰爭。不過，由於哈利法克斯爵士並不像張伯倫那樣，必須承擔對希特勒採取姑息政策的錯誤決策，因此，他也被許多人視爲是首相一職的當然繼位人選。哈利法克斯在保守黨議員中受到強力的支持，因爲，他們認爲他是位極爲值得敬重的人，不但智慧過人，信心堅定，而且也相當熟稔國際事務。幾位勞工黨的領導人物也較傾向於支持由哈利法克斯來擔任首相，而較不支持另外唯一的一位可能人選——邱吉爾。邱吉爾因爲時常諷刺勞工黨和其所提出的政策而冒犯了他們。當張伯倫正準備下台的時候，英國國會當局尚未決定是由哈利法克斯或是邱吉爾來繼任他而主導英國在戰時的命運。

正當英國議會危機呈現白熱化時候，法國又再度地歷經一場政治的大騷動。雷諾德總理於五月九日的時候不但仍舊漠視情報單位所提供的一份「德軍即將展開攻擊」的報告，反而還對他自己國家的軍事最高指揮部加以怒氣沖沖地謾罵。他一直認爲法國軍隊應該找一位比甘末林還要有力且機伶的總司令。雷諾德早就有意讓甘末林從軍職中退役。如今，他要求甘末林應立即辭去職務。他並且還說，同盟國的部隊在挪威所展開的軍事行動之所以遭到挫敗，法國其實也應負起部分責任。雷諾德甚至還宣稱，假如法國軍隊還是繼續由像甘末林這樣的人來領導，那希特勒必定能夠贏得戰爭。

這種對於法軍指揮官的誹謗立即遭到國防部長和前任總理達拉第的非難。達拉第不但認爲甘末林是位優秀的軍事首領，而且還譴責雷諾德並未給予甘末林將軍對自己被遭到的指控加以辯白的機會。他一再堅稱，甘末林不應爲在挪威所展開的軍事行動潰敗一事負責。他認爲，應該負責的只有英國而已。

由於雷諾德無法從他的內閣閣員當中獲得支持，於是，他就解散政府，以便重新組成一個他所能掌控的內閣。可是，甘末林並不想等待新內閣的組成，他更不想被砲轟和羞辱。他立即寫了一封感傷的辭職信。他是絕對不可能在一個瞧不起他的政府領導者手下擔任公職的。

一方面由於法國境內的同盟國部隊指揮官耽溺於憤怒和遭到羞辱的情緒當中，另一方面又由於法國總理因爲深信遭政治敵手的迫害而暫不與其他人士交往，因而使得位於西部陣線的德軍指揮官們已準備在數小時之內發動攻勢，好讓法國人瞭解，和戰爭相較之下，政治上的爭吵根本只是小事一樁。

突破

一九四〇年五月十日上午，部署在比德邊境附近艾本・伊瑪爾堡(Fort Eben Emael)的比利時部隊遭遇到極大的麻煩。前一天夜晚情報人員的報告就已經對其軍官指出——必須小心謹愼，德軍很可能將立刻展開攻擊。不過，駐守在該處的軍官們都信心十足地認爲，他們能夠應付。

這座巨大的城堡高聳於亞伯特運河(Albert Canal)沿岸，並且距離該運河與繆斯河(Meuse River)相會處不遠，它是世界上最現代化的防禦工事。這座長寬各爲七百七十碼和九百碼的城堡五年前才興建完成，內部設置了許多精密的防禦設施。它是由鋼筋和混凝土建造而成，裡面部署一個經過特別訓練的營級部隊，其士兵精於使用大砲、反坦克砲、輕型加農砲，以及機關槍。它也配置了一座發電機，因而可以不用依賴來自堡壘以外的電力供應。它有許多間大型的軍火儲藏室，並且有數台電梯可將軍火運送到大砲陣地、軍火中心，以及醫院。通往各儲藏室或其他部門的通道能迅速用鋼樑關上。城堡的牆上都佈滿了倒刺的鐵絲網，至於濱臨亞伯特運河那面牆的前方，則部署了許多反坦克阻礙物和地雷。

由於艾本・伊瑪爾堡不但防禦工事相當堅固，而且也有重兵防守，因此，參觀過的人都認爲，這座以附近一個村莊爲名的堡壘，不論敵軍的砲火如何地兇猛，都能成功地阻擋敵軍，使其難越雷池一步。此外，該堡壘的指揮官也信心十足地認爲，他不但能掌握鄰近的邊界地區，而且，假若附近的橋樑面臨著可能被敵軍攻佔的危險時，他的大砲能將其立即摧毀。從各種跡象看來，似乎已經把所有可能偶發的事項都列入考量。不過，敵軍獨特的攻佔堡壘之戰術以及將從何方攻擊則未被列入考量範圍。

破曉時分，載運著部隊的滑翔機從奧斯塞姆(Ostheim)的一座飛機場起飛後，寂靜無聲地飛越德國邊境，然後，以驚人的準確性，將其中的九架滑翔機降落在堡壘上方，由赫爾姆特・溫澤爾士官(Sergeant Helmut Wenzel)所率領的七十八位突襲隊員從這些滑翔機當中走出來，至於指揮此一軍事活動的魯道夫・魏茲格中尉(Lieutenant Rudolf Witzig)則由於拖曳纜斷裂，因而所搭乘的滑翔機只得在別處降落。這些來自空中的入侵者在迅速地跳離其所搭乘的滑翔機後，隨即進行早在德國已接受六個月嚴格訓練，而且也曾經以其攻佔捷克斯拉夫的軍事行動。他們的突然到來早已使堡壘內的守軍震驚不已，再加上使用煙火彈和新研發的強力炸藥，在不到一個小時之內，就有效地使艾本・伊瑪爾堡完全喪失了動員的能力。這是一個非常大膽且令人難以想像的軍事行動，必須藉由機智和勇猛才能順利達成。雖然駐守在該堡壘附近的比利時部隊曾趕往該處試圖驅逐數量稀少的入侵部隊，但卻又先後遭到「斯圖卡」(Stuka)俯衝轟炸機以及稍後抵達的德軍傘兵援軍之阻撓。

同時，由其他滑翔機所載運的德國部隊也如同計劃般地降落抵達亞伯特運河以西的比利時境內。由於這些德國部隊的動作不夠迅速，因而未能阻止比利時防衛部隊炸斷橫跨運河上的一座橋樑。不過，他們不但攻佔了其他兩座橋樑，而且也迅速地掌控了整個邊境地區。艾本・伊瑪爾堡內的守軍在失去動員能力而又遭到圍困的雙重壓力之下，不得不於五月十一日上午正式投降。在不到三十六個小時之內，德國的入侵部隊就征服了邊境的諸多防禦工事。比利時軍方原先估計，這些堅固的防禦設施至少能阻擋德軍一個星期，以便使同盟國的增援部隊能有充裕的時間在較為後方的地區建立堅固的防禦陣地。

當比利時的邊境防禦工事遭到摧毀之際，一向也試圖保持中立的荷蘭同樣遭到德軍的攻擊而節節敗退。在對於比利時和荷蘭採取同步進攻的軍事行動中，希特勒的轟炸機對荷蘭境內三個主要飛機場展開突襲，不過，卻留意地不摧毀跑道，以便在攻佔之後，可供德國空軍使用。傘兵部隊接著就迅速地降落以便掌控飛機場並且攻佔荷蘭境內其他的戰略據點。主要的意圖就在於以跳蛙前進的方式繞過運河邊的軍事據點。由於荷蘭境內運河交錯，因而就像比德邊界附近的亞伯特運河般，形成天然障礙，影響入侵部隊的前進。

德軍在對荷蘭發動此一猛烈的攻擊之後，立即解釋說，就像對比利時的攻擊般，都是一種屬於預防性的攻擊，其目的在於阻止英法兩國的侵犯。德軍也據此要求荷蘭應立即停止反抗。德軍派遣戰鬥機對海牙的街道加以轟炸，以便讓荷蘭的領導階層知道，希特勒決心執行到底。

部署在法國北部的英軍和法軍的諸多設施也遭到來自於空中的攻擊。對於當時仍把戰爭看成是一團迷霧的英法部隊來說，在破曉時分被墜落的炸彈所驚醒之後，就馬上穿好制服，匆忙找尋掩護的處所。至於在第一次轟炸時倖免於難的部隊，也在聽到轟炸的消息之後，感到極為震驚。他們很快組成隊形並靜候命令的下達。過去因長久備戰而衍生出不同的戰爭名詞——假戰、無聊之戰、僵持戰等——都已不復出現。一位駐防在比利時邊境南方里爾(Lille)附近的一位英國軍官於確知假戰已經結束之後，就在他的日記本上如此地記載著：「眞正的戰爭終於來臨了。」不過，這一場眞正的戰爭所帶來的苦難，卻是那位軍官或任何人都難以想像的。

這個戰爭是過去十數個大規模戰爭的翻版。這些戰爭帶給歐洲和世界其他地區的人民無數個揮之不去的夢魘。德軍在那天早晨所展開的軍事行動正是一場大戰的序曲，在那個大戰當中，不僅使全歐民衆在接下來的五年當中遭到慘痛的代價，而且也使世界其他地區同樣地遭受到蹂躪——數以千萬的生命遭殺害，數億民衆悲痛不已，而且，也使得歐洲原本在全球事務所佔有的優勢被一些新的超級強權所取代。

希特勒在西進的征服之旅前，曾經宣告說：「在今天所展開的戰爭將決定德國未來一千年的命運。」就在那一天所展開的軍事行動初步報告傳回之後，這位神經過敏的德國獨裁者就天眞地認為，他先前所預測的納粹德國世紀已經開始了。從武裝部隊所傳回的報告指出，並沒有遭到任何挫敗，武器和人員也沒有遭到太大的損失，而且，在遭到抵抗時也都能順利克服。他們似乎順利地朝達成短期的目標前進。雖然他們還沒有和強大的法軍或英軍展開大規模的軍事作戰，但是，由於希特勒在先前對歐洲一些小國所發動的戰爭都獲得一連串的勝利，使德軍的士氣和信心因而增強許多。第七裝甲師指揮官厄文・隆美爾將軍(General Erwin Rommel)在次日寫給他妻子的信中曾信心十足地說：「直到目前爲止，一切都進展得太順利了。」時任德國陸軍參謀總長，也曾經預謀推翻希特勒的哈爾德將軍在他的日記中曾記載著：「從各種報告中可顯示出，令人十分滿意的景象正逐漸地浮現出來……。」

同時，同盟國的部隊已經可以在比利時國境裡部署兵力。由於比利時在極不情願的情況下被捲入同盟國的陣營，再加上也相當清楚本身的軍力極爲薄弱，因此，該國自從五月十日破曉開始，就一直要求英軍和法軍前往援助。雖然同盟國的高級指揮部曾經接連不斷地接受到德軍將展開攻擊的不實消息，但是，在五月十日前一天夜晚，卻曾經接獲德軍部隊已開始移動的報告，因此，才得以迅速地採取因應之道。清晨六點，第一集團軍——由三個法國軍團和英國遠征軍所組成——接獲命令，由駐守在法比邊境的地區移防到比利時境內。這些兵力將按照原先的計劃，沿著比利時境內的戴爾—繆斯河(Dyle–Meuse River)陣線部署，以便先將敵軍主要部隊在沿線加以痛擊，並且在德國兵力已耗損之際，再將其趕回德國。這聽起來算是一個相當不錯的紙上作業。

在倫敦和巴黎，高級的軍事和國防會議緊急召開。會中必須釐定出增產戰爭物資、加速動員能力，以及強化軍事訓練等諸多計劃。民防尤其是最爲迫切的課題。在英國——國營的英國國家廣播電台不斷提醒民衆，空襲警報的聲音「在某些地方是藉由警笛和號笛所發出，而在其他地方則是由鼓風所發生間歇和短暫的響聲。」此外，英國國家廣播電台也教導民衆，假如在空襲警報響的時候還留在空曠地方而無法找到掩蔽的處所，那就應該躺在地面上，並且用雙手蓋住頭部。

而且，民衆還必須在家中和辦公室裡準備裝滿水的水桶，以便一旦敵軍投擲燃燒彈時，能派上用場。

在法國，雷諾德總理對法國民衆廣播，呼籲應奮戰到底：「現在該是輪到法國用軍隊和戰機來展現實力的時候……法國已經將劍拔出鞘了。」同時，法國民衆也被警告應提防第五縱隊，而且，也應知道，在發生突襲的時候，德軍所投擲某些種類的炸彈在被投擲一個多小時之後，才會爆炸。

德軍展開攻勢的第一天，以及之後的幾天當中，倫敦和巴黎還並不全然瞭解戰局的重要性。當戰局的報告送達的時候，當然會對其加以注意。但除了某些極為危急的時刻之外，英法兩國當局並未將注意力全心投注在戰局上。兩國的領導階層和政府官員都被使其高層指揮權遭到癱瘓的政治危機整得焦頭爛額。在還沒有解決這些政治危機之前，兩國的政府是絕對不可能專心對抗德軍的攻擊。

當天早晨在倫敦，原先已經心不甘情不願地同意辭職的張伯倫卻又突然改變念頭。由於戰爭的危急程度一再增高，因而使他決定，基於榮譽的緣故，他若是辭職的話，將是大錯特錯。他認為，處在這種緊急狀況下的英國民衆，應該會打消要求他辭職的念頭。他錯了。最近的戰局發展，使得建立一個包括各反對黨派資深代表在內的團結政府成為一個極為重要的課題，然而，這卻是張伯倫在職所無法做得到的。勞工黨不希望他再擔任公職，而且也曾將此意願告知張伯倫。保守黨也明確地表示，由於德軍已經發動攻勢，因此，張伯倫必須不拖泥帶水地立即辭職。張伯倫在無法獲得民衆的支持之下，只好搭著座車從倫敦的政府機關所在地出發到白金漢宮(Buckingham Palace)，向英王喬治六世報告，自己即將下台。

哈利法克斯和邱吉爾仍舊是繼任首相職務的兩大熱門人選。不過，哈利法克斯對於自己能否勝任首相的職務感到懷疑。他認爲，對於身爲上議院一員的自己來說，執行首相的職務將會相當困難。根據憲法，他是上議院的一份子，因此不能進入決定政府重大決策的下議院。他必須藉由內閣的部屬來執行他的首相職務。他感覺自己將「很快地成爲一個只有名譽職的首相，和重大的事務似乎都毫不相干。」

假如能夠將邱吉爾這位言詞犀利、個性固執，已經提出無數個提案和意見且又是英國主力作戰的最大象徵人物趕出內閣的話，那哈利法克斯或許還會考慮擔任首相一職，根據那一時期劍橋大學一位編年史學家莫瑞斯・考林(Maurice Cowling)所記載的：「不少人都認爲，假如由邱吉爾來擔任首相的職務，將會惹來許多麻煩。」

雖然邱吉爾自己也有一批忠心的支持者，但仍然有許多下議院裡的保守黨員對他充滿質疑，甚至極不喜歡他。這些保守黨的黨員不但認爲他那誇張和雄辯式的演說過於氾濫，而且也對於他早期的政黨忠誠度之不足無法釋懷。不過，許多資深的議會人士還是傾向於支持由邱吉爾來擔任首相。他在第一次世界大戰期間曾經擔任過內閣的閣員，而現今具有戰時內閣閣員經驗者已經極爲稀少。而當哈利法克斯在張伯倫的嘆惜聲中將自己排除在首相競爭人選的行列外之後，邱吉爾就成爲國會中唯一可能獲得大多數議員支持的人選，因此，他成爲唯一可能擔任首相的人選。

張伯倫一再地向喬治國王建言。國王相當不悅。不過，就在當天傍晚——也就是在西部戰線開戰的第一天即將結束的時候——邱吉爾被適時地召喚到皇宮接受國王賦予擔任首相之任務。喬治國王第二天在他的日記裡曾如此記載：「我實在還無法想像溫斯頓已經當了首相……，我曾經在白金漢宮的花園裡和哈利法克斯會晤，我告訴他，沒能讓他擔任首相一職，實在令人遺憾。」假如事情的發展不是如此，假如哈利法克斯同意出任首相，那我們將會看到整個戰局，以及英國、歐洲，甚至全世界的命運都將變得大不相同。當邱吉爾離開皇宮要返回寓所途中受到貼身保鏢湯普生(W. H. Thompson)的祝賀時，他回答道：「我希望一切還不算晚。我一直擔心太遲了。」

在接下來的幾個月當中，他曾經幾度失去了原有的自信心，而且也曾經對德國在軍事上的成功感到焦慮和不安。不過，在他獲知將出任首相並且從皇宮返回寓所的時候，那時已經六十五高齡的邱吉爾還是精力充沛地思考如何立即投入首相的工作。在第一天結束之前——對他來說，當天是在隔日清晨三點才結束——他不但已經設計好如何組成一個凝聚全民士氣的政府，而且也完成了內閣閣員人選的規劃工作。

邱吉爾擔任首相之後不但面臨了其國家史上最危險時刻的壓力，而且也還必須處理他所屬的保守黨成員中對他的不滿情緒。這些保守黨人士認為他是個投機主義者，因此無法擔負領導國家的責任。大衛森爵士(Lord Davidson)在寫給前任首相史丹利・包德溫(Stanley Baldwin)的信中就曾指出：「……保守黨人並不信任溫斯頓……當大戰中的第一次軍事衝突結束之後，將可能會產生一個更爲穩健的政府。」

許多在政府機關或軍事單位任職的官員和軍官也都對於邱吉爾的能力和能否繼續任職感到質疑。外交部次長亞歷山大・凱德肯爵士就曾在日記中將他描述成一個「無用之人」。艾侖賽將軍認爲邱吉爾「並沒有領導別人所須具備的穩定性。」戰時內閣軍事助理祕書艾恩・雅各(Ian Jacob)則說：「我們都知道邱吉爾……只不過是個好戰、頑固，以及十分受到爭議的人物……我們實在非常擔心，這麼一個倔強頑固且個性又相當古怪的人在如此一個危急的狀況中，如何擔任一個國家的領導者。」當時擔任內閣中級顧問，而後來又成爲邱吉爾忠誠助理的約翰・科維爾(John Colrille)就曾如此觀察：

> ……在唐寧街十號的顧問們每次一想到邱吉爾已擔任首相時不禁爲之膽寒……我們都認爲，邱吉爾的急躁行爲已導致對挪威的軍事行動遭到挫敗，而伊斯麥將軍(General Ismay，任職皇家國防委員會祕書)也曾經以相當沮喪的語氣向我們闡述原本一向非常平和且井然有序的軍事協調委員會和參謀委員會都因邱吉爾的闖入而呈現一片混亂。邱吉爾冗長的話語和不安於位的個性不但浪費時間做些無益之事，而且還無法擬定良好的計劃甚至還導致許多磨擦……在內閣的辦公室、財政部，甚至是倫敦政府機關所在地地區的許多官員都有這樣的看法。

自從邱吉爾就任首相開始，在倫敦的政府機構以及在保守黨裡有許多人都認爲，「整個國家已落入一個機會主義者的手中。雖然他是位絕頂聰明且又能煽動人心的雄辯家，但卻也令朋友和支持者因對其過去的行爲不敢苟同以致於在危急時刻無法信賴由其擔任重責。」有些保守黨員並沒有將其對英國新任首相的看法和感覺表達出來。在邱吉爾被任命爲首相之後的最初幾天當中，每當張伯倫（當時已被委任爲下議院評議會主席）從下議院的保守黨座位中走出來時，總會受到一陣歡呼和喝采聲。但是，每當邱吉爾出現時，不是鴉雀無聲就是對其表現出一副冷漠的表情。

雖然邱吉爾也受到他的朋友和仰慕者的強力支持以及衷心的祝福，但是，上述的那種情形，必定使他覺得受到極大的侮辱。雖然如此，他還是表現出毫不在意的樣子，因爲，他非常清楚，或許他無法獲得自己所屬黨派的支持，但是，卻有爲數更多的反對黨人士對他極爲支持。他相當瞭解外觀情勢的重要性，因此絲毫不猶豫地展開活動，以便一掃英國大衆普遍認爲「在面對德軍攻擊時，領導階層過於軟弱無能」的感覺。他在五月十三日於議會中發言：「或許你們會問，我們的政策是什麼？我認爲，我們的政策就是，將我們陸海空三軍所有的部隊全數投入，以全力作戰……或許你們會問，我們的目標是什麼？我的回答只有兩個字：勝利——不計任何代價，一定要獲得勝利，不管將遭到任何可怕的對手，也不管勝利之路是如何地漫長難行，一定要獲得勝利……」

這個公開的宣言得到如雷的掌聲。不過，仍然有一些保守黨員對於這種他們認爲是情緒化以及搧動性的誇大言辭無動於中。此外，邱吉爾所有的閣員對於邱吉爾喜歡在夜晚才召開內閣會議的習慣大感吃不消——邱吉爾一直喜歡在白天打盹小睡——更何況，會議經常都會持續到清晨時刻。曾經有一次，會議在夜晚十時三十分才召開，哈利法克斯爵士（受邱吉爾邀請而入閣擔任外交部長）就認爲這實在「令人難以忍受……每個人在這爲期兩、三天的會期中勉爲其難地忍受。這次會議完之後，我會告訴他，以後假如他還會召開午夜會議的話，那就不要把我列入與會的名單裡。」科維爾在他的日記裡也曾如此記載：「倫敦各政府機關似乎都認爲，溫斯頓將遭到重大的挫敗，而奈維爾（張伯倫）將重新擔任首相的職務。」

至於對法國來說，其國內的政治危機，在德軍展開攻擊那天，不但出現的時機相當不好，而且也相當詭異。那是個溫暖、光明且多陽光的典型春日，在承平時期人們通常都會作詩詞或歌曲來加以讚頌，巴黎人會漫步在布隆森林，悠閒地坐在聖米契爾大道享用著咖啡和牛角麵包，或是在蒙帕拿斯，觀看街頭藝術家的表演。但是，這些迷人的景象很可能將再也不復存在。雖然街上還呈現出上述那些景象，但法國所面臨的殘酷事實是——法國不但又遭到極大的危險所威脅，而且，其領導階層也陷於一片混亂。當希特勒的部隊在五月十日的清晨開始展開向西的攻勢時，法國已處於一種幾乎是無政府的狀態——政治和軍事的領導人士都處於猜忌、怨恨，和嫌惡的情緒中。

雷諾德在瞭解當法國已處於德軍的威脅中，但高層人士還荒謬地展開政爭時，不但立即撤回辭去總理職位的辭呈，而且也打消了任命一個新政府的計劃。由於他極擔心如此的混亂狀態可能會導致軍事的高級指揮部在重要時刻發生變動，因此，他覺得已經別無選擇，必須留任甘末林繼續擔任軍事指揮官，以便和他共同防止事態變得更為嚴重。在他寫給甘末林的信中曾指出：「我們法國已經參戰，如今最重要的，就是要贏得戰爭。我們兩人必須合作無間地來完成此一任務。」甘末林這位法軍指揮官在回給雷諾德的信中也表達了同樣的看法。不過，雷諾德曾私下地對戰爭委員會的祕書保羅・包德恩(Paul Baudouin)說，和甘末林的書信往來並不表示他對甘末林的才華或能力的信心增加，「我們等著看吧，看甘末林到底有多大的本事。」

不論雷諾德總理對甘末林是否還抱持懷疑，但是，這位法軍指揮官卻展現出自信十足的樣子。雖然他平常都是不太露臉，但是，在當天早晨，他不但在巴黎市郊的溫森尼斯(Vincennes)堡壘總部迴廊來回走動，而且還自信滿滿地對自己哼歌。他之所以如此怡然自得，或許是因為，他認為，由於德軍的展開攻擊，使他終於有在戰場上大展長才的機會。為了這一場戰爭，他早已備戰多年。其實，他之所以能保住職務不致被退職並遭到羞辱，還是拜敵人入侵之賜呢。此外，這也很可能是導致大衆出乎意料之外地表現出滿意（由甘末林繼續留任指揮官）的部分原因。

當同盟國致力於解決政治窘境和軍事部署時，德軍早已冷酷無情地展開攻擊。到了五月十一日上午十時左右，他們所發動的小規模軍事行動已經有效地把比利時部隊的第一道防線加以摧毀——原先比利時還認為該防線至少應可阻擋幾天。然後，德軍又準備以大軍壓境之勢橫掃比利時，並且預定將與進入比利時境內並且在戴爾—繆斯河沿線建立陣地的同盟國部隊遭遇。

荷蘭同樣也遭到德軍的攻擊，但該國頑強抵抗的能力卻是德軍始料未及。當荷蘭部隊還未完全擊潰的時候，他們全神貫注地給予德軍反擊。在德軍攻擊行動之初遭到入侵的空降部隊所攻佔的三個飛機場在經過一場激戰之後，又被荷軍奪回，至於試圖攻佔海牙的德國部隊也被荷軍擊退。

由於德軍一直把焦點投注在其他戰線，因此，只分配了一支小部隊來和數量並不多的荷軍對抗，並且希望光靠這一支小型部隊，就能征服荷蘭。可是，荷軍不但部署了一條長達兩百多英里的戰線，而且，又能在較爲脆弱和重要的據點上集中兵力加以防守。由於荷蘭的空軍不但規模極小，而且武器又極爲老舊，因此在德軍展開攻擊不到幾天之內，就已被全數摧毀。至於荷蘭歷史悠久的坦克也由於數量不多，因而根本就無法和在波蘭身經百戰的德國坦克相抗衡。組織嚴密以及訓練有素的荷蘭反抗部隊遭到許多謠言的破壞，例如許多第五縱隊份子和德國士兵喬裝成荷蘭士兵、警察、教士，甚至修女。雖然這些謠言都沒有事實的根據，但卻對荷蘭造成某種程度的衝擊，在某些地區，防衛的守軍甚至無法確知究竟應相信誰，以及應與誰作戰。

德軍空降部隊又再度成功地在荷蘭所部署的戰線後面降落，並且攻佔運河上具戰略位置的橋樑。荷蘭實際上已被打敗了，不過，荷蘭卻頑強地拒絕臣服。五月十三日清晨五時，也就是德軍發動攻勢後的第三天，在倫敦的喬治國王被荷蘭女皇威廉明娜(Wilhelmina)的電話所吵醒。荷蘭女皇懇請喬治國王派遣軍隊前來援救被圍困的荷軍。喬治國王不但立即傳話給相關的軍事首長，並且在日記中如此記載：「在那麼早的時候被人用電話搖醒，實在是一件極不尋常的事，尤其是打電話的人還是個女皇。」

事實上，英國早已派遣一個營的部隊前去援助荷蘭，但在極端混亂的狀況中，無法和敵軍遭遇。此外，也由於荷蘭看起來將被打敗，因此就匆忙地撤離荷蘭。法國爲了配合先前所擬定的計劃，也派遣法國第七軍團馳往荷蘭境內以便協助荷蘭防禦德軍的攻擊，但該軍團的部隊也只在荷蘭待了很短的時間。在德軍俯衝轟炸機的密集轟炸，再加上缺乏軍火以及深知荷軍即將潰敗，因而也只得撤離該國。該軍團在推進時都非常準確地執行所擬定的計劃，但是，卻忽略了一項非常重要的因素——敵軍的作戰能力。

由於入侵的德軍不但具有估算其敵軍軍力的能力，而且又能展開恐怖的軍事行動——其轟炸機群將鹿特丹的市中心夷為平地，使荷蘭知道其抵抗是徒勞無益的——因此，在發動攻勢之後的第五天，荷蘭就被迫投降了。

同盟國的高級指揮部最初並沒有對這些戰局的發展感到沮喪。戰爭就是戰爭，而且，當敵軍得以選擇攻擊的時間和地點時，我方遭到些許的挫敗也是在所難免。其實，他們還沒有眞正感受到入侵所帶來的衝擊。邱吉爾在當天早晨觀察了德軍所發動的攻勢之後，認為應該將局勢減低到他所認為最基本的點上面：「……德國的部隊正大量地湧入荷蘭及比利時這兩個低地國，但是，英法兩國的軍隊正往前推進並且將與其遭遇，在一或兩天之內，雙方將會展開面對面的軍事衝突。」同盟國曾經獲得以下的報告——德軍可能會使用一種祕密武器，以便能在最短的時間之內使艾本·伊瑪爾堡壘內的守軍喪失抵抗能力。由於此一報告卻衍生出德軍已發展出神經毒氣此種可怕的武器來征服敵人之謠傳。而由於德軍廣泛地使用曳光彈，因而在經驗稍嫌不足的部隊中也衍生出以下的謠傳——德軍又研發出一種可怕的武器來對付他們。但是，英軍和法軍的指揮官們卻絲毫未受到驚嚇。他們認爲，只有那些不知戰爭爲何物的平民才會受到上述不實謠傳的驚嚇。高特的參謀長亨利・包諾爾中將(Lieutenant General Henry Pownall)在他的日記中曾如此記載：「直到目前爲止，一切都算良好。」

這些高級指揮官對於部隊能順利地移防到原先所指定，沿著戴爾—繆斯河防線感到相當振奮。其所部署的兵力大致如下：法軍第九軍團由那慕爾(Namur)到麥吉瑞斯(Méziéres)；法軍第一軍團部署在威福瑞(Wavre)和那慕爾之間；英國遠征軍則部署在羅凡(Louvain)和威福瑞之間。比利時部隊則將安特衛普(Antwerp)和羅凡之間的缺口加以填補。這一道不易攻破的防線正加緊地鞏固當中，其最主要的任務就在於引誘德軍進攻的兵力之後，再將其擊退。雖然這是一項極爲複雜的軍事行動，但早已精確規劃，而且，在遭到一些小阻礙之後，終能在不到四十八個小時之內，完成整個軍事行動。

同盟國的部隊在移防到所指定的據點途中，受到所經城鎮和村落的比利時居民的歡呼、揮手，和投擲花朵等熱烈的歡迎。雖然同盟國部隊的指揮官基於事態緊急而冒著在白天部署部隊的危險，但令人驚訝的是，同盟國的部隊只略爲遭受到德軍來自於空中的攻擊。有些較爲機伶的人於是懷疑，情報相當靈通的德國空軍究竟在何處，以及對其他地方展開猛烈砲轟的德軍是否深思熟慮地節制了空中的攻擊。雷諾德的軍事顧問狄・維勒魯上校(Colonel Marie-Joseph-Victor de Villelume)就曾機敏地質疑：「他們是不是計劃讓我們掉入他們所設的圈套裡？」

但是英國的一位國防專家洛威中校(Lieutenant Colonel T. A. Lowe)指出：「德軍在一開

始都發動令人震驚的攻擊。而在剛開始的時候也必定會成功……然而……我們早已對即將發生的每件事都做好萬全的準備，以待和其對抗。我們的戰鬥機將群起對抗德軍的轟炸機；我們的反戰機大砲將使德軍的戰機不敢飛得過低……至於在陸地上，雙方的坦克將會互相遭遇。」其實，這全都是夢話。

當英法兩國的部隊抵達位於比利時境內的新陣地時，驚訝地發現，比利時並沒有在沿著陣線的附近地區建造防禦工事。有位法軍指揮官在其所指揮的部隊被指配的防禦據點甘布洛克斯峽谷(Gembloux Gap)發現：「在整條防衞戰線中，每一個重要的防禦據點都沒有設置防禦工事，既無戰壕，又無倒鈎鐵絲……事實上什麼東西也沒有。」由於英軍先前對於比利時的地形不甚瞭解，因而當他們進駐到自己所將要駐防的戴爾河沿線時，才驚訝地發現，原來戴爾河的河道窄小而且又很容易涉水而過，和他們原先預期該是條天然的屏障之想法相去甚遠。此外，部分英軍在前往某一指派的防禦據點時突然遭到神情慌張的比利時部隊（而非德軍）的射擊，原來，比利時部隊因過於緊張，竟然把他們當成是德國的空降部隊。伯納德・蒙哥馬利少將(Major Generel Bernard Montgomery)的第三師所屬部隊在法比邊界遭遇到一位海關官員時，竟然還受到百般的刁難。那位官員所持的理由是：由於沒有收到特別的指示，再加上他們都沒有得以進入該國的許可證，因此拒絕讓他們進入比利時境內。英軍在一番爭執無效之後，只得派遣一輛重型軍用卡車急速地衝過海關，以證明他們確實擁有通行許可證。

由於同盟國的軍官和標榜中立的比利時人事先並沒有會商過部隊的部署情形，因而在同盟國的部隊進入比利時境內之後，雙方也爲此而引發不少困擾、混亂、糾紛，甚至磨擦。不過，大致上來說，進駐比利時的軍事行動進行得還算令人滿意。英軍參謀總長艾侖賽爵士深信，一旦同盟國的部隊已就定位，將能把德軍西進的主要路線加以阻塞。甘末林也持相類似的看法。他認爲整個戰爭會演變成消耗戰，而德軍將因無法攻下同盟國堅強的防禦戰線而終至筋疲力盡。他在日記中曾如此地記載著：「長期的戰爭勢必發生……就整體來說，整個戰局對我方極爲有利。」

這眞是一種極爲錯誤的戰局解讀。同盟國很快地將會發現，他們之所以能順利地將部隊移駐到比利時境內，其實正是一步一步地落入了希特勒早已擬定的圈套裡。事實上，當德軍於五月十日對比利時和荷蘭發動攻勢的時候，德軍最爲重要和強大的部隊早已在其他地方展開軍事行動。倫敦《泰晤士報》一位極受推崇的軍事新聞特派員在次日還曾說：「至少這一次沒有遭受到敵軍戰術上的欺騙。」事後證明，這句話當然是大錯特錯。

雖然希特勒不但急於想發動攻勢而且又因接連的拖延而大爲震怒，但他本人也同意，在十一月份那架戰機迫降在比利時並使其入侵計劃曝光之後，確實有必要重新檢討整個攻擊行動的戰略。雖然重新檢視意謂著攻擊行動勢將再度地遭到拖延，但從另一個角度來說，卻也使得馮・曼斯坦中將得以有機會替希特勒重新擬定出一個完整的替代戰略。曼斯坦建議將入侵比利時的部隊（在原來的計劃中被視爲對抗同盟國部隊的主要兵力）降級到只是被分散的兵力。這支部隊的兵力足以牽制由法國北部進駐比利時的同盟國部隊，也因此使同盟國的部隊無法和遠在法國較南部的地區展開主要攻擊的德軍相互對抗。也就是說，曼斯坦提議將裝甲師投入到阿登森林（Ardennes Forest），然後入侵法國境內。而這正是替代戰略中的主要攻擊行動。

希特勒的將領中，絕大多數最初聽到曼斯坦的提議之後，都嗤之以鼻，而法國也和希特勒的將領看法一致，都認爲這根本是痴人說夢。他們都認爲，將裝甲部隊開到阿登山區無異是自毀長城。他們異口同聲地說，阿登森林的地形根本不適合戰車行進。此外，裝甲師若想強行通過該山區，至少也要花費數日（或許高達兩個星期）的時間，到了那個時候，此一軍事行動原本所期望達到的突襲效果就已不復存在。希特勒的將領之間因而引發了激烈的爭辯，最後將領們終於被曼斯坦所說服，認爲裝甲部隊穿越阿登山區事實上並不會花費太多的時間。更重要的是，希特勒不但不再熱中於將主要的攻擊部隊投注在比利時戰場的計劃，而且也不再質疑穿越阿登山區的可能性。由於整個攻擊計劃相當周詳，使得由裝甲部隊穿越阿登山區的計劃不但正式地成爲德軍的戰略，而且也使同盟國的部隊因而嘗到了軍事史上著名的大敗仗。

由波克上將（Colonel General Feodor von Bock）所率領的B集團軍（其任務在於執行原來入侵比利時和荷蘭的計劃）其部隊的規模由三十七師減到二十八師，其中原有的八個裝甲師也被減到只剩三個師。至於由倫德斯特上將（Colonel General Gerd von Rundstedt）所率領的A集團軍（其主要的任務在於穿越阿登山區）則從原有的二十七師增加爲四十四師，其中還包括由一個增加爲七個的裝甲師。

到了五月九日，倫德斯特的部隊——其中包括了一千二百多輛的戰車和裝甲車輛——已經以三個延伸長達一百英里的縱隊朝著盧森堡的邊境前進。到了夜晚，已經進入盧森堡境內，次日破曉時刻，在幾乎沒有遭到任何抵抗的情況之下，就已經穿越盧森堡這個小國的邊境——該國只有三十萬的人口和一支五百名士兵的部隊——並且朝著「難以穿越」的阿登山區推進。德國的戰車不但配置了機械化步兵和自動推進的大砲，而且也有梅塞斯密特一〇九型戰機在空中掩護。他們的任務就在於橫掃盧森堡和比利時南部的阿登山地之後，全速往法國推進。

這是一個鄉村風味極爲濃厚的地區，絕大部分的地方都是佈滿著森林，其中只點綴著些許的小村落以及坡度陡峭的彎曲山路。雖然阿登山地區也有某一部分是毫無任何障礙的牧草區，但是，絕大部分的地方似乎都是戰車部隊所難以想像的狹窄山路。也因此，法國才會派其最不精良的第二和第九軍團擔任阻止德軍從阿登山區入侵法國的任務。

第九軍團半數以上的部隊是由後備師所組成。該軍團的裝備相當簡陋，而且軍官又大多訓練不足且沒有實際作戰的經驗。軍團司令安德烈・喬吉斯・柯拉普將軍(General Andie-Georges Corap)不但未曾從事過機械化部隊的戰爭，而且還由於身材過於肥胖和身體違和，要進入自己的座車都顯得極爲困難。法國原先也只把柯拉普的軍團定位成只能處理小規模戰役的軍事單位。同樣地，由查爾斯・杭特吉格將軍(General Charles Huntziger)所率領的第二軍團其情況也大同小異。杭特吉格從未指揮過任何軍事作戰，他的軍旅生涯中大多是擔任參謀或駐外武官的職務。他的軍團之師級部隊半數以上也都是訓練不足以及裝備不良的後備部隊。雖然從情報單位獲得了敵軍將發動攻擊的消息，不過該軍團只處於部署階段。該軍團大多數的高級軍官以及數千名中級軍官和士兵們都正在休假當中。第二軍團所部署的位置在馬奇諾防線最頂端的北部地方，也就是當初被抽調到比利時境內的同盟國部隊原先所駐防之處。

雖然法軍指揮部並沒有料到德軍會以三個裝甲縱隊的陣勢穿越阿登山區，不過，當德軍部隊意圖往阿登森林推進時，他們還是立即進入警戒狀態。一場軍事衝突已不可避免而且近在眉睫。杭特吉格呼籲阿登山區休閒城鎮布隆(Bouillon)的市長將該城鎮內的一所醫院交出來當做野戰醫院。該市市長不但加以拒絕，而且還說：「布隆是一座夏季休閒城市；我們的醫院都是用來提供給遊客使用的。」

其實，那年夏天根本就不會有任何遊客前去布隆市。一天之後，漢茲・古德林 (General Heinz Guderian) 將軍的第十九裝甲軍所屬的幾支部隊已出現在布隆，不過，他們所待的時間很短，根本無法充分運用該城鎮的休閒設施。當德軍裝甲部隊試圖穿越阿登森林時，其處境相當危急。由於沒有寬廣的空間供其散佈開來，因而這些裝甲車輛無法以極速前進。它們只能沿著窄小的林間小路一輛接著一輛地緩慢前進。任何一輛若發生故障或損毀，都將使整個縱隊的前進爲之受阻，直到故障的那一輛被修復或是推到一旁後才能繼續前進。德軍所採行的辦法是，一旦任一輛戰車故障或損毀，就立即將其推開。雖然混亂和停頓還是時有發生，但很快就被處理完畢。

雖然來自於空中的攻擊將使殘餘的戰車把三條縱隊所行進的小徑加以阻塞，可是，被派遣前往阻撓德國戰車的同盟國戰機最初所接到的命令是只能將其軍事行動局限於偵察！接著，又接到「避免轟炸人煙聚集的地區」的命令，而這也正意謂著：同盟國戰機的轟炸準確度不高，因而不應在德軍戰車縱隊目標最明顯的時候——也就是經過樹林中為數稀少的村落和城鎮時——對其加以轟炸。

雖然後來同盟國的指揮部瞭解此一禁令的後果並加以撤消，但已發揮不了什麼作用。負責攻擊德軍戰車縱隊的同盟國轟炸機並不怎麼走運。德國在反戰機武器和戰鬥機科技的發展，在戰爭之前，就已經比同盟國的戰機要先進得多。同盟國部隊於五月十日所派出的三十二架英國皇家空軍的法利式(Fairey)輕型轟炸機當中，十三架被擊落，至於其他十九架則在還沒能對德軍入侵部隊造成重大傷亡之前就已遭到痛擊。

由於法軍大多數的部隊要不是駐防在馬奇諾防線的最南端，就是已經往北移防到比利時境內，只剩下駐防在繆斯河以東的少數法軍尚能和德軍一戰。這些守軍當中有些騎在馬背上和前來進攻的德軍戰車縱隊作戰，此舉雖然展現了旺盛的作戰意志，但卻輕易地被擊敗而且不久之後就被迫撤退。由於有些部隊迅速橫渡繆斯河撤退，因而使得這次輪由德軍來懷疑法軍是否設下陷阱來引誘他們。

雖然這樣顧慮，但德軍戰車縱隊還是在穿越盧森堡和比利時南端後進入法國境內，並且繼續朝著繆斯河——就是通往英吉利海峽前最大的天然障礙——推進。德軍的前鋒部隊在五月十二日傍晚抵達繆斯河的東岸。雖然希特勒的戰車部隊早在兩天前就已穿越阿登森林地區，但同盟國的作戰指揮部還不清楚究竟是怎麼一回事。在倫敦，外交部次長亞歷山大・凱德肯爵士認為，雖然從歐洲大陸所傳來的消息並不很明確，但「最重要的是，駐守在比利時的我國和法國部隊並沒有遭到重大的損失。」不過，當天傍晚在巴黎，法國戰爭委員會的祕書保羅・包德恩在他的日記中記載著當天曾經三度試圖「從總部獲得正確的消息，但都徒勞無獲。我們什麼都不知道，或者也可以說，我們只知道荷蘭和比利時的反抗部隊都已遭到了瓦解。」

不過，德軍在當天結束的時候也沒有如所預期地獲致極大的勝利。法軍在德軍的前鋒部隊抵達繆斯河之前，就已將橫跨在該河上面的橋樑成功地加以摧毀。隆美爾將軍的一個摩托車營發現了一座尚未被炸毀的河堰，因而急忙地從上面通過並且在河的另一岸建立了一個據點。晚上，德軍步兵利用橡皮小艇，成功地橫渡繆斯河並且在西岸和其他地方建立了許多小型的灘頭堡。但在這個階段，他們還是無法運用這些奇襲的戰果來獲得更為有利的局勢。戰車在德軍的作戰計劃中不但佔有舉足輕重的地位而且也是其希望之所繫，但是，它們仍然只是停放在繆斯河以東的地區。

在這個時刻，即使德軍已經增強了不少的動力，但其所發動的主要攻擊行動還是處於可能崩潰的危險當中。由於德軍戰車縱隊沒有可供橫渡繆斯河的工具，因而只能在東岸排成一列又一列長達十幾英哩的隊形。可是，由於同盟國遭遇到通訊困難，無法吸收情報資料，以及行政上的混亂等諸多問題，因而使得同盟國部隊未能派遣足夠數量的戰機對德軍造成重大的威脅。不過，大批的德軍裝甲部隊聚集在繆斯河東岸成為駐守在西岸法軍砲兵部隊非常誘人的攻擊目標，事實上，已經有一些德軍戰車被砲火攻擊得失去作戰能力。由於法軍指揮官在確知德軍戰車無法運到西岸之後，就限制部隊的砲火以便節省軍火的消耗量，然而，他們卻沒有料到，其所節省下來的軍火後來都被進攻的德軍部隊虜獲。

相反地，德軍並沒有如此地節制軍火。德國空軍於五月十三日接到命令，開始對繆斯河西岸的法軍陣地展開猛烈的攻擊。被阻隔於繆斯河東岸的第一裝甲師獲得了如下的保證：「幾乎所有的德國空軍都將傾巢而出地支持此一軍事行動。在對沿著繆斯河岸而駐防的法軍不斷地攻擊八小時之後，一定能將其擊潰。」

一波又一波的斯圖卡俯衝轟炸機的攻勢產生了極佳的效果——每一波高達四十架，而每一架則攜帶了兩枚各五百磅重的炸彈——它們從高處俯衝向大砲砲台以及部隊所躲藏的混凝土高堡加以投擲炸彈。對於那些從來沒有作戰經驗或是從來沒有料到會遭受如此可怕和不斷攻勢的人來說（尤其是對於已超過服役年齡但卻被匆忙動員的平民來說），這種猛烈的疲勞轟炸其破壞性眞是不可言喻。即使是幸運地沒有遭到炸彈的殺害、創傷、撞傷，或是震傷，也會被德軍戰機所發出的尖銳警笛聲所驚嚇。即使炸彈在極爲遠處的地方爆炸，但聽到尖銳警笛聲的法國守軍還是會迅速地臥倒在地面。根據艾德蒙・魯比將軍(Generel Edmond Ruby)的描述，德軍的空襲行動實在令人膽寒：

> 砲手停止發射砲火反而臥倒在地上。步兵則受到炸彈的轟然響聲和俯衝轟炸機所發出尖銳刺耳的警笛聲之影響，而畏縮地退到戰壕裡，他們還沒有發展出立即跑到反戰機大砲的砲台並發射砲火的直覺反應能力。他們唯一關心的，就是如何盡量地把頭埋起來。只消連續五小時類似的折磨，就足以使人的精神爲之崩潰。

雖然防衛的部隊一再請求派遣戰機來驅敵並且在空中掩護，但卻徒勞無功。當杭特吉格的某一支部隊遭到轟炸、突襲，以致潰散而請求空中支援時，杭特吉格在不明就裡的情況之下，就回答說：「假如每次重大威脅來臨時就要我派出戰機援助，那我的戰機很快就會用盡。」

當轟炸攻擊停止之後，接著展開砲彈攻擊。德軍已經將其加農砲、反戰車砲和防空砲，以及中型戰車運抵繆斯河東岸。德軍以平射的方式不斷地對法國守軍展開砲轟。在斯圖卡戰機的攻擊中倖免於難的法國部隊現在仍躲藏在河邊的地下碉堡中，他們認為如此一來要比在空曠陣地上的法軍來得安全些，可是他們卻沒有料到，那些地下碉堡尚未裝置具防衛性的鋼板，因此，當遭受砲火攻擊時，立即被炸得粉碎。

德國步兵在砲火的掩護之下，將充氣橡皮小艇放置河面——繆斯河河寬大多是兩百多英呎——然後開始搭著橡皮小艇渡河。他們隨即遭到沒有被轟炸和嚇得驚惶失措的守軍猛烈砲火的攻擊。可是，搭乘橡皮小艇意圖渡河攻擊的是德軍的精良部隊，因而不容易被擊退。那些沒有遭到攻擊而順利抵達西岸的德軍不但迅速地攻佔了法國的防守陣地，而且也立即挖掘戰壕防守。德軍在幾個小時之內就已經在繆斯河西岸的數個據點建立了一連串的防禦陣地。不過，德軍的裝甲部隊仍然還在繆斯河的東岸。而且，雖然法軍毫無防備地暴露在德軍的砲火之中，還是有些法軍不但堅守據點，而且還數度成功地阻止德軍將其所建立的防禦陣地轉換成灘頭堡。

德軍還是很危險地暴露著。遭到德軍轟炸和砲擊的法國部隊以及部署在其後的後備部隊大多還是保持著防禦的狀態。假如得到適當的領導，那在德軍的裝甲部隊渡河之前，絕對有能力將在西岸防禦陣地裡的德軍加以殲滅。但是，反擊的策略若想成功，必須要在德軍鞏固防禦陣地之前立即發動攻勢。而且，如此的攻擊行動必須各部隊間協調合作才能達成，然而法軍在前線的通訊事實上在德軍的攻擊行動中早已被摧毀殆盡。

法軍軍官不但無從得知德軍的兵力和陣地的部署情形，而且對於自己軍隊的情況和陣地的部署也所知有限。最具企圖心的計劃就是在五月十四日早晨發動聯合攻擊，以期將德軍趕回繆斯河東岸。然而，德軍的工兵部隊在五月十三日半夜將濱臨繆斯河的色當(Sedan)城內被炸毀的橋樑修復，使德軍得以運送笨重的裝甲部隊。當曙光乍現之時，德軍裝甲部隊即轟隆地駛過繆斯河。集團軍指揮官比洛特將軍發出緊急通知，要求立即將該座橋樑炸毀。他大聲地宣稱：「那座橋將決定我們的成敗。」一整天，英法兩國的轟炸機——總計一百七十架——試圖穿越德軍防空砲火以便再度將橋樑炸毀，但是失敗了，八十五架同盟國戰機被擊落。

五月十四日上午十時左右，法軍在地面所發動爲時已晚的反擊也遭到挫敗的命運。到了中午時分，德軍工兵部隊在繆斯河上又搭建了其他的橋樑，使德軍的裝甲部隊得以從繆斯河上的三個地方橫渡該河。法軍的部隊早已被敵軍滲透。法軍一直宣傳能使法國不再遭到大災難的戰略如今證明只是建立在夢想之上而已。

法國指揮官所相信的，根本就不可能發生，而且，整個狀況也實在是令人難以置信。法國所謂「無法攻取」的邊境在不到四天之內就遭擊垮。法國投注巨量的經費、精力，以及熱烈期盼的馬奇諾防線竟然變成毫無作用且遭人嘲笑的廢物。當繆斯河畔所發生的情況被傳到位於東北部的聯軍指揮官喬吉斯將軍的耳朵時，神情顯得非常落寞。當時在喬吉斯旁的一位軍官曾說：「整個氣氛就好像是一個家庭裡不久前有人去世般。喬吉斯……的臉色蒼白得可怕。『我們在色當的陣線已遭到破壞。不久也將可能崩潰。』他整個人呆坐在一張椅子上，突然流下眼淚。」

其他各地同盟國的高級指揮官所接收到的消息使他們對整個局勢不甚瞭解。他們從所獲得的消息中只不很明確地知道色當的部隊遭到某種麻煩。甘末林和艾侖賽根本就不瞭解同盟國部隊所遭到的挫敗有多嚴重。他們兩人還是樂觀地認爲，德軍如同所預料地，將在比利時發動主攻。

德軍在空中的優勢證實的確對戰局產生重大的影響。當德軍發動攻勢的時候，法軍的高級指揮官並不十分清楚其所能使用的戰機究竟有多少架。雖然戰機一直不斷地從法國的飛機工廠生產並運往軍事單位，但是，和現有可供使用的法軍戰機相比，數量實在太少——只有五百多架——不過，當戰局開啓之後，根本就沒有用來掩護地面的部隊。此外，當甘末林後來被逼問，爲何在前線極需戰機的時候，有那麼多戰機卻備而不用。他的回答是：「我承認……我實在不清楚。」法國空軍司令約瑟夫・維樂明將軍(General Joseph Vuillemin)自己也承認，撇開損毀的戰機不談，一個月之後法軍投降時，其所擁有的戰機比開戰之前還要多。不過，法國空軍的戰區指揮官狄阿斯狄爾・狄・拉・維吉利將軍(General d'Astier de la Vigerie)後來也表達其對於戰機在極度受到需求時卻未能派上用場一事感到頗爲挫折。

幾乎每一天晚上我都必須拿起電話主動地詢問各部隊的指揮官，我在次日將有許多機隊沒有排上任務。我也再度地問他們，「你們是否有什麼任務需要它們來擔任？」可是，他們總是一成不變地回答：「我們非常感謝您，可是，我們實在用不著使用戰機。」

當德軍發動攻勢的時候，英國皇家空軍的一千八百七十三架戰鬥機中，有四百一十六架駐防在法國。它們被分成兩個截然不同的單位，擔任著不同的角色。由十個轟炸機（法利戰機和布倫亨〔Blenheim〕戰鬥轟炸機）中隊所組成的前進打擊部隊(Advanced Air Striking Force)其任務就在於儘可能地對德軍部隊造成破壞。它們面臨了兩個主要的難題：由於通訊不甚良好，因而它們的軍事行動只能偶爾有效地被英軍或法軍的指揮總部所掌握；它們只適合在白天展開轟炸，但如此一來，卻使它們極易被德軍的戰機以及先進的防空防衛系統所擊落。

英國遠征軍的空軍部隊以一個各自獨立的單位來執行軍事行動。它的四個颶風戰鬥機(Hurricane Fighter)中隊（不久之後就增爲十個中隊）之任務在於對地面部隊提供空中掩護以及護送英國轟炸機執行任務。此一部隊的四個布倫亨中隊和五個萊桑德(Lysanders)中隊之任務則是偵察。但是，如同一位颶風戰機的飛行員所回憶，對於英國皇家空軍來說，位於法國和比利時上空的空戰簡直就是個殺戮慘烈的地方。「不但沒有任何情報，連通訊都極爲不良。每件事物都顯得極不尋常。」

空軍指揮官通常都不知道應該將其颶風戰機派遣到何處和敵機作戰。由於德軍的速度相當快速，因而當接獲明確的指示，將轟炸機派往指定的目標地區時，卻發現德軍早已往前推進。有時候，被派遣前往集結點然後護送轟炸機的戰鬥機不是過早就是過晚抵達，有時候戰鬥機或轟炸機甚至根本沒有抵達集結地點。此外，戰鬥機還必須執行其他的任務。例如必須浪費不少的精力用來巡邏其自身的空軍基地，以防止德軍可能前來轟炸。

在所謂的假戰期間，曾經數度和德軍在空中遭遇，勝負皆有之。不過，法國境內同盟國空軍無望的處境卻是在德軍展開攻擊行動時，才顯現出來。六架被派往荷蘭境內攻擊一個德軍陣地的布倫亨戰鬥轟炸機，其中高達五架被擊落。德軍的多尼爾(Dornier)轟炸機低空飛行在法國北部康狄・維拉克斯(Condé-Vraux)機場上空，當時地面上正整齊地停放著一個布倫亨轟炸機中隊。最後的結果是，其中六架被摧毀，其他的轟炸機則無法再供使用。到了德軍發動攻擊的第四天結束的時候，英國皇家空軍駐守在法國境內的一百三十五架可供立即作戰的轟炸機已經損失了幾乎一半的數量。

以三架戰鬥機爲一組而升空的英軍戰鬥機時常遭遇到以十多架爲一組的德軍戰機，有時候，德軍戰機的隊形甚至超過一百架，而且，每當德軍轟炸機出現的時候，總是由爲數衆多的戰鬥機護航。颶風式戰機雖然能對德軍戰機造成重大威脅，但由於在數量上遠遜於德軍的戰機，因而其戰機和飛行員的損失數量也節節上升。雖然英軍又立即補充戰鬥機和飛行員，但隨即又很快地損失了。由於戰機中隊損失慘重，只好命令飛行員只將補充的戰機飛往法國；然後就自己回到在英國的基地。但是，在法國境內空軍基地的中隊長卻命令他們留下來並且加入戰局，有些飛行員自此一去不回。駐守在法國的英國空軍人員相當清楚自己的能力極爲有限。上尉飛行官阿契伯德・霍普(Archibald Hope)在整個中隊其他戰機都已無法作戰時，被派遣單獨駕駛一架戰鬥機升空防衛機場。他對整個基地巡邏了兩個小時。後來他回憶說：「只有一架飛機！假如發生空襲，只有一架飛機又能發生什麼作用。」

從最初，飛行員就一直誇大擊毀敵機的訴求，因而使他們很難完全理解整個空戰的局勢爲何。當飛行員於戰場中展開火拚的時候，實在不可能知道其所攻擊的戰機是被擊落、僅遭損傷，或爲了脫逃而排出一陣煙霧。五月十一日，英國國家廣播公司宣佈，在兩天的戰鬥當中，德軍已損失了兩百多架戰機，「比英軍損失了十倍之多」。根據報導，駐防在法國的英國皇家空軍在早餐之前一定要擊毀十架以上的德軍戰機才會覺得滿意。假如那些報告屬實的話，德國空軍那時早已在戰爭中被打得潰不成軍，顯然事實並非如此。

空軍參謀長西瑞爾・尼華爾上將非常清楚在法國上空的空戰確實的發展情形，「……我們不能一直持續地以此種密度來攻擊……假如我們在戰鬥初期就使盡全力，那當重要階段來臨的時候，我們就無法有效地展開軍事行動。」可是，當法軍請求英國皇家空軍對繆斯河上德軍所搭建的浮橋加以炸毀以便使德軍無法突圍攻入法國的心臟地帶，英軍卻只能派遣前進打擊部隊來執行此一任務。升空前往執行此一炸橋行動的七十一架法利式和布倫亨式戰機當中，四十架被擊落，而繆斯河上的浮橋則還是絲毫未損。

遭受德軍轟炸機攻擊的法國部隊咒罵其指揮官無法提供空中掩護。法國政府不斷地請求英國的空中增援。英國遠征軍指揮官高特也請英國駐法國的空軍指揮官亞瑟•布洛特(Air Marshal Arthur Barratt)中將立即增援許多戰鬥機中隊。在倫敦,參謀總長艾侖賽則抱怨地說:「……法國的這些請求……將一直持續到我們只剩少許的戰機爲止,不過,話又說回來,這個戰役或許將對整個戰爭造成決定性的影響……」

到了五月十五日,倫敦當局已看出英國皇家空軍在法國的損失極爲慘重,也因而開始擔憂了。反對再度派遣戰機增援法國的尼華爾憂心忡忡地認爲,英軍戰機不斷地損失,再加上德國空軍可將其在荷蘭與比利時所佔領的空軍機場用來做爲空襲英倫三島的基地以攻擊英國的城鎮和軍事設施,使得英國本土的國防遭到極大的威脅。戰鬥機司令部的總司令休•道丁上將(Air Chief Marshal Hugh Dowding)更是堅持著此種看法。道丁還發出警語,戰鬥機司令部「在遭到壓榨之後,將使早已陷入危急狀況的防衛力量更是雪上加霜,一旦德軍展開轟炸,我們將毫無抵抗的能力。」稍早的預測早已證實此種不祥預感的可信度極高。根據先前的估計,假若德國空軍從德國境內的空軍機場展開攻擊,那英國皇家空軍必須擁有六十個戰鬥機中隊,才足以防禦英倫三島。但如今,德軍不但在荷蘭境內擁有空軍基地,使英國境內的目標之距離更爲拉近,而且,戰鬥機司令部不但只剩下三十九個中隊,更糟的是,每天都有戰機折損。即使是在繆斯河挫敗之重要性和程度爲倫敦當局瞭解之前,倫敦當局早已開始心生不祥之兆。

同時,除了在交戰地區的法國人民之外,其他地區的法國人民完全不知道前線的狀況究竟如何。當法國政府準備將巴黎地下鐵用來當做空襲時掩蔽地點以及武裝警察在咖啡店裡搜尋可疑的第五縱隊份子時，民衆才開始瞭解戰局已進入極爲嚴重的地步。此外，悲傷落淚且茫然不知所措的荷蘭與比利時難民也越過法國邊界而抵達巴黎的北站(Gare du Nord)。但是官方所發出的公報卻絲毫沒有顯示法國事實上已陷入困境當中。

雖然英國也採取了更進一步的緊急措施，但情形也和法國相差無幾。年齡介於十九至三十七歲之間的男子必須向軍事服役單位登記，而且，登記的程序顯得相當急迫。和僅只一個世代之前第一次世界大戰剛開始的時候相比，即使是再怎麼心甘情願且熱情洋溢的充員兵，這次也顯得沒有那麼急切地想穿上軍服上前線擊敗敵人。畢竟，這個戰爭早已默默地進行了九個月之久。雖然被徵召的男子都出現在軍事服役單位裡，但是，蘇格蘭場的警探卻多次被召喚到身體檢驗場所調查是否有身強體健的男子僱用替身接受體檢的情事。

國民兵也於五月十四日被徵召來補充正規軍。這群年齡過於年長或身體狀況不適合激烈軍事行動的本土防衛軍（起初被稱爲地區志願防禦軍，但後來爲了使稱呼更爲親切，則稱之爲老爹部隊）也被要求須接受軍事訓練。不過，對於一個法令約束並不算多的社會來說，絕大部分還是要靠充員兵的奉獻精神和士氣的支撐。其中有些許充員兵在那個階段就已配備了手槍，並準備在敵軍入侵時展開防禦行動。

在戰爭開始不久之後，居住在英國境內的敵國公民就遭到「妥善的處理」。居住在英格蘭東部和東南部海岸的德國和奧地利國民先被拘留，以待稍後用船將其運送到監禁營。到了五月十二日夜晚，已有三千名被逮捕，他們大多居住在機場、軍事設施、碼頭、軍火工廠、發電廠，以及橋樑等附近。非常諷刺的是，這些人當中，大都是害怕遭希特勒迫害而逃出希特勒第三帝國的難民。

內政部呼籲民衆必須保持警戒，以防敵軍的情報人員空降進入英國，而假若發現任何敵軍情報人員，應立即向最近的警察局報案，並提供降落的地點和人數的詳細資料。在英國各地，人們開始掃瞄著天空，而且，各處的道路指標幾乎都被拆下，以防止敵軍情報人員將其利用來協助逃避偵測。毫不知情的旅遊者在向當地民衆問路時，不但滿頭霧水，而且也會遭到懷疑的眼光。哥倫比亞廣播電台特派員愛德華・莫洛(Edward R. Murrow)在其傳回美國的報告中指出：「唯一能告訴陌生旅遊者的是——坎特伯利(Canterbury)就是坎特伯利，它是平原上冒出來的一座巨大的教堂。」

柏林政府當局向派駐在柏林市的外國特派員擔保，德軍的攻擊純粹是防禦性的，而且，德軍之所以發動攻擊，完全是爲了防止英國和法國的侵略。不過，即使是美國的孤立主義者(同盟國仍持續不斷地向其尋求協助)也不相信柏林當局的說辭。相反地，德軍的攻擊行動使得認爲德軍的擴張主義可能危及美國國家安全的人數急速地增加。羅斯福在五月十日宣稱，他的政府將不惜採取任何手段來防衛……我們的文化、我們美國的自由和我們的文明。國務卿赫爾也宣稱，全世界不僅生命和財產，而且連文明社會最基本的宗教和道德正受到極大的威脅。《新共和國》(*New Republic*)雜誌也提出「警告」：美國必須要有歐洲同盟將遭到大災難的心理準備。

對於同盟國的支持以及對於遭德軍迫害的受難者之同情的呼聲響遍了美國各地。美國政府凍結了在該國境內的比利時、荷蘭，和盧森堡等國的資產，以便使納粹德國無法利用其所成立的僞政權來獲取那些資產。愈來愈多的美國人相信，美國自身的國家安全正遭到威脅。他們也因而同意，應增強美國的國防力量。不過，他們只想到藉著提高海軍和空軍的軍力以便遏阻來自國外的威脅。大多數的美國人還是絲毫沒有想到動員大規模的兵力並將其派遣到歐洲，使美國再度投入外國的紛爭當中。

每當羅斯福遭到壓力的時候，總覺得必須再度重申美國大衆最盛行的看法，美國不應改變其不加入戰局的信念。雖然如此，羅斯福總統還是密切地注意著前線所發生的局勢及其演變。他不斷地要求國防部和外交部提供戰情的最新情報以及英法兩國政府應付戰局的方法。

雷諾德懇求美國急速派遣軍援。邱吉爾也提出同樣的請求。

設若貴國再不發表立場並派遣部隊，恐屆時後悔不及。貴國將驚訝地發現，在極短期間，歐洲就已被征服和納粹化了……我方目前所請求者，爲貴國宣布處於非交戰狀態，亦即，貴國將以提供我方所短缺之軍需品以協助我方。目下所最迫切需要者，爲將貴國之四十或五十艘老舊驅逐艦租借我方……第二迫切需要者爲數百架最新型之戰機……第三迫切需要者爲防空裝備和軍火……

雖然羅斯福在回函中表達了同情之心，但是，他也解釋，必須獲得國會的同意。羅斯福總統雖然極力地規勸國會能修正美國的中立地位，如此一來，就能將武器和軍火運往法國和英國，使其不致遭到被擊敗的命運。可是，國會的反對力量實在過於巨大。由加州所選出的共和黨參議員希倫・強生(Hiram Johnson)就曾警告，任何一個企圖廢止或修訂中立法案的舉動將遭到「極大的爭戰」。絕大多數的美國人還是認爲，不論歐戰中的那一方是值得同情的，但這都一點也和美國毫不相干。

雖然羅斯福個人和邱吉爾有過直接的對話，而且也對於英國現在由一位精悍的首相主政感到稍許安心，但他卻也還無法完全確信邱吉爾是否具有此一重要時刻所必需的領袖特質。由於他曾擔任助理海軍部長，因此他不但相當瞭解海軍軍力的重要性，而且也認識到英國的海軍艦隊是美國防禦希特勒在西半球的野心擴張之第一道防線。可是，羅斯福卻不認爲英國海軍做得到。相反地，他認爲在邱吉爾的領導之下，皇家海軍並沒有妥善地處理挪威戰役。他更進一步地認爲，「假如事情還是如此下去的話，那英國人終將被打敗。」

羅斯福身邊的顧問們也對於邱吉爾的能力深表質疑。布立特大使一再強烈要求美國應對同盟國展現出較爲強力的支援，而他的觀點在白宮也極受重視。他不但對於邱吉爾的評價不若對張伯倫的評價，而且，他還深信：「整個英國在此一極大危機時刻當中……並沒有眞正的領導者。」令人驚訝的是，此一心境竟然和雷諾德以及法國其他的領導階層人士不謀而合。

由於甘乃迪大使在倫敦所接觸的名流都是張伯倫的密友和同黨人士，因此很可能也會對邱吉爾多所批判。華府因而一點也不奇怪爲何甘乃迪會在五月十五日呼籲，雖然邱吉爾曾請求派遣援軍，但美國應謹愼小心，以免發覺自身「陷入一個同盟國早就注定要落敗的戰爭中而一無所獲。」可是，甘乃迪在白宮的影響力卻持續走下坡。當羅斯福建議居住在英國的美國人——那時大約有八千名——儘速離開英國而返回美國時，他自己也相當懊惱。不過，由於這個建議是由美國政府的官方代表所提供的，因而國務院覺得有必要協助從事一些安排的事宜。在戰爭爆發當天不久，英國的遠洋定期班船雅典號(Athenia)當時正載著一千四百名乘客(其中有三百名爲美國公民)前往加拿大，但在途中卻遭到一艘德軍潛水艇的魚雷攻擊。在死亡或失蹤的乘客當中，美國人佔了十二名。由於可能遭到德軍潛水艇攻擊的危險性持續不斷而未見消失，因而美國國務院派遣了一艘標幟明顯的船隻橫渡大西洋，以便載運那些意圖從英國返回美國的民衆，此外，也可當成是更進一步地知會英國和德國的政府。

一九四〇年的前幾個月，華府最爲重要的政治課題就是羅斯福能否第三度入主白宮。假如他再度當選美國總統，那將會打破只能擔任兩屆總統的限制。羅斯福一方面必須承受民主黨自由派要求他再度競選的壓力，另一方面，卻也使得包括他自己的民主黨員在內的保守派人士想藉由攻取總統寶座，以便廢除他的新政政策的企圖之成功希望變得渺茫。不過，對於厭倦了白宮生涯的羅斯福來說，只想在卸任總統寶座之後，擔任一個較爲輕鬆無事的職務。他計劃在退休之後住到位於紐約鄉間哈德遜河谷(Hudson Valley)的海德公園(Hyde Park)內之住所。他希望能扮演一個年長政治家的角色。在白宮任職了八年之後，若有改變環境和景物的機會，的確令人神往。由於許多年前就感染了小兒痲痺，使得他在有生之年的大多數時間都是被迫坐在輪椅上，因而使他覺得卸下總統重擔之後，將使肉體上的壓力大為減輕，這對他而言確實極具吸引力。

大西洋彼岸戰局的發展現在因而成為羅斯福是否再度競選的一個重大的因素。由於羅斯福想教育美國民衆，使其瞭解因歐戰而對美國所造成的威脅。因此，羅斯福體內不僅激發了一股奉獻的力量，而且又重新體認自身的重要性。但是，他並未因而確切地表明將再度參選。他告訴至親好友，他並不打算競選，「除非……歐洲的情況變得非常，非常地糟。」不過，他也必須瞭解，假如情況眞的變得很糟，那國會和美國大衆將可能會願意出兵海外。雖然情況若變得很糟將使羅斯福更加深信必須制止希特勒，但是，制止希特勒的軍事行動將比他以前所曾從事的任何一項事務都要來得更為艱難。白宮一位和羅斯福極為熟稔的人士就曾說：「羅斯福是否競選總統這個問題，其答案在繆斯河岸的某處。」

對於同盟國來說，羅斯福的決定是極為重要的。想被選上的候選人必須承諾絕不把美國未來的命運和歐洲的任何一場戰役扯上關係。而這位當選者將比羅斯福遭到更多棘手的問題。羅斯福是位善於運用政治策略的人，他早已經想辦法要解除國會對同盟國禁運武器之禁令。假如他決定下台，那美國將很可能和歐洲的混亂局勢保持距離，而最後的結果將是難以預料。

混亂

希特勒的戰車兵團在五月十日到五月十四日之間穿越阿登山地並橫渡繆斯河之後，法國對於德軍此種突如奇來的攻擊行動驚嚇得呈現出一片慌亂。當法軍利用反擊而摧毀敵軍在河岸所建立的灘頭堡時，慌亂的狀態卻還未結束。柯拉普將軍建立了一道牽制戰線並且希望藉此能發動反擊。然而，由於遭到空襲，不但使通訊大受破壞，甚至連士氣也幾近瓦解，終使法軍在尚未全面癱瘓之前一直未能採取正確的因應之道。

正當大多數的德軍戰車在繆斯河岸邊從前線到後方都整齊地排列以便等候渡河的時候，一個法軍的戰車部隊移動到法軍陣線後方加入一個早已計劃好的反擊行動。由於該戰車部隊的任務和通行的暗語尚未傳抵，因而使該戰車部隊被誤以為是德軍。當地的指揮官認為敵軍的裝甲部隊正以圍堵的策略朝著自己的方向而來，即將被包圍，因而使得所有的部隊都嚇得四處逃避。

法國的菁英部隊法軍第一裝甲師在經過快速的前進之後，和隆美爾將軍相距只有二十五英里。由於隆美爾當時正忙於鞏固橋頭堡，因而並不知道法軍第一裝甲師已逼近。隆美爾的部隊只是在駐守的地方等候著一直還未傳抵的指示。

由於失去連繫，使得某些法國部隊竟然相互朝著對方開火。其他一些部隊則潰不成軍，而且，人員也逃到他們自認爲是安全的地方。急忙趕來增援防衛戰線的部隊卻發現，不但預計用來做爲渡河的橋樑早已被摧毀，而且，也沒有人出面解釋爲何如此或是誰下達炸橋的命令。

「德軍已推進」的未經證實之謠言已傳抵指揮總部，由於缺乏正確的情報，指揮官們竟然信以爲眞。如此一來，使得自開戰以來就因所得情報不多以致於對整個戰局一知半解的法軍指揮官顯得更加困惑。由於很少發出首尾連貫的命令，因而使得撤退的趨勢日益增強。駐守在距離繆斯河岸數英里之遠的部隊發覺遭到駐守在前線的部隊之襲擊，而根據傳聞，「襲擊」的命令竟然出自於他們自己的法軍指揮官。

沒有堅強抵抗的法軍部隊極度影響到堅強抵抗的法軍部隊。他們的側翼處於危險的狀態，因而只得加入撤退的行列。很多士兵將自己的槍支丟棄，也將臂章或代表官階的標記加以撕毀。這些舉動也正象徵著他們個人已不再和軍隊以及戰爭有所牽連。許多排、連，和整個營級部都已不復存在。有些人害怕遭到來自空中的攻擊，因而不但在撤退當中拋棄了軍用車輛，而且竟然還當起攔路強盜。許多迅速加入戰場的法軍戰車用盡了燃油，因而被極度懊惱的官兵遺棄。他們實在沒有其他選擇的餘地，因而也只得毫無羞愧地加入撤退到後方的行列。許多部隊躲藏在村莊、農場，或森林中，以便等待適當時機，平安地向德軍投降。

甘末林將軍在他的溫斯尼斯總部試圖以不用無線電的方式來執行身爲同盟國部隊指揮官的任務。根據他一位參謀軍官的描述，他甚至不用信鴿，也不用他認爲不值得信賴的民用電話系統。

這樣一來，使他僅能在繆斯河大挫敗許久之後，才完全瞭解整個過程。這位總司令爲了獲得情報及發布命令，所依靠的是穿梭在擠滿運輸工具和成群難民間傳送報告和命令的摩托車騎士。有些特派騎士要不是在事故中被殺害，就是受到嚴重的傷害，而更爲不利的是，縱使其所傳送的情報或命令再如何地緊急，傳送以及接受命令的雙方都無法知曉究竟是否順利送抵。

各級指揮軍官同樣也無法和其所應指揮的軍事單位取得連繫。有些指揮官根本不知其所指揮的部隊在何處，或者是對於移防後的戰線位置一無所悉。當駐守在色當附近的法軍在五月十四日面臨潰散的危機時，同盟國部隊東北區最高指揮官喬吉斯將軍曾報告指出：「德軍前進的部隊似乎被阻擋了。」他對於整個戰局的實際狀況眞是一無所知。

法軍曾數度嘗試，希望能再次掌控戰局。柯拉普將軍對他的部隊提出警示：「當法國的命運處於危急狀態時，絕不能允許任何缺點出現。各級指揮官必須以身作則，而且，假如必要，甚至必須強迫服從命令。任何一位指揮官若無法有效指揮而產生缺失，將遭毫不寬容的處罰。」不過，此一警示卻未能發揮作用。柯拉普的第九軍團在遭受攻擊繼而潰散之後，早已面臨了不復存在的困境。柯拉普在五月十五日結束之前將被解除指揮官的職務。他在當天早晨所塡寫的日誌(official diary)上曾以嗚咽和沮喪的語氣記載著：「完全沒有獲得任何情報——通訊被切斷——對外連絡完全無效——後方地區被運輸和逃難的部隊所阻塞——運送燃油的火車遭攻擊而起火燃燒——簡直就是一場極度的混亂。」潰敗之日已相距不遠。

即使法國高級指揮部能全盤瞭解詳細的經過情形，單憑法軍的軍事技術，對整個戰局也實在無所助益。同盟國的精良部隊仍深陷在比利時境內，而且，德軍在對比利時展開攻擊之前，就已發動攻勢對同盟國在戴爾—繆斯河防線沿線的許多據點加以猛烈轟擊。由布藍查德將軍(General Blanchard)所率領的第一軍團駐守在該防線的右翼，由於其駐防的地點特佳，因而還肩負著必須立即往南增援柯拉普將軍所率領瀕臨潰散的第九軍團之任務，可是，卻也因爲被戰事阻撓而未能執行該項任務。其實，處於德軍壓迫之下的第一軍團根本無法想像具有解救第九軍團的能力。

由於一切發生得太快且太劇烈，因此根本沒有充分的時間可供理解以及做出正確的判斷。一位法國軍官回憶起他看見布藍查德將軍竭盡所能地試圖理解其所收集到的資料之情形。

我和將軍在一個房間內共待了一個多小時……他神情沮喪地呆坐著，什麼話也沒說，什麼事也沒做，只是用雙眼凝視著攤開在我們之間的桌上一張地圖，似乎希望從中找到他一直未能採取的對策。

布藍查德的上司比洛特將軍——第一集團軍指揮官——當時正負責統合數天前大膽移防到比利時境內的同盟國部隊之各項軍事行動，但是，他現在似乎也是被整個局勢的發展挫折得無法做出任何決策，每當他構思出一個決策，不是被立即撤回，就是遭到修訂。

此種無力感極具傳染力。即使連尚未全力投入作戰的部隊也感受到此一沮喪的氣氛。考特德上校(Colonel A. Goutard)後來陳述了事件的經過：

沒有人眞正地想展開反擊行動。此種疲憊的無力感從一個總部接連不斷地傳送到下一個總部。軍團、軍、師、團等各級部隊從來沒有做好應戰的準備工作。不過，有時候有些較好的單位——團或是行動力較強的戰鬥群——倒眞的會戮力作戰。但是，當他們在衆人驚愕當中在戰場獲勝之際，卻又讓高級指揮官因過度緊張而將其立即召回。

法軍參謀本部的軍官對於作戰的高級指揮官的無能感到憤怒。附屬在比洛特將軍總部的一位英軍聯絡官在其日記中曾記載著，在總部裡的年輕參謀軍官「不但極爲沮喪，而且也向我吐露對其指揮官和高級參謀軍官無能的表現之不滿情緒。」當報告傳來法軍陷於混亂和毫無招架之力的情況時，許多人不禁熱淚盈眶。英國遠征軍的軍官也只好盡量不那麼明顯地表現出其對於整個戰情之感覺，因爲，一方面由於法國人那種情緒表現的方式和英國人大不相同，另一方面，也由於，畢竟，遭到入侵和轟炸的並不是他們自己的國家。並不是他們建造了一道壯觀卻沒有多大用處的馬奇諾防線；並不是他們曾經名噪一時的軍隊如今變得積弱不振且毫無用處；而且，更重要的是，並不是他們自己的部隊遭到德軍裝甲部隊和轟炸機群的猛烈攻擊。

雖然高特爵士的部屬對他多所責難，但是，他和甘末林一樣，由於缺乏情報來源，因而對戰局的發展所知不多。雖然高特大多數的情報和作戰人員在蒐集和整理德軍活動情形的資料就送往英國遠征軍在阿拉斯(Arras)的總部，但高特在德軍發動攻擊的第一天時，就已在里爾附近的瓦哈尼斯(Wahagnies)此一村落成立一個指揮站，然後，又在五月十三日的時候將其移防到較爲接近前線的雷奈克斯(Renaix)，最後，又在五月十五日移防到更爲接近前線的林尼克·聖·昆庭(Linnick St. Quentin)。爲了能與自己的總部取得連繫，他被迫仰賴特派騎士和民用電話系統，但是，民用電話系統的接線生在空襲警報期間常會棄守崗位。這位英國遠征軍的指揮官不想呆坐在指揮站裡任由局勢發展(然而局勢的發展確實是其所無力阻止的)，因而時常離開指揮站達數小時之久，以便親眼目睹戰況。因此，使他無法和重要地區參謀人員保持連繫。

高特直到五月十四日——也就是德軍發動攻勢三天之後——才得知德軍已渡過繆斯河，並朝著那個方向而來。而直到五月十六日，也就是德軍以強大兵力攻破色當的次日，他才知道，德軍此舉很可能切斷其補給線。英國遠征軍早已處於危急的狀態中，然而他卻都沒有接獲任何警告。

其實，最大的錯誤應在於指揮結構。雖然高特爲英國遠征軍的指揮官，但他還是得受法軍指揮部的指揮。他的直屬長官集團軍指揮官比洛特將軍照理說應負責協調比利時境內同盟國部隊的各項軍事活動，但是，高特卻不清楚這位應執行協調任務的長官究竟在做什麼。雖然沿著西部戰線的許多據點都發生戰鬥，高特這位英國遠征軍的指揮官——他所率領的軍隊本應在這些戰役中扮演重要角色——卻沒有從他的法軍長官那裡接獲任何的通知或命令。大體而言，英國遠征軍在此一階段還是沒有從事任何激烈的戰鬥，但是，法軍則因遭到德軍的諸多重大壓迫而疲於奔命。法軍事實上正遭到德軍猛烈的攻擊。德國部隊又再度在法國土地上橫行。德軍在法國上空也是處於極佳的優勢狀態。巴黎本身在不久之後很可能就會遭到威脅。這些軍事活動雖然使德軍的心思有所分散，但卻也還不致於使其「忽略」了對英國的軍事行動。同盟國裡國家之間的關係也開始摻雜了反唇相譏和苦不堪言的氣氛。

至於在距離前線不到兩百英里的巴黎，卻又充斥著一種大不相同的氣氛。巴黎民衆從收音機和報紙的報導中，認爲雖然在比利時境內正進行激烈的一場戰役，但法國的領土尚未遭到入侵。對於才剛抵達巴黎的美國記者克萊爾‧布斯(Clare Booth)來說，一切事物都顯得那麼平常。

> 計程車在大道上鳴響著汽笛，褐色桌子的大理石桌面上有相互碰撞的玻璃杯，馬德林(Madeleine)的花市依舊五彩繽紛，尖塔上的時鐘則還是不疾不徐地敲出鐘響的聲音。

雷諾德直到五月十四日下午(也就是德軍裝甲部隊已開始陸續橫渡繆斯河時)才知道整個局勢對他的國家和人民極爲不利。除了部隊的潰散之外，在北部的二十萬民衆在敵軍抵達之前早已四處逃散。

法國總理在當天傍晚曾打電話告訴在倫敦的邱吉爾，整個戰局已每下愈況：「德軍已穿越我們部署在色當以南的防禦陣線……而在色當和巴黎之間，並沒有足可和其相提並論的防禦工事……。」法國急迫地需要更多的援助。雷諾德要求邱吉爾(他先前曾應允派遣四個戰鬥機中隊前往增援早已駐防在法國境內的英國皇家空軍)立即增派十個中隊。雷諾德告訴邱吉爾，假如沒有這些戰鬥機中隊，那法軍很難阻擋德軍進攻巴黎的攻勢。

雖然倫敦當局甚少收到對於戰情的詳細報導，但是戰爭內閣具有充分的理由相信，前線所遭到的難題比原先在戰爭初期所遭到的挫敗要來得嚴重，因而原先所派遣的部隊如今必然不敷使用。不過，由於駐守在法國的英國皇家空軍遭到重大的損失，而這些損失意謂著英國本國國防的損失，因而特別引人注意。雖然邱吉爾一直堅持主張應對敵軍爭取前進大對抗而非背水一戰之陣勢，但他也相當清楚，再進一步地削減英國空軍的力量將使英國陷入危急的狀態中，因此，在並非極度願意的情況下，同意他的軍事參謀之意見，不再派遣戰機前往國外。

當時倫敦當局還不知道德軍已攻破色當防禦工事。邱吉爾和他的顧問們當時仍然深信，主要的戰役還是會發生在比利時境內，而在該國的同盟國防線將足以阻擋敵軍的攻擊，最後使希特勒的侵略行動因而宣告終止。因此，當邱吉爾聽到雷諾德談論色當之役的大敗以及要求英軍前往增援時，著實大爲吃驚。雖然有人認爲這位法國總理可能是因爲接獲來自前線過於消沉的報告的影響，才使他陷於法國人特有的歇斯底里當中。可是，到了次日（也就是五月十五日）早晨七時三十分，雷諾德親自打電話給邱吉爾。邱吉爾依然和往常般，習慣在清晨入睡，因此這次他是被雷諾德的電話所吵醒的。這一次雷諾德所傳達的訊息顯得更爲沮喪。「我們被打敗了」，雷諾德嗚咽地說：「我們在戰役中被打敗了……他們正以數量龐大的戰車和裝甲車輛湧進。」

邱吉爾簡直不敢相信雷諾德所說的話。由於他長期和失敗主義者周旋，因而深信事情應該沒有雷諾德所堅稱的那麼嚴重。他曾經「在上一次的大戰中看見許多像這類的事情，而戰線（甚至是極寬廣的戰線）的被突破，並不會令我想到將造成任何重大的後果。」他告訴雷諾德，同盟國絕不會在這場戰事中失利。他還試圖說服雷諾德，德軍不久將會被遏止，而且必須等候補給品運抵。而那也正是同盟國部隊得以展開猛烈反擊的時刻。由於邱吉爾無法在電話中說服雷諾德，使其安下心來，因此他別無選擇地決定親自飛往巴黎，一方面可察知眞正的軍事狀況，另一方面也可說服飽受驚嚇的法國人，使其相信，未來的展望並沒有他們所想像的那麼黯淡。

不過，雷諾德是對的，邱吉爾則大錯特錯了，因爲，國防部長達拉第在當天晚上由甘末林將軍在巴黎的戰爭委員會的報告中驚訝地發現整個眞實戰況，因而打電話意圖改變論調。根據甘末林的報告指出，德軍的裝甲部隊已突破了法軍位於色當的橋頭堡。甘末林不但沒有任何資源足供運用來發動任何反擊，而且，也無能阻止德軍，使其不朝著法國的首都推進。

「你所告訴我的，根本就不可能！」達拉第在電話上對著甘末林大聲地咆哮著。「你大錯特錯！」

甘末林再度向他保證其所言絕對屬實。當美國大使布立特造訪國防部時，部長正在接這一通電話。之後，布立特就打電報回華府：「……除非上帝賜予神蹟……否則法國的軍隊將被全數殲滅。」即使神蹟即將來臨，但是對於法國第九軍團來說也爲時已晚，因爲，該軍團「從四面八方敗陣下來，早已呈現一片混亂狀態，而且，軍團總部早已亂了方寸，根本不知道其所轄屬的師級部隊在何處。」

有時候，整個戰局卻又減至鬧劇的層次。甘末林將軍手下的高級指揮官圍繞在這位沒有發揮多大實質效用的同盟國部隊最高指揮官的身旁。當雷諾德的軍事顧問狄・維勒魯上校前往甘末林的總部，以便解開對於前線戰局演變諸多混淆報導之謎時，甘末林的參謀長派第朋上校（Colonel

Petibon）不但對於他此種好奇心提出強烈的抗議，而且還威脅將對法國政府的首長實施新聞管制。他警告狄．維勒魯，「假如再意圖解答謎題的話，那我將不給予任何情報。」

由於報導是否屬實對於甘末林個人的清譽影響至鉅，因而派第朋上校之所以擺出那副傲慢的態度，其原因應不難理解。甘末林直到現在才受到干擾，因而顯得相當驚惶。他一直只仰賴著防止敵軍不致入侵法國邊境的戰略，而如今，法國的邊境早已遭到破壞和入侵，他不知該如何是好。當天晚上，他呼籲法國政府要有棄守巴黎的打算，因爲，這個首都正處於極可能落入敵軍手中的危機當中──而戰火展開也不過才六天而已。已經有不少人建議利用火車將政府遷移到法國的其他地區。不過，卻還未決定將要遷往那個地區。由於戰局愈演愈烈，甚至有人建議一項實在是根本不可能執行的任務──撤退整座巴黎市。

雖然法國境內阻撓德軍的法軍防線遭到德軍的突破，但在倫敦的英國民衆卻還不知道整個戰局情勢。倫敦的《泰晤士報》於五月十六日早晨出刊的報導，其語調幾乎是極爲愉悅的。

德軍在法國部隊似乎無止境的炸彈轟擊，再加上砲彈的助威之下，先是遲疑不決，繼而開始撤退。可是，他們卻又發現，撤退的路上許多地方被損毀或翻覆的卡車、戰車、裝甲車輛以及運輸工具所阻擋而難以通行。

這當然也是可能發生的現象之一，但事實上並未發生。

雖然邱吉爾的情報來源並不僅局限於媒體一廂情願的報導，但他對於法軍挫敗的嚴重性卻還是無所知悉。當他在當天稍後抵達法國時，終於發現，原先以爲雷諾德所言法軍的挫敗只不過是誇大其詞的假設是完全錯誤的。對於陪同邱吉爾首相的伊斯麥將軍來說，從前往拉・布爾格特機場(Le Bourget Airport)迎接他的法軍軍官臉上憂慮的神情，「明顯地可看出，戰況比我們所想像的還要激烈。」法方告訴他，德軍最多在幾天之內就可抵達巴黎。當時巴黎警方已配置了來福槍和左輪連發手槍。他們不時突襲檢查外國人常去的咖啡店，也時常攔下欲進入巴黎的汽車以便檢查是否有第五縱隊的成員。

英法兩國的領導階層和其高級助理當天下午在奎・德奥塞(Quai d'Orsay)舉行一個緊急會議，甘末林在會中說明了前線地區的戰況。這次他把恐慌的情緒掌控得很好，而他對與會人士所提出的報告很像是在軍校裡對一群學生講述在那些情況之下將會打敗仗。與會的每一個人都站立著從頭聽到尾，有些人顯出沮喪之貌（法方），而另有些人則露出訝異之情（英方）。

毫無疑問，甘末林在報告中指出，同盟國的處境的確相當危急。德軍已在色當附近的防禦陣線突破出一個至少寬達五十五英里的大洞，而且，他們的裝甲部隊也正以驚人的速度朝著英吉利海峽或巴黎的方向前進，不過，甘末林自己坦白地指出，他並不知道德軍的推進目標究竟是前者或後者。在德軍所經之處的法軍部隊要不是被擊潰就是被全數摧毀。「戰略性的預備隊在那裡？」邱吉爾急切地追問。「並沒有戰略性的預備隊」，甘末林回答。或許，甘末林的確切用字被誤聽或誤譯，但是，其意思應相去不遠。雖然戰爭還不算眞正展開，但是，身兼法軍和英國遠征軍的總司令，而且也背負著法國全國命運的甘末林看來已做好被擊敗的打算了。

雷諾德認爲邱吉爾可能還無法完全瞭解甘末林在報告中所提及的戰局吃緊之重要性，因此他就再加以重點解釋：「德軍矛頭像插入硬沙堆般地已經插入了我們的部隊。」不過，邱吉爾早就不須雷諾德的重覆說明。或許，甘末林的報告不夠完整，但邱吉爾從會議室的窗戶看見法國外交部在中庭中燃燒外交檔案以防落入德軍手中，這一個顯現出法國政府早已自暴自棄的景象使邱吉爾明瞭事態的嚴重性。雷諾德爲了防止造成一片恐慌，在當天稍早就已向衆議院說明，政府棄守巴黎是必然的趨勢，而現在只不過是在做棄守的準備工作而已。

邱吉爾不得不承認，他對於法軍兵力強大的幻影至此已完全破滅。他對於法軍未能在前線的防禦區中部署支援的預備部隊以應付緊急狀況，而今卻落得遭受重大威脅之情形多所怨言，他也對於英國國防部對法國前線戰局的不知情感到極爲憤怒。「我們有權利知道」，他生氣地說：「英法兩國的軍隊都在同一條戰線共同作戰。」

不過，邱吉爾也深信，雖然法國的領導階層過於沮喪，但法國應該而且也能夠繼續作戰。他絕對不相信，一個如此強大的國家會在僅僅幾天的時間內就打贏或打敗一場戰爭。並非只有邱吉爾一個人持上述的看法。伊斯麥將軍也非常樂觀地認爲，讓法國「進入戰爭的情緒」只不過是早晚問題而已。

當邱吉爾的高級軍事顧問在簡報中向他提出讓在比利時境內的英國遠征軍撤離（因爲德軍戰車部隊已經往更南部的地方攻擊）的緊急計劃時，他的反應極爲憤怒（其實應是愚蠢）。邱吉爾一向認爲，除非沒有其他選擇可行，否則不應撤退。因此，他深信，同盟國部隊快速的戰略性撤退並非迫切需要。邱吉爾想在法國領導階層的身上注入戰鬥的意志，於是，他在並非心甘情願以及違背在倫敦的戰爭內閣前一天所做的決議，再加上戰爭內閣於當天晚上極不情願的同意之下，答應雷諾德，除了派遣原先應允的四個中隊之外，還允諾再加派六個英國皇家空軍戰鬥機中隊。雖然邱吉爾擔心如此一來將使英國境內的皇家空軍戰機數量減少許多，但是，他也深信，「第一要務還是使法國恢復士氣並使他們有機會復原」，以便對抗入侵的德軍部隊。

雖然戰時內閣同意加派戰鬥機中隊，但這並不意謂著戰時內閣已不關心英國國內的空防將遭到極大威脅的事實。不久之前，英國戰時內閣已經領悟到德軍突破防線的可怖含意，因而幾乎是在反射性的反應之下，同意增派戰機。荷蘭在前一天對德國投降。布魯塞爾即將落入德軍手中。法軍以及英國遠征軍也都陷於極爲嚴重的困境當中。而這些都發生在不到一個星期的時間之內！如今第一要務就在於阻止希特勒的前進部隊，使其無法再往前推進，而顯然地，最有效的方法就是在其正要推進的地方加以全力遏止。這些增派的戰鬥機中隊將能提供實質的協助。直到目前爲止，英國空軍在法國和比利時的空中作戰中並沒有對德軍的前進部隊造成破壞。雖然此一事實從未被忽略，卻也沒有人明瞭爲何會如此。

戰鬥機司令部總司令道丁上將早已對英國皇家空軍在法國境內的損失深感苦惱，如今在知悉將增派戰機中隊的決定之後，更是驚訝不已。一向沉默寡言的道丁在此一壓力下刻意表現出比其他絕大多數的人較不易受動搖的神情。對於他來說，英國主要的任務並不在於在英吉利海峽的彼端阻遏希特勒，而是在於防衛英國本土使其不致遭受來自於空中的攻擊。他非常清楚，假如英國拒絕投注更多的部隊到戰場，那法國很快就會投降了。可是他認爲，不管怎麼說，法軍的投降是絕對無法避免的，既然英國皇家空軍在法國和比利時的數量和戰術都不敵德軍，那麼縱使再派遣更多的戰機中隊也只不過是增加在那裡的傷亡而已。

道丁早已小心地防護著他的噴火式戰鬥機(Spitfire，爲英國最先進的戰鬥機)。他總共有十九個噴火式戰鬥機中隊，但是，他卻連一架也不准送往歐洲大陸，他不希望讓噴火式戰鬥機和已被派往的颶風式戰鬥機冒同樣的危險。颶風式戰鬥機損失數目節節上升！實在令人擔憂。而更令人擔憂的是，許多經驗老到的飛行員都已戰死在歐洲大陸。可以理解的是，有些英國的領導階層在壓力極大的時刻被說服而同意地認爲，由於法國是英國的第一防線，因此，即使是付出多大的代價，也要使法國不致於落敗。可是，道丁卻認爲，他的戰機是使英國不致於落入外國統治的唯一憑藉。他一再地堅稱，務必要保存空軍的力量，以便和擁有較多轟炸機和戰鬥機群的德軍對抗，使英國不致於像歐洲大陸那些落敗的國家般，讓德軍在空戰中取得優勢。

也有一些英國的領導人士對於希特勒在荷蘭與比利時所發動的閃電攻擊，以及德國部隊突破法軍防線而深入法國心臟地帶等戰果感到不可思議。不過，道丁只注意到英國本土的安危。他在五月十五日告訴位於倫敦的空軍總部，必須面對在法國和比利時境內的同盟國部隊可能被打敗的事實。他還抱怨，英國本土的空防力量早已比原先所估算的最低兵力還要低。他也提出警告，假如他的戰鬥機持續地被「派遣到法國以便希望能改進當地的戰況，那法國的潰敗也將包括了英國無可挽救的完全潰敗。」

這一項聲明是由一位雖然具有官職，但就社會和個人性格來說，早已不是軍方眞正一員的將領所發表的。他不但早已超過退休的年齡，而且也被許多高級軍官看成是一位大驚小怪的人。不過，他那一項警語性的聲明不但代表了才不過四十八小時之內大多數英國人的看法，而且，也顯現出某些年長人士所無法瞭解的一項事實——英國能否以一個獨立國家繼續生存下去，已遭到極大的考驗。上述這項議題又再度被審視一番，而此次邱吉爾非常惋惜地決定，絕對不再讓任何戰鬥機中隊飛離英國本土，「不論法國的需求如何地迫切，不過在撤退時爲了掩護部隊則不在此一限制之內。」

在比利時的同盟國北部軍事行動協調者比洛特將軍還是對於各軍事行動的速度感到迷惑。他一直不斷地爲法國的命運和其一度光榮的部隊之挫敗而感到煩憂。他於五月十六日爲時已晚地在他的總部擬定了法國第一軍團（也就是位於英國遠征軍右側的部隊）的作戰指示，打算從戴爾—繆斯河防線撤退，以便挽救第一軍團，使其不致於被德軍擊潰。假如第一軍團撤退，應通知英國遠征軍的指揮官高特，使其也能同步撤退，否則其側翼將完全暴露。但是，比洛特卻沒有將其撤退的計劃告知高特。

這確實是一項缺乏深思遠慮的行動。這項失察無疑地將很快就被矯正。可是，直到當天稍後，也就是當高特要求對位於其右側的法軍提供一旅的英國預備隊以便協助法軍彌補防禦線上被德軍所突破的裂口時，這位英國遠征軍的指揮官才得知法軍正打算撤退。高特對於比洛特未能通知英國遠征軍也展開撤退這一事感到極爲憤怒，他派遣其幕僚當中的一位資深軍官前往要求這位苦惱的協調者能發出步調一致的命令。於是乎，同盟國部隊步調一致的撤退行動命令才因此下達。此一往西撤退的軍事行動其目的在於希望能夠迂迴地繞到德軍南面，以便遏止當時已突破色當附近防禦工事的德軍，使其不再往前推進。位於比利時境內的同盟國防禦陣線也將立即撤退到西恩河(River Senne)，接著在五月十七日撤到丹德立河(River Dendre)，然後在五月十八日又撤退到艾斯考特河(River Escout)。同盟國的部隊將在艾斯考特河固守陣地，假如德軍屆時還未被其他地區的部隊遏止，那雙方部隊將會在艾斯考特河遭遇，而法軍的軍事行動也將被阻擋在艾斯考特河。

位於北部的法軍指揮部在此一撤退行動展開之後，終於將對於戰局所瞭解到的部分，詳細地提供給高特。自從色當潰敗以來的兩個悲慘的日子當中，法國在極度的壓力之下，終於瞭解到——雖然英國遠征軍的規模遠比不上法軍，但是，在其努力掙扎不被德軍征服的過程當中，英國遠征軍或許將可扮演著一個非常重要的角色。

可是，高特在那個時候已經對於他的法國上司們之猶豫不決和難以信賴的個性感到極度憤怒。後來他曾經抱怨地說：「實在很難和法軍取得協調，例如原先說要在夜晚九時撤退，但卻發現，在該陣線的法軍部隊事實上早在下午四點的時候就已撤走。」當高特的部隊已撤退到艾斯考特河時，卻發現河水的水位太低，以致於德軍的戰車部隊可以輕易步其後塵而橫渡該河。而艾斯考特河的水位之所以如此低，主要是因爲法軍早已打開閘門，寄望能藉著河水氾濫下游地區，以達成防禦效果，但法軍卻沒有將此行動告知英軍。

法軍這一連串大大小小的舉止，再加上戰局的演變所造成的挫折，使高特不禁怒髮衝冠。雖然他仍然接受法軍的指揮，但是，他已開始思考，處在這樣的情況之下，他最主要和迫切責任並不在於擊敗共同的敵人，因爲，這似乎並不是在短期之內就能達成的目標。他至爲關切的，是英國遠征軍的命運。

法軍所發出的撤離陣地之命令並沒有受到位於該陣線的英軍部隊之確實遵守。他們的士氣一度都還不錯。他們也都曾確信，他們足夠和德軍相抗衡。但是如今，迅速移防比利時並且駐防在該國境內時那股自信早已明顯衰退。數天前才以鮮花和喝采歡迎他們到來的比利時公民，當他們看見這些部隊竟然在沒有發射一顆砲彈的情況之下就拋棄他們任由德軍入侵時，不但對這些部隊變得極爲冷淡，甚至還懷恨在心。當一個近衛兵(Grenadier Guard)連級部隊因轉入錯誤的道路而必須調頭找尋正確的道路時，又再度地受到比利時民衆的歡呼，因爲，他們認爲英軍再度前進，其目的就是爲了和敵軍交戰。而當英軍找到正確的道路並且撤退而去時，歡呼的聲音消逝無蹤，取而代之的是責罵和失望的聲音。

英國遠征軍右翼的法軍和左翼的比利時部隊都曾遭受猛烈的攻擊，但英軍則否。由於英軍一直堅守著指定的崗位，因而當他們被告知必須整裝撤退時，都感到不可理解。而且，從他們穿上軍服的時刻開始，就被灌輸以軍人的榮譽感，因此，前線的戰士在還未眞正作戰之前就被命令必須撤離，這對他們來說，簡直就是莫大的羞辱。最後的演變卻是一再的撤退。部隊在新的防禦據點還沒挖築戰壕之前，就又收到再度撤退的命令。

我們並沒有接獲多少情報。我們幾乎被忽略了。不過，即使是頭腦不怎麼靈光的人也知道，某處正進行著一場激烈的戰鬥，不過，我們並未怎麼介入其中。

一封從法蘭德斯(Flanders)發的家書中曾指出：「在撤離期間，我們曾經睡在最爲奇特的地方——放酒的地窖、牛欄、秣草棚，以及馬廄裡。」即將發生大災難的謠言四處流傳著。據說比利時的陣地曾在同一時間遭到兩百架德軍俯衝轟炸機的轟擊。謠言還指出，德軍運用一種能使大砲無法發射的祕密武器。有位英國軍官曾在他的日記本中潦草地記載著：「德軍已經突破馬奇諾防線，現在位於我們南面只有十英里遠的地方。」另外一位軍官則擔憂，一旦英軍開始撤退，那部隊將「沒有心情停下來」。

除了遭到撤退所經村莊和城鎮的居民之責備和臭臉相待以外，英軍最初抵達和如今撤退時的情景兩相對照之下，確實令人喪氣。他們絕大多數都是在前一年的秋天就已抵達，那時途經由迷人的村落、果園、夜晚有貓頭鷹叫聲的海灘樹林等美麗景象點綴的法國鄉間。他們在供應著價廉物美啤酒的當地咖啡店裡受到熱烈的歡迎。至於在撤退時，則沿著往北的路線，途經之處，盡是陰沉的工業景象，在由「無數的採礦城鎮……以及塞滿了大砲、卡車、幕僚人員車輛，以及軍用車輛，和在兩旁都有難民走動的道路上行進，由於防禦陣地易動而不固定，因此沒有人知道德軍的部隊究竟在何處。」在他們撤退途中，既沒有時間也沒有心情暫停在小酒館裡喝杯啤酒大哭一番。而當他們也像法軍一樣，遭到德軍斯圖卡俯衝轟炸機的「關注」時，許多人一生當中才首度瞭解到何謂極度的恐怖。

似乎所有的悲慘景象都呈現在眼前。一架軍機正朝著地面而來；空氣煞車完全打開，其所發出的蒸氣貫穿雲霄；接著，飛機在俯衝後又往上爬升時引擎似乎熄火，然而，緊接著此一寂靜無聲的片刻之後，則是墜落的炸彈可怕的嘯聲。這是我所經歷過最可怕的一次經驗。在那幾秒之中，生命似乎被永無止盡地中斷了。過去、現在，和未來都只存在此時此刻。繫緊你的身體，拉緊每一條神經和每一片肌肉，以便對抗即將到來的震驚。其中有一顆炸彈掉落在比其他炸彈還要距離我更近的地方，把穀倉的屋頂炸壞了（他那時正躲藏在穀倉底下），不僅使重量不輕的壁磚因而掉落，還差點擊中我的頭部。我實在幸運，我還戴著我的錫帽。接著，戰機又往上爬升，準備再度俯衝，這整個殘忍的過程一直不斷地重複，直到遭轟擊的人將要發瘋時才罷。

逃離德國入侵者掌控的難民（有些在一生當中至此已逃難兩次）不但相當可憐而且也極難處理。許多人為了不想遭到敵軍的傷害，只好踏上逃難的道路。他們當中有單獨一個人、夫婦、整個家庭（包括男女老幼）。他們儘可能將所有的家當帶走。比較幸運的可以搭乘汽車逃難，他們在汽車頂端鋪上墊子，天眞地以爲如此一來就可免於遭受來自於天空的攻擊。另外有些人則駕駛著由馬匹拖拉的運貨馬車，並且將家具、烹煮用品，以及其他可載運的東西都搬到馬車上。有些人則騎著腳踏車。靈車、冰淇淋車，以及其他甚不搭調的交通工具也都加入了此一大逃亡。有些難民推著嬰兒手推車或獨輪手推車，上面還塞滿了物品。不過，絕大多數的難民則是用雙腳步行，其中有些或許是行走的路程過長或是裝備不甚齊全，以致於鞋子早已毀損，逼不得已只好以破布綁腳，蹣跚而行。在這些難民當中，也有許多比利時士兵，他們有人獨自逃亡，有些則結伴同行。

飽受驚嚇的民衆所形成的難民潮正符合了德軍的目標。德國空軍的戰鬥機不斷地轟炸城鎮和村落，以便使民衆踏上逃難之途，如此一來，就能阻擋和切斷了同盟國部隊的通道。可是，一旦他們踏上逃亡之路的時候，則又遭到機關槍的掃射和炸彈的轟炸。而他們爲了避免受到攻擊，只好躲藏到路邊的溝渠裡，假如幸運沒被擊中的話，當他們從溝渠裡走出來的時候，身上早已滿是汚泥。至於那些運氣不佳的人，則暴屍路上。

搭乘運輸工具撤退的部隊由於無法在沿線擠滿了難民的路上迅速移動，只得利用德軍攻擊路上難民時，難民因往路旁藏匿而讓道路空無一物的時刻加速前進，以期能彌補所損失的時間。不過，那是一項極爲冒險的作爲，有時候必須付出代價。由於阻塞的道路愈來愈多，使得法軍最高指揮部下令，假如難民阻撓了軍事行動，除了在某些特定的時間之外，一律將他們從路上趕到田野裡。

其實，並非只有同盟國擔心戰局的發展。希特勒依然清楚地記得在第一次世界大戰期間，德國的入侵部隊最後在法國遭到重大慘敗的情形，因此，他還是不太能夠相信他的裝甲部隊能獲致勝利。哈爾德將軍在五月十七日的日記中曾記載：「領袖極為擔心。他對於自己的成功感到懼怕；他非常害怕再冒險，因此，他甚至寧願將指揮權交給我們。」

古德林將軍也抱怨，一向極為支持閃電戰略的希特勒如今卻「受到自己蠻勇的驚嚇」。對希特勒這位極為迷信且情緒化的賭徒而言，非常苦惱「自己竟如此快速地下賭注」，也因此，使他自己深信，現在他的戰車前進得太遠太快了，在馬奇諾防線背後擔任掩護任務的法軍將迅速地由南往北調動，先對德軍戰車造成壓迫之後，再將其攻擊能力加以破壞。如同往常，希特勒在遭到壓力時，他的偏執狂又再度地出現。他瘋狂地大聲咆哮，而且還指稱他的將領們正在破壞整個軍事行動。其中甚至隱含著將領們處心積慮地想要使他的戰略遭挫之指控。

然而，事情的眞相是，閃電攻擊的戰略早已變得任誰也無法阻止了。德軍在比利時境內一直追趕著正在撤退的同盟國部隊，而在色當附近突破法軍防禦工事的德國戰車部隊不僅已成功地摧毀法軍的橋頭堡而橫渡繆斯河，並且還搶到了既可攻擊巴黎或是往前推進到英吉利海峽的有利位置。

至於在巴黎的雷諾德，則一再地試圖保有法國的榮耀和提升法國人的士氣。五月十八日在達拉第告知甘末林，他並沒有遏止德軍的計劃之後，這位法國總理不但親自接管國防部，而且還把他認為最應為法軍防禦準備工作做得不周延負責的達拉第調到外交部任職。他把作風強悍的喬吉斯·曼德爾(Georges Mandel)帶進內閣擔任內政部長，以便一來使他得以有一隻強而有力的助手來掌理國內事務（當時法國內政已處於不安的局勢），二來也使他多了一位盟友來對抗政府裡那些失敗主義者。他也把年長的貝當元帥從駐西班牙大使的職位召回法國來擔任副總理。法國政府裡出現第一次世界大戰的「凡爾登英雄」，意在表達法國想要贏得戰爭。不過，貝當卻並不認爲他被召喚到巴黎的中央政府裡任職將產生任何作用。他在離開西班牙之前曾祕密透露：「我的國家早已被打敗了。」他還私下說，他被召喚回國的唯一用處就是和德國簽訂停戰協定。

有些西方觀察家不但對此一無所知，而且又沒有詳加研究同盟國的戰場公報，但是，他們卻建議，讓德國的部隊毫不受到阻撓地往前推進。他們都認爲，德軍如此大膽地將部隊投入法國北部，終將使其深陷一個圈套裡——他們會遭到比利時境內的同盟國部隊以及由南部陣地北上的法國部隊之夾擊。此外，德軍的指揮官對於戰車部隊的要求也超出極限。這些戰車只不過是由金屬製成的機械，不久之後要不是發生機械故障，就是前進距離過遠而使燃油補給困難。騎兵用的馬匹不但可食用沿途的牧草，而且也用不著擔心零件的替換。

對於高特來說，這些臆測根本不重要。事實顯得既簡單卻又黯淡無光。他的部隊雖然在德軍發動攻擊的前幾天當中，並沒有遭到德軍猛烈的攻擊，然而，現在他有一些部隊正遭到德軍強大的壓迫。他這次還是沒有從他那些早已困惑不已的法軍上司那裡得到多少情報和資料。但是，他最後也終於瞭解到，要是如同報告顯示，在南面突破法軍防線的德軍其攻勢並沒有遭到遏止，那麼，英國部隊將會處於補給線被切斷的威脅當中。配給品和軍火早已呈現不足的狀態。要是德軍如同其現在所顯示，將朝著英吉利而不是巴黎推進，那英國遠征軍很快將會落入陷阱中而遭德軍的圍捕。處此情勢中確實令人坐立難安，而比洛特卻沒有設法爲他所指揮的北面部隊擬定出一套緊急的作戰計劃，以便減輕此一不利的情勢。他在五月十八日曾告白地指出：「我因爲疲憊而崩潰了。我根本沒有任何可以用來對抗德軍戰車部隊的籌碼。」

此一由北面各部隊總協調者所做的告白顯示，他認爲挫敗已是在所難免，而這也意謂著英國遠征軍的處境比高特所想的還要危急。高特雖然必須聽命於法軍的指揮，但他也並不是別無選擇。從來自倫敦的國防部以及經由法國所同意的訓令可以看出，假如他所接獲的命令將危害到他部隊之安危，那他將「可在執行該項命令之前先向英國政府請示」。而這當然可以被解釋成適用於所下達的命令將造成英軍必須「面臨危機」的情況。

高特的參謀長包諾爾中將於五月十九日打電話給位於倫敦的國防部，詳細報告了英國遠征軍所面臨的困境。他在報告中指出，看樣子法軍似乎無法把德軍在他們的防線中所突破的裂口加以塡補。他又說，英國遠征軍可以有三個選擇。冒著補給線被切斷的危險而堅強地和德軍作戰；往南面反擊並且和法軍會合（不過這似乎不太可能）以便共同往北面進攻進而切斷德軍的攻勢；或者是退到英吉利海峽的海岸以等待撤退。包諾爾一五一十地將情況告知國防部作戰處長，他形容和他談話的那位處長「不但極爲愚蠢，根本就是幫不上忙……他對於所提出的報告根本一無所知。」包諾爾認爲，最後一個選擇雖然極端了些，但卻有認眞加以考量的必要。

戰時內閣在當天稍後開會討論來自英國遠征軍總部一項令人意想不到的求援呼聲。高特並未被賦予自行擬定戰略的權力。由於對他的法軍上司早已心灰意冷，因此他現在只好轉而請求倫敦當局提供指示、建議，以及援助。然而，他所獲得的反應卻並非他所預料的。他所提出「英國遠征軍很可能被趕到海邊」的警語使邱吉爾極爲震驚。雖然對於邱吉爾來說，無庸置疑地，德軍不但已在色當橫渡繆斯河，而且也摧毀了當地的橋頭堡，但是，倫敦當局卻還沒有收到包括英國遠征軍在內的一百萬同盟國部隊可能將被德軍的鉗形攻勢夾擊的情報。當高特暗示不應排除此一可能性時，確實顯得過於失責。

國防部和在倫敦其他政府機構任職的高職人士，從未對於高特的領導才能感到激賞，此時他們都一致認爲，他們過去對於這個人的評斷如今證實極爲正確。對於邱吉爾和國防部來說，撤離應是最後的手段。在歐洲大陸的英國遠征軍不但不應撤退，而且還應和敵軍作戰。當然，有時可能被迫短暫性地撤退一些距離，或者有時會爲了戰略上的因素而撤退到新的陣地，這都是情有可原的。但是，撤退到英吉利海峽的港口則是個極爲瘋狂的想法。邱吉爾認爲，一旦這麼做，那將變成一個「轟炸陷阱」(bomb trap)，而英國遠征軍遲早終將被全數殲滅或是被捕而成爲戰俘。倫敦當局因而派遣艾侖賽前往高特的總部，以便教導這位英國遠征軍的指揮官如何從事正確的思維。

不過，鑒於標準的程序，所有可供選擇的策略都應加以考量。因而當天稍後還是在國防部召開一場會議，以便審視包諾爾在電話中所提出的觀點。整個會議的議程包含了兩大項目：第一，如何將補給品經由英吉利海峽的港口布倫(Boulogne)、加萊，和敦克爾克（由於德軍的阻撓，已使這些港口以南的諸多港口變得無法充當運輸補給港）運抵英國遠征軍的手中；第二，欲將數量龐大的部隊從上述那些港口撤退而運抵英國似乎是件極不可能的事。

在距離對岸的加萊只有二十英里的多佛（Dover）港區指揮官海軍中將伯特藍・雷姆賽（Bertrum Ramsay）的監督之下，擬定出緊急計劃。於五月二十和五月二十一日所召開的會議中，更是仔細地審視了撤退的可能性。不過，很多人還是認爲根本不可能從事如此重大的軍事行動，而且，假若最後終於必須進行如此大規模的撤退時，那也不可能執行得非常成功。對於被撤退和協助撤退的人來說，其間所隱藏的危險將如一場夢魘。不論何等不可能，也一定要審視緊急撤退的計劃。

雷姆賽海軍中將的參謀除了其他必須注意的事項之外，最重要的還是必須增加運輸和船艦等方面專家的比重。在即將草擬的服勤名單當中，所有可供運用的船隻都將動員以供雷姆賽使用。這其中包括了無數的大型載客船隻，以便能迅速載運數量龐大的部隊。同時，動員名單中也包括了許多連同休閒用船隻在內的小型船隻，假如必要，這些船隻也可以到法國海岸參與緊急撤退的行動。顯然，從海灘上運送數量龐大的人員是一項非常危險的任務，必須仰賴敵軍的行動、潮汐，以及風向。雷姆賽的通訊設施將可望獲得極大的改善，而假如戰況需要的話，他將可直接和戰鬥機指揮部聯繫，並要求派遣戰鬥機做空中掩護。不過，上述這些都還是被視爲假設性的考量。

不論是否爲假設性的考量，爲了方便和機密起見，必須給予此一軍事行動一個代號。雖然此一軍事行動可能會發生，但也可能不會發生，不過，它的代號之來源卻是非常俗世的。在多佛的海軍司令部所使用的各個房間都是由一個多世紀拿破崙還未發動戰爭之前，法國戰俘挖掘多佛市下方峭壁而建造完成的。其中一個房間在第一次世界大戰期間曾設置了一座發電機，從那個時候開始，就被稱為發電機室。第二次世界大戰中一個最為重要的軍事行動代號——「發電機作戰」(Operation Dynomo)——於焉誕生。

希特勒像其他的偏執狂一樣，心中的恐懼有一部分純屬幻想，其實，希特勒根本就沒有任何眞正的理由可以使他為了戰車部隊推進的速度過快而擔心。他們早已攻佔了許多地方。假如他們的補給線過長，假如負責支援的步兵無法快速地向前移動趕上戰車部隊並在其兩翼造成防禦作用，而假如同盟國部隊的指揮部抓住其中一大好機會而有所行動的話，那德軍的戰車部隊當然會遭到困擾。事實上，在一個多星期前，也就是希特勒開始發動攻勢的時候，甘末林將軍就已決定採取類似的行動。而在五月十九日的時候，甘末林將軍終於下令採取希特勒所一直擔心的戰術。

位於北面的同盟國部隊將往南面行進，而在索穆河(Somme)以南的法軍則將往北推進，以便切斷德軍的攻勢。在德軍攻勢中擔任先鋒任務的裝甲部隊將遭到隔絕和狙擊，而推進的行動本身也將遭到潰敗的下場。雖然這是一個極為穩紮穩打的作戰概念，但由於甘末林太晚提出，因而成功的機會並不高。由於他那些在北面作戰的部隊曾經激戰，因而不易也無法迅速重新佈置，更何況，由於通訊設施損毀，使得困難度大增。

無論如何，甘末林此一計劃是不可能付諸實現的。雷諾德總理不但對於前線局勢的發展感到可怖，而且也極後悔當初沒有讓甘末林歸隱山林，於是，他就在當天解除了甘末林的指揮權。魏剛將軍（General Weygand，當時爲七十三歲，是第一次世界大戰的英雄）繼他而成爲同盟國部隊的最高指揮官。魏剛立即取消了南北合擊的軍事行動。他是一個非常有主見的人，在決定採取行動之前，他想對整個戰局加以審視一番。而當他在審視整個戰局時，德軍的將領們只能驚訝地發現，同盟國的部隊甚至不敢嘗試阻撓德國部隊的前進。

艾侖賽將軍在倫敦的戰時內閣指示之下，於五月二十日早晨抵達高特的總部，以便開導英國遠征軍的指揮官，不要存有將部隊撤往英吉利海峽海岸的迂腐想法。艾侖賽這位英軍的參謀總長在沒有向高特的法軍上司請益的情形下，就要求高特準備揮軍南下。他所要採取的行動和甘末林被取消的南北夾擊計劃極爲相似。然而他所要下達的這一道命令使高特和他的參謀極爲困惑和激怒。他們告訴艾侖賽，此一計策根本不可能成功。高特所指揮的九個師當中，有七個師在戰線上從事戰鬥，實在很難丟下作戰的任務而從不同的方向集中到同一地點。即使他們能夠這麼做，那德軍也會迅速地通過被其突破的缺口，進而使艾侖賽所提議的作戰計劃無法發揮效用。包諾爾認爲：「這麼做根本是駭人聽聞的，而且事實上也不可能執行，若想成功，必須派遣一個側翼部隊穿過缺口，然而該缺口裡早已有一些德軍的機械化部隊。」當艾侖賽親自到現場巡視，並被規勸之後，也認爲，在倫敦的國防部看來似乎合理可行的作戰計劃，事實上卻一點也不可行。

艾侖賽從高特的總部來到阿拉斯以北的藍斯（Lens），以便在比洛特北方集團軍的總部向比洛特請教該怎麼辦。當他抵達該處的時候，法國第一軍團指揮官布藍查德也在場。艾侖賽此時才眞正地瞭解法軍的指揮鏈(Chain of Command)對高特所造成的挫折感。英國遠征軍的命運操縱在這些法國將領們的手中，但卻沒有任何一位將領能讓人對其產生信心。艾侖賽發覺，法國將領「處於一種完全沮喪的狀態，他們沒有擬定任何作戰計劃，只是靜靜地等待被屠殺……他們極爲疲憊，什麼事也不做。」艾侖賽對於法軍將領這種看起來似乎無可救藥的失敗主義而震驚，因而他也像高特一樣，認爲擊敗德軍並非英國遠征軍的第一要務，英國遠征軍的安危才是最爲重要的。他認爲並沒有任何值得樂觀的理由。他在日記中如此記載：「情況非常危急。就我個人來說，我認爲我們無法使英國遠征軍脫離險境。我們只能希望他們能往西南前進。但是，他們有足夠的時間嗎？」

事實上，時間已經快不夠用了。五月二十日下午七時，也就是德軍發動攻擊行動後才不過十一天，古德林的第二裝甲師已抵達索穆河出海口（該河注入英吉利海峽）附近的亞布維(Abbeville)。其中一個營甚至還及時在日落時推進到濱臨英吉利海峽的諾耶里斯(Noyelles)。位於北部的同盟國部隊現在已被德軍三面夾擊，唯一能逃亡的路徑就是經由海面，當然，也可集中兵力突破南面的德軍，但這似乎極不可能達成。雖然希特勒還是相當焦慮，但事實上，他的部隊在法國北方的各種軍事行動在執行上一個比一個要來得容易。法軍的抵抗能力不但沒有增強反而更加薄弱。現在，德軍已準備沿著海岸逐一地攻佔濱臨英吉利海峽的港口，然後再將其迅速形成的圈套加以封鎖。

同盟國部隊在戰場上落魄的情形很快就傳到了美國。華府早已對德軍迅速攻取荷蘭感到震驚。而在比利時境內的同盟國部隊在戰事還不算展開時，就已撤離的情形，使美國更加震驚。助理國務卿蘇諾・威勒斯則認爲：「最令人擔憂的是，由於德國的軍隊不論在兵力、素質、戰略、武器彈藥的補給，以及士氣等各方面，都遠勝於西歐各國可供運用的部隊，因此，在夏季結束之前，德國很可能會成爲整個歐洲最強大的國家。」

邱吉爾和雷諾德還是持續不斷地對羅斯福施加壓力，希望能找出解除國會禁令的方法，以便能將美國的軍火和補給品極速地運給他們的部隊使用。雖然在倫敦的甘乃迪大使和在巴黎的布立特大使基本上對於應採取那些行動看法不一，但他們還是都呼籲美國應該採取行動。

甘乃迪大使在五月十六日向華府的報告中指出，倫敦可靠的消息來源告訴他：「除非美國總統的睿智再加上上帝的賜福，才可能解救同盟國部隊，使其不致遭到全面的挫敗。」可是，此一暗示美國應介入調停的話語卻沒有遭到華府的採納。假如因美國的調停而停戰，那將使希特勒得以統制或幕後操控西歐。國務院回函給甘乃迪的電文中曾警告他，美國無意協助歐洲脫離困境。只要羅斯福仍舊掌理華府的事務，那華府當然不會介入調停，否則豈不是削減了同盟國部隊對納粹德國的抵抗能力。

至於布立特大使的預感則更爲聳動。他一直強烈要求運送武器和補給品到法國，以便幫助法國擊退德軍。而今，在他給羅斯福的一則「私人且祕密」的電文中指出：「我認爲這可能是美國在未來所需執行最重要的一件事。您應牢記以下的假設——英國爲了避免全面潰敗後所將招致的嚴重後果，很可能會由奧斯華．莫斯利(Oswald Mosley)和其所領導的英國法西斯聯盟來主持一個完全和希特勒相配合的政府。假如這樣，那也就是意謂著英國海軍將和我們爲敵。」

英國駐華府大使洛西恩爵士也極力想從使美國感到戒懼當中得到軍援。他告訴華府，按照英國皇家海軍現在所處的狀況看來，很可能將落入德軍的掌控。洛西恩又接著強調，英國海軍艦隊對於美國國家的安全與否扮演著極爲重要的角色。他淸楚地指出羅斯福早已極爲擔心的一個窘境：假如英國落敗，那麼，當美國海軍艦隊在太平洋巡邏的時候，美國的國家安全將遭到威脅。假如美國海軍艦隊在大西洋巡邏，那積極擴張領土的日本將攫取夏威夷。而假如美國海軍艦隊在上述兩大洋巡邏，那將不足以對付在那兩大洋中的侵略者。洛西恩因而指出，美國除了協助英國，使其不致被德國擊敗之外，實無其他選擇可言。

羅斯福因而建議，假如英國被迫臣服於希特勒，那英國皇家海軍爲了安全起見，可以全數移往美國。洛西恩非常技巧地回答，假如美國還是一直不願對爲了自由和正義而艱苦作戰的英國伸出援手，那將很難說服英國民衆同意羅斯福所提的計劃。假如英國海軍艦隊能夠脫逃的話，那也將會航向大英帝國的偏遠角落——澳大利亞，或甚至是紐西蘭。在這樣的狀況之下，美國將無法獲得英國皇家海軍的協助。羅斯福相當淸楚這是一種恐嚇，但他卻也不會太過厭惡，反而還對國會議員施展此種策略。

邱吉爾仗著和羅斯福的私人情誼，可以較肆無忌憚地說話，因而他的話相當率直。他還是重申布立特的率直警語——假如情況更爲惡化，那在倫敦將很可能會出現一個和希特勒合作無間的政權。他在五月二十日打電報給羅斯福，再度地向他提出假如他的政府被迫下台將可能發生什麼後果的警語。

假如這個政府的官員都相繼去職，而由其他人接任並且在一片廢墟當中和敵人交涉，您應該明瞭，唯一剩下來可與德國談判的籌碼，將是英國皇家海軍的艦隊。假若美國並不理會這個國家的命運，而假若當時負責的人爲了存活的居民而做出最合時宜的妥協，那沒有人有權責罵他們這些人。顯然，我無法替代我的繼任者回答任何問題，因爲，在極度沮喪和無助的情況之下，那些繼任者自己很可能必須聽從德國的意志。

邱吉爾暗示倫敦可能會出現親希特勒的政府事實上已達到了效果——羅斯福和華府裡極度擔憂美國國家安危的官員都爲此深感困擾。但是羅斯福本人也相當清楚，他仍然無法說服美國大衆同意他對同盟國的部隊提供實質的軍援。當德國閃電攻擊的消息在美國的媒體上大幅地報導時，美國人對於同盟國所遭到的困境也更加同情。不過，這些來回於歐洲的消息卻也更使大多數的美國人希望他們自己的國家不要被捲入這場戰爭之中。

羅斯福依然對美國大衆信誓旦旦地指出，美國絕對不會參戰，然而，他一直和邱吉爾維持祕密的私人通訊勢將使他冒著極大的危險。假如此種私人通訊被美國民衆知道的話，那孤立主義者將可據此爲證明地指出，總統祕密地違反了他一直宣稱要極力維護的中立立場。不過，他只和邱吉爾，並沒有和希特勒進行此種形式的通話。若是美國民衆知道羅斯福和邱吉爾祕密通訊，那不但將使羅斯福極為難堪，而且也將使支持同盟國的美國人因而遭到極大的挫折。當正在撤退的同盟國所面臨的處境愈加危急的時候，上述現象幾乎發生。

帶著拘捕令的蘇格蘭場特警於五月二十日早晨抵達在美國大使館擔任譯電員職務的泰勒・蓋特烏・肯特(Tyler Gatewood Kent)位於倫敦格勞斯特街(Gloucester Place)四十七號的住所。雖然因為肯特為大使館內的工作人員，因而享有外交豁免權，但甘乃迪大使在英國外交部的要求之下，撤免了此一權利。當肯特這位二十九歲的單身漢穿著睡衣拒絕開門讓警方進入他的住所時，警方不但破門而入，而且還開始對他那兼具起居和睡眠功能的房間展開縝密的搜尋。他們在一個櫃子裡發現了夾有一千五百份祕密文件副本的文件夾，而這些都是在過去七個月經由大使館內密碼室傳送或接收的文件。肯特一直將這些文件交給在倫敦的親納粹人士，然後，再由他們交給倫敦的義大利大使館，義大利大使館的人員又將其轉送到在羅馬的德國大使館，最後再由羅馬大使館將其送抵柏林。其中就包括了邱吉爾和羅斯福之間的祕密通信信函。

肯特早已被偵察多次。由於甘乃迪失敗主義的心態極為明顯，因此沒有及早發現肯特的行為，不過，英國的反情報人員卻早已密切偵察肯特的行徑。肯特被捕之後監禁在倫敦的布立克斯頓監獄。美國政府並未要求將他引渡回美審判。美國政府不希望讓美國大衆知道肯特這個案件以及他的所作所為。

當肯特於那年年末接受祕密審判時，他一再堅稱只不過是做了一位負責任的美國公民所應做的事。他認爲美國民衆有權利知道，羅斯福一方面極力想對英國提供援助，而另一方面卻又假裝用心良苦地避免介入歐洲的戰局。這種抗辯根本就無法獲得英國陪審團的同情，更何況，當他正在接受審判的時候，英國的夜間正遭到德軍轟炸機的攻擊。最後，肯特因違反英國官方祕密法案而被判處七年徒期。

助理國務卿布烈肯利吉・隆恩(Breckenridge Long)認爲肯特的活動「不但使我們的密碼被以十多種方式破解，而且，我們的每一項外交策略也都被洩露給德國和俄國。」同盟國陣營甚至可能遭到更大的威脅——德國將邱吉爾和羅斯福之間的私人通訊加以公開，並且將其大肆宣揚，以便使美國人相信，他們的總統竟然在違背大衆的意志之下，厚顏地試圖將美國捲入這場戰爭。這樣的指控勢必嚴重降低羅斯福三度入主白宮的機會。此時羅斯福又正巧在決定是否參選，德國的大肆宣揚其與邱吉爾的祕密通訊，將很可能使他心灰意冷決定不再參選，如此一來，將使對歐洲的命運較不關心的人士成爲總統候選人。若照常理來說，肯特案件應在祕密地保存數年之後才公諸於世。

極少數的部隊能在遭到壓力之下還能優雅地執行撤退行動。愈周延地準備作戰的部隊，在遭到潰敗的時候，就愈顯得不知所措。對於英國遠征軍來說，連同勞務營、財務組、牙醫組在內的諸多支援性單位的數千名士兵，由於他們每天不但必須消耗糧食等補給品，而且也必須住宿和使用運輸工具，而在如此危急的狀況之下，卻又無法提供多大的用處。因此，在高特認爲未來將不太可能用得著他們的考量之下，命令二萬七千名「無用的士兵」撤回英格蘭。從此以後，英國遠征軍將可以輕便的裝備行軍，不過，並非總是在進行撤退的活動。

由於倫敦和巴黎於五月二十一日強迫英國遠征軍必須投入更多的戰役中，高特就派遣了一支由兩個後備師和一個裝甲旅所組成的閃電攻擊部隊，開始發動猛烈的反擊。高特的目的在於阻塞阿拉斯以南的道路，並且切斷德軍的通訊和補給線。由雷奈・阿爾特馬雅將軍(General René Altmayer)所率領的第五軍本應派遣兩個師發動類似的攻擊行動，但卻未能順利執行此一任務。法軍在過去一個多星期以來不但從事激烈的作戰，而且又遭到嚴重的挫敗，早已疲憊不堪。雖然有些部隊在比預定時間晚一天之後也加入了此一反擊行動，而且也士氣高昂地奮戰不懈，但是，在交戰十二個小時之後，還是不得不撤退。

雖然英國遠征軍的攻擊部隊在武器和數量上都遠遜於德軍，但是，在其和希特勒的裝甲部隊從事第一次重大的交戰中，卻使德軍遭到重擊。德軍許多戰車遭到摧毀，而且也有四百名士兵淪為戰俘，數目比德軍展開攻擊行動以來，同盟國部隊歷次所虜獲的德軍總和還要多。精銳的黨衛骷髏師(SS Totenkopf Division)在強大的德軍裝甲部隊重新整合之前，被迫驚惶失措地撤退。由於英軍的行動野心過大，因而注定不能持久。高特的反擊行動在四十八小時之內就已停止，而他的部隊還被迫匆忙撤退，以避免遭到德軍的包圍。

雖然如此，這個反擊行動所獲致的短暫勝利還是在整個戰局的演變之中，佔有重要的影響力。古德林新成立的精銳部隊——第十裝甲師——為了避免再遭受到英國遠征軍更進一步的突擊行動，因而迅速地撤退到後備部隊裡。要是第十裝甲師依照原訂計劃直接而迅速地推進到敦克爾克，那卽使是同盟國早已認眞地思考大撤退這個軍事計劃，也將因爲落入德軍的包圍圈而完全失去從海面成功撤離的希望。

當魏剛將軍於五月十九日繼任爲歐陸英法聯軍的指揮官時，他就一直非常謹愼小心地研究整個戰局。他甚至冒著極大的危險往前線據點親自和他的直屬部下商談。對於像他這樣高齡的人來說，在那種危急的情況下到前線巡視絕非易事。當魏剛在五月二十一日(也就是英軍發動阿拉斯反擊之日)將各種的可能性都加以審視之後，擬定出一套對德軍先發制人的作戰計劃。位於被德軍戰車所突破的法國北部的南面之法國部隊，以及法國北部北面之英法聯軍將同時夾擊，以便切斷和隔絕德軍的矛頭。基本上，這和甘末林將軍所提出的軍事作戰計劃極爲相似，只不過，那個計劃在三天前，也就是甘末林被解職的時候，就被取消。假若當時就執行的話，其成功的機率也就不會像現在那麼低。

在魏剛的軍事計劃中，高特必須派遣他的三個師以扮演極爲重要的角色。當高特知道必須派遣三個師時，身爲英國遠征軍指揮官的他大爲驚駭。一連串在時間上的未能配合以及行軍時的諸多錯失，使他無法如計劃地和魏剛在擬定南北夾擊行動的會議中見面，再加上此時他已對法軍將領和其所提出的保證感到懷疑，因而使他一直無法瞭解此一軍事行動的細節。總之，他無法立卽聽從魏剛的命令，因爲，當時英國遠征軍所有可供運用的預備隊都正從事阿拉斯反攻行動。因而，魏剛也只得同意，直到戰局較為穩定時——最快必須等到五月二十六日——才能夠發動南北夾擊的攻勢。

可是，對於同盟國部隊一直遭受挫敗感到極為憤怒的邱吉爾在此時介入了。五月二十二日當他還在巴黎時，顯然還未能瞭解遭到包圍的同盟國部隊其處境是如何危急。雷諾德帶他到溫森尼斯和魏剛會面，而這位最高指揮官當時也把他所擬定出可擊敗敵軍的作戰計劃詳細向這位英國首相報告。雖然這個作戰計劃很明顯地與甘末林被取消的計劃極為相似，但是，甘末林當時的神情相當沮喪，相較之下，魏剛則展現出信心十足的樣子——他不但知道自己正在做什麼，而且也知道如何來達成他的目標。不過，這卻也引發許多難題。

邱吉爾對於法國軍方領導者突然間所表現的那種果斷和明確之作戰意志感到既欣慰又迷惑。他告訴年紀已七十多歲的魏剛：「我對您唯一的抱怨是，您實在是太年輕了一點。」這位英國首相並不瞭解，當時那位新任的英法聯軍指揮官所提出的作戰計劃根本就是他的能力範圍之內所無法執行完成的。他完全不知道，預計將前來參與魏剛作戰計劃的那些英國師正因為遭到德軍強大部隊的壓迫，而不得不放棄其在阿拉斯的反攻。他們的補給線被切斷，軍火的存量也不足以發動任何新的大規模作戰行動。邱吉爾並不知道，位於英國遠征軍北面的法國第一軍團因為曾遭到猛烈的攻擊，再加上現在仍然面臨德軍的嚴重壓迫，根本無法前來參與此一作戰。而且，他也不知道，位於索穆河以南的法軍之兵力不但遠比魏剛所想像的還要薄弱，而且，事實上也無法往北面迅速地衝破德軍的前進路線。此外，邱吉爾根本就不知道此一南北同時夾擊的軍事行動之時間表。

不過，邱吉爾對於法國剛顯現出來的作戰決心極爲激賞，因此就去電給高特，命令他務必執行邱吉爾瞭解但並不很透徹的魏剛軍事計劃。

這位英國遠征軍的指揮官奉命必須「在最早的時刻——當然就是指明天——派遣八個師」展開南面攻擊，以便能和法軍同步作戰。然而，這根本就行不通。卽使行得通，其實也毫無任何道理可言。邱吉爾首相的介入在英國遠征軍的總部裡激起了陣陣的怒吼。包諾爾尤其震怒。

難道沒有任何人可以阻止他以最高統帥的職務來執行軍事活動嗎？當他要求我們集合八個師並且展開攻擊行動的時候，他把我們當成什麼？難道我們沒有前線需要防衛嗎？假若我們的前線被突破，那德軍將如洪水般湧入。他對於我們的處境和狀況根本就沒有任何概念……這個人實在是瘋了。

包諾爾在這之前早就對於邱吉爾沒有什麼太好的評價，因而，他之所以如此憤怒，其實不難理解。邱吉爾首相的指示不但不可能執行，而且，其中所要達成的目標——以攻擊來防止德軍抵達英吉利海峽——根本就極爲荒唐，因爲，德軍早在兩天前就已經抵達英吉利海峽，而且，也已經開始要沿著海峽海岸揮軍北上。雖然英國遠征軍已逐漸面臨了大災難，但是，倫敦當局卻在接受巴黎當局的抱怨之後，轉而指責英國遠征軍並沒有眞正地派遣部隊參與魏剛的軍事行動，此舉更是提高了英國遠征軍總部的憤怒程度。包諾爾對於「指責……英國遠征軍做得並不夠」感到極爲難堪。

顯然，在英國本土的那些人並不瞭解我們做了多少，以及我們仍然在做些什麼。我們這裡的每一個人都已走上戰線，每個人在過去的十六天當中都不眠不休地行軍、作戰，和挖掘戰壕，以便不但能守住陣線，而且還能對敵軍造成重大的傷亡。

不論英國遠征軍的成就是否受到倫敦當局的讚揚，但是，高特已經再度接到指示——停止自怨自艾，立刻執行賦予的任務。

事實上，這位英國遠征軍指揮官必須爲他自己和倫敦當局之間的瞭解和互信不足擔負起部分的責任。由於他是位服從長官的軍人和紳士，因此，直到這個節骨眼，他也只不過暗示他對於他的法國長官之能力以及對戰局的瞭解度頗爲懷疑。邱吉爾和艾侖賽兩個人都不知道他到底在想些什麼。他的好朋友海軍上將羅傑・凱斯(Admiral Sir Roger Keyes, 當時正代表英國出席比利時的皇家法庭)曾建議他應「告訴政府『去你的！』」，而且，也應堅持讓你能自由地運用你的部隊，以便脫離這個根本就不是因爲你而造成的可怖狀況。」可是，高特卻沒有接受他好友的勸告。

同盟國的高級指揮部裡瀰漫著一片混亂的氣氛。不論魏剛的意圖和期望爲何，事實上，他能對戰局所做的貢獻極爲有限。建議、軍事計劃，以及直接的命令對於整個戰局產生不了多大的影響。各地的指揮官由於無法找出其他指揮官的所在地，因而根本無法傳達命令、交換情報，以及消除相互間的誤解。最後的結果是，很多軍官和部隊都沒有接到任何命令，即使是已被送抵通信單位的重要電文仍然無法傳送出去，因爲，根本沒有人知道這些電文所要傳送的單位或軍官究竟在何處。而且，事實上，也幾乎沒有對德軍軍事活動的情報蒐集。因此，當魏剛在五月二十二日指示爲了求生存而筋疲力竭且裝備不齊的同盟國部隊對於得意揚揚的德軍裝甲部隊加以圍攻使其彈盡援絕時，顯然，法軍指揮部早已完全地和現實脫節了。

位於北面的同盟國部隊正忍受著痛苦。英國遠征軍的士兵在經過戰鬥和四處行進之後，不僅配給品的供應遭減半，甚至還經常處於缺乏糧食的狀態。許多部隊——其中包括英軍和法軍——早已依賴所經之處而維生。有位軍官就曾說，情形就像「某種經過核可的掠奪行爲」。饑餓的部隊在撤退的時候並不總是尊重他人的財產，更何況，由於許多農人也加入了逃難的潮流，使得他們所留下來的家畜和乳牛的鮮乳很容易成爲這些部隊所攫取的對象。至於在城鎮和村落裡，四處搜尋的士兵們發現了遭到棄置的商店之後，就將他們所能使用的物品——乳酪、罐頭食品、咖啡、茶、啤酒，和酒類等——搜刮一空。不過，像這種到處搜刮的行爲尙不能滿足軍隊的需求。軍火的補給持續減少。對於英國遠征軍來說，這些物品必須從英國以空降方式交到他們的手中。

個性猶豫不決的比洛特——高特在前四天當中未曾從他那裡收到任何一個像是命令的指示——在五月二十一日的車禍當中受到重傷。因此之後就一直流傳著他已經自殺的謠言。被任命爲繼他之後擔任北面集團軍的軍事協調者的布藍查德希望在擔任此一工作之前能經正式任命。但由於法軍總指揮部和該集團軍總部之間並沒有直接通訊的設施，因此，正式任命一事並不易達成。其實，縱使布藍查德的任命案能迅速確認，卻也對整個戰局毫無助益。雖然同盟國部隊原本就無法在戰場上取得制敵的先機。但是，英國遠征軍還是把布藍查德看成是個毫無能力的危險人物。例如布羅克將軍就曾看見他站在一張作戰圖的前面研究，「使他認為他（布藍查德）好像是在凝視著一面空白的牆壁……他所呈現給我的印象是一個頭腦已失去功能的人。」其實，他的高級法軍部屬對他的能力也沒有多大的信心。布藍查德在繼任集團軍的指揮官不久之後，曾經有一次被一位法國軍官偷聽到他曾建議或許有條件地投降是一項最明智的行動。當時法軍第三軍軍長勞倫斯將軍(General de Laurencie, 到了五月二十五日，已有二十五位法軍將領遭到撤職，而他是少數幾位在軍隊遭潰敗之後仍受到重用的將領）甚至呼籲由高特爵士取代布藍查德擔任該集團軍的指揮官。貝當元帥也向剛抵達巴黎擔任邱吉爾私人代表一職的史皮爾斯建議，乾脆由高特來指揮駐紮於法國北面的部隊，不過，他此舉的目的很可能是要把法國即將遭到全面挫敗的罪過完全推給英國來承擔。

在阿拉斯附近展開反擊行動的英國遠征軍不久之後就撤退，此舉使魏剛極為憤怒。他一直認為高特是在還沒有被德軍壓迫到必須撤退之前，就棄守阿拉斯。由於通訊遭到瓦解，再加上位於北面的法軍指揮部陷於一片混亂，使得最高指揮官根本無法知道，而且也沒有理由相信，高特之所以下達撤退的命令，其目的在於拯救部隊，使其避免遭到完全殲滅的命運，因為，敵軍兩翼的行動已使該部隊陷於不利的狀況中。最高指揮官唯一在意的是，高特部隊之撤退將破壞了他切斷並摧毀德軍裝甲矛頭的作戰計劃。除此而外，對於最高指揮官來說，英軍此舉意味著拋棄法軍同袍而不顧，如此一來，將使法軍士氣更爲低落。對於在巴黎的法國戰爭委員會之祕書來說，魏剛似乎「對於英軍的背叛感到難以釋懷。」雖然這種想法是錯誤的，但他還是堅信，高特實在不應該以自己的意志行事，而應該在接到來自倫敦當局的命令之後，才展開撤退的行動。當法國的盟友表現得如此卑劣時，法國又能如何來從事戰爭呢？

直到目前爲止，戰爭委員會所召開的會議，其內容千篇一律不外乎是一些無用的悲歎——法國是如何沒有徹底做好應戰的準備，以及爲何在沒有足夠的戰車、反戰車砲，以及戰機的支援之下，就派遣部隊投入戰場。雖然雷諾德本人必須擔負部分責任，但是他並不同情法軍指揮部的看法。他告訴位於巴黎的參議院，由於「令人難以置信的錯誤」才使德軍能夠橫渡繆斯河，也因此，那些負責的人「都將遭到懲罰」。不過，對於英軍顯然急於想將部隊撤離歐洲一事，他和他的將領們一致忿恨不已。他一直抱怨英軍「總是在找尋避難所」。不過，他又明白地宣示，就他個人來說，他認爲法國會堅持戰鬥到底。

從前線不斷傳來令人心灰意冷的消息，也因而使得這位法國總理的堅毅作戰到底之決心很難在籠罩於一片沮喪氣氛的巴黎當局裡持續。當布藍查德的一位參謀約瑟夫・法維爾少校(Major Joseph Fauvelle)於五月二十五日從北面集團軍總部派往巴黎報告戰局時，他陪同魏剛參加一個雷諾德也出席的會議，在那個會議中，他告訴總理：「我現在是以一位向經過的服務員要求一個盆子的暈船乘客之身分說話……我認爲應及早簽定投降條約。」當時也出席該會議的史皮爾斯將軍聽到之後大爲震驚。

我的手腳發冷，我的心變得像石頭般沒有感覺。我的一生曾見過元氣衰落的人，但以前卻從未見過這麼一位容易潰散的人，也就是說，他總是處於一種只適合被用一根湯匙而肅清的狀態。……即使是把法維爾丟出窗外，都還嫌不夠呢。

史皮爾斯在該會議裡也驚訝地發現，法國的命運被列入議題討論。在那個會議裡，雷諾德必須忍受由他的情婦，以及似乎是某位政治人物所打來的電話之數度干擾。那位政治人物一直要求把他的女婿調到前線較不會遭遇到德軍的地區。對於雷諾德來說，這些使他分神的事務在情緒上和政治上似乎都是必然的，因爲，當時他不但處於極大的壓力，而且，他也比史皮爾斯更瞭解，他所必須面臨的沮喪之程度如何。

在巴黎已經再也沒有多少失敗主義者會千方百計地想要隱藏其悲傷的情緒。在當天由戰爭委員會所召開的一個會議中，當魏剛提出一份關於法國守軍的悲慘情況時，法蘭西共和國的總統亞伯特·李布蘭(Albert Lebrun)曾建議，或許可以和德國入侵者取得相互諒解。雖然李布蘭相當清楚，英法兩國的政府先前曾協議，在沒有獲得對方的同意之前，任何一方都不能各自和敵軍談判，不過，他也說，假如德國「對我們提出任何相對上有利的條件，那我們應該……客觀且縝密地加以審視。」

海軍部長西撕·坎比奇(César Campinchi，他並不準備放棄作戰)相當擔憂，一再惡化的戰況很可能會使巴黎出現一個尋求個別和德軍簽定停戰協定的政府。爲了維護同盟國團結一致的精神，坎比奇呼籲雷諾德必須向邱吉爾警告法國可能會和德國簽署停戰協定。但是，貝當元帥並不太重視英國的感受。他一直主張，只有在以相同比例的努力為共同的目標而奮鬥的情況之下，同盟國之間彼此才應對另一方負起責任，而他卻認爲英國所做的貢獻遠遜於法國。空軍司令維樂明將軍對此也大表同意。他指出，當法國空軍正遭受重大損失的時候，卻很少看見英國皇家空軍出現在法國領土的上空——不過，相反地，英國皇家空軍的飛行員卻也對法國空軍說出同樣的怨言。

不論戰爭委員會的會議裡出現了什麼樣的爭論，顯然，在戰場上所發生的事情已變得極富有政治含意。會議因而決議由雷諾德在次日（五月二十六日）飛往倫敦，以便和邱吉爾協商——假如未來情勢的發展變得必要的話，那法國很可能會考慮和德國簽定和平條約。

倫敦的戰時內閣則仍然試圖理解在前線的戰況，或者，其實也可以這麼說，仍然試圖理解前線究竟在何處，因此，根本無法理解高特現在的情況如何。邱吉爾對於這位英國遠征軍指揮官的態度變得愈來愈不耐煩。自從英國遠征軍在阿拉斯成功地發動反擊，卻又未經許可從該處撤退之後，雷諾德就一直對英國遠征軍此種（在他看來）不必要的撤退向英國首相憤怒地提出抗議。邱吉爾並不瞭解高特撤退的原因，竟然認爲法軍有理由抱怨。他一再堅稱，高特在採取此一撤退行動之前，實在應該通知倫敦當局和他的法軍上司。「我們對於阿拉斯撤退一事完全一無所知，而此一撤退行動絕對並非出於我們的本意。」邱吉爾對艾侖賽說：「我一定要弄淸楚為何高特棄守阿拉斯，以及他是怎麼率領他的軍隊。」不過，在邱吉爾未被高特說服之前，他還是不願相信，英國遠征軍之所以棄守阿拉斯並且又極力地試圖往英吉利海峽的海岸撤退，完全是局勢逼迫之下不得不然。

凱德肯爵士在他的日記中曾如此地記載著，「令人難以理解的是，高特似乎已撤退了四十公里！可是，一切事物都陷於混亂之中：不但通訊中斷，而且也沒有人知道戰局的發展如何，我們對於任何事物都一無所知……假如當初法軍能對德軍的側翼稍加攻擊，那我們應該可以擊敗希特勒。或許法軍當時正準備採取行動，但我們卻看不出任何的跡象，更何況，我也沒有聽說有任何一位法國士兵在某個地方作戰的消息。」

由於戰時內閣不但無法獲得有關前線戰況的最新且又可靠的情報，再加上又不清楚高特究竟在做什麼，因而使其對於每天以及未來戰局的發展日益擔憂。內閣和國防部裡的高級官員和將領開始產生一種氣餒和沮喪的看法。他們突然發現，擁有全英國最專業化部隊和武器裝備的英國遠征軍很可能會被德國打敗！而戰爭才不過剛開始而已。這不僅使他們一想到這裡就爲之膽寒，也更爲英國可能遭到的悲慘命運而傷感不已。德軍早已就定位，準備在橫渡英吉利海峽之後發動攻擊。

英國已加強審視敵軍可能對於其國家所造成的威脅。此一審視並不只局限於傳統式攻擊所將可能造成的威脅而已。參謀委員會所收到的一份報告就指出，德軍不但擁有大量的芥氣和其他有毒的化學物質，而且早以從飛機上向空中噴灑的方式來驗收其所能達成的效果爲何。根據情報單位所蒐集的資料也顯示，一年前德國飛機曾兩度在法國領土的上空施放許多神祕的白色巨大汽球體。這些白色的巨大汽球體在破裂之後在寬達幾平方公里的區域上方形成類似蜘蛛網的物質。這些蜘蛛網狀的物質並沒有對人體產生明顯的異樣症狀，但是，居住在該一區域裡的人們臉上和雙手卻都沾染了此一物質。雖然並沒有對此現象從事更進一步的調查和說明，但顯然地，德軍正在著手進行一場另一種化學戰的實驗。也有人認爲他們在從事具有可怕威力的釷彈和鈾彈之試爆，但是，卻有更多人認爲，德國缺乏發展這兩種炸彈所需的技術，因而尙不足以製造如此先進的武器來對同盟國造成直接性的威脅。另外有一份報告則指出，德國很可能已研製出能從上方的戰機遙控的無人駕駛之戰車。

同時，英國各地也謠傳著，一旦德軍入侵，英國守軍所將採行某些防衛措施。戰時內閣也被告知：「國外的人士都一致地感覺，要是敵軍攻佔了東海岸的軍事據點，爲了將他們趕出英國，唯一的方法就是對該地區施予來自空中和地面的猛烈轟炸。」該地區的官員們認爲在採取如此激烈的手段之前必須要求可能成爲轟炸目標的區域裡之所有的百姓撤離。他們要求必須將此列入考量。

無庸置疑，假若英國遠征軍難逃被圍捕或是殲滅的命運，而假如德軍屆時又意圖侵略已無軍隊可言的英國，那英國本土的國防勢將遭到嚴重的考驗。政府已事先安排妥當，一旦德軍入侵英國——那政府將得以全權處置英國境內所有的人員和財物。勞工部長被授予以下的權利：在必要時刻得以任命任何人從事他認爲對戰局有所助益的任務。

雖然英國在瞭解到其所面臨的危機時，在時效上略嫌太晚了些，但此種理解仍然有助於促使倫敦當局思考英國部隊撤離法國之可能性。國防部在五月二十五日發出一份電文給高特，它的內容高特在一個星期以前就已極爲理解——「英國遠征軍的安危將成爲他最主要的考量。」他還被告知，假如眞的必須展開撤退行動，那國防部將會提供船隻以便協助將其人員撤走，而且，英國戰機也將在空中執行掩護的任務。

由於布倫早已落入德軍的手中，因而使得加萊和敦克爾克成爲濱臨英吉利海峽港口中剩下來的兩座可供撤離用之港口。不過，當時德軍正猛烈地轟擊與圍攻加萊，因而使得撤退的部隊若爲了從這個港口撤離，勢必得先在與德軍作戰而進入該城後，才得以展開撤退行動，這當然是不可能的事。因此，假如還試圖想要進行撤退行動，依據合理的判斷，應是從敦克爾克。於是，便緊急地傳送一份電文給駐守在加萊的英軍部隊指揮官克勞德・尼科森准將(Brigadier Claude Nicholson)，要求他的人馬必須和德軍作戰到底。藉由尼科森准將之堅守加萊，將牽制住德軍，使其沿著海岸線北上而抵達敦克爾克的行程遭到延擱。邱吉爾在指出將無可避免地會遭到重大犧牲之後，又親自告知尼科森：「國王陛下的政府對你和英勇的貴團深具信心。他堅信，你們一定能夠創立功績，榮耀英國。」英方對於尼科森的情形多方垂詢，而尼科森後來則死於德國的一個戰俘營裡。他的部隊不但在數量上遠遜於德軍，而且在基本軍事配備上也極感缺乏。他只有八座反戰車砲來阻擋德軍的裝甲部隊，至於他的部隊原先就應配備的其他武器則仍然還在多佛港靜待船隻騰出運貨空間，以便將其運抵海峽對岸的加萊。

在此一階段——也就是五月二十五日，雖然英國遠征軍企圖撤離的意願愈來愈高，但也僅止於企圖而已。在可能擔任此一撤退行動的監督人選——邱吉爾、高特、雷姆賽——當中，沒有一個人認爲此一撤退行動能執行得非常成功。相反地，他們甚至認爲，此一撤退行動或許可以解救某些數量的部隊，但如此一來卻也會造成同盟國部隊的大潰散。布羅克將軍在他的日記中就曾如此記載：「現在，只有奇蹟的出現才能救得了英國遠征軍，但是，被滅亡的日子卻又爲期不遠了。」整個撤退行動很可能會因爲預期大災難卽將來臨的心理恐慌而造成潰散。高特的副官懷特菲德上校(Colonel Whitfield)早在敦克爾克展開撤離「無用的部隊」時，已提出對此一現象之可能發生的疑慮。懷特菲德對於這些「無用的部隊」所表現出來的行爲感到震驚，也因此他極爲擔心一旦德軍展開空中轟炸，其所產生的效果將非常可怕。

在許多場合當中，軍官和士兵們都匆忙地趕到（位於敦克爾克的）報到中心，其速度之快，使人不得不以爲，莫非敵軍已在他們背後不遠的地方。很顯然，我根本不可能對這麼多蜂擁而至的報到之眞實性加以查驗，其中甚至有不少是在沒有經過其上級長官的核可就提出登船的申請……當德軍展開猛烈的空襲行動時，那些沒有受過正規軍事訓練或是沒有配置足額軍官的部隊頓時形成一盤散沙……（不過）我很懷疑，卽使是最爲訓練有素的部隊，是否就能長期地忍受如此的轟炸。也因此，當有人向我報告，許多由無助和失落的士兵所組成的小型隊伍在敦克爾克附近徘徊，以便在下一次的空襲之前尋得掩護處時，我一點也不感到驚訝……

曾經發生過多起軍官拋下士兵而前往乘船處之情形……被我派遣執行任務的軍官在延遲了大約一天的出發時間之後也消失得無影無蹤，我敢肯定地說，他們一定是在未經許可的情形之下，就已乘船前往英格蘭。

將作戰的部隊撤回並非官方所認定的作戰計劃，也就是說，反擊仍舊是整個作戰計劃的重心。雖然魏剛確信高特已經轉向，而且，雖然高特這位英國遠征軍的指揮官對於魏剛的計劃能否成功多質疑，但他還是在五月二十五日傍晚時分預備執行整個魏剛作戰計劃中他被指派的任務。他兩個師的預備隊振作起精神往南推進，希望能和應該會從南面往北進攻的法軍對德軍產生夾擊的作用。但是，德軍的軍事行動又再度地左右了整個戰局的發展。

這位英國遠征軍的指揮官在當天傍晚所獲得的情報顯示，駐守在英國遠征軍左側的比利時部隊，受不了德軍的壓迫，快要招架不住了。比利時部隊那時正遭受到重大的傷亡。有些比利時的作戰單位在遭到德軍的攻擊之後已四處潰散。許多比利時士兵都各自離開戰場。有一位被派遣前往評估戰局的英國聯絡官看見其中有些士兵在咖啡廳裡一口氣喝下整瓶的酒，完全無視於才不過一英里遠前線的戰局如何。

更糟糕的是，雖然有些比利時部隊決心作戰到底，可是，他們只防衛自己國家的邊境，絲毫不理會同盟國聯合作戰的戰術究竟爲何。他們不但沒有按照戰術推進到法國北部，相反地，卻緊密地重整部隊而朝著其部隊的總部所在地布魯格斯(Bruges)的方向前進。結果，英國和比利時部隊的防衛陣地中出現了一個大裂縫。從虜獲的敵軍文件中顯示，德軍有意衝過那個大裂縫，而假如他們眞的那麼做的話，那他們將能切斷同盟國通往海岸的撤退路線，如此一來，將使得英國遠征軍、法國第一軍團的殘部，以及比利時的部隊陷於被圍攻的困境。事實上，德軍高級指揮部在那天夜晚曾經宣稱：「英法比三國部隊確實已被我們的部隊層層包圍住了。」

高特面臨了一個兩難的困境。對他來說，足以抵抗德軍，使其不致於突破防區的部隊必須在次日（五月二十六日）早晨揮軍南下。假如他不派遣該部隊揮軍南下，反而前往比利時阻止德軍的突破行動，那他將犯了不遵從命令的罪名，而且，此舉不但破壞了魏剛想在戰場中取得先發制人的優勢之作戰計劃，也使得法方更加懷疑英軍終將背叛法軍。高特必須立卽做決定。任何的拖延將帶來災難。有一位軍官發現高特獨自一個人坐在位於普麥斯基（Premesque）駐紮區一個營舍裡的桌子前，「看起來非常迷惘和痛苦……。」出乎意料之外，他竟然說出置身於法軍命令之下所遭到的不平待遇和挫折感。

> 他說……他們的部隊不但過於疲憊以致無法作戰，而且，他們的參謀工作早已停擺，從頭至尾我們都沒有從最高指揮部那裡獲得指示或情報。

當天傍晚，高特的挫折感和沮喪的感覺又更爲加深了。他得知，法軍並沒有如事先在英法聯軍作戰計劃中的規定，在次日早晨派遣三個師和兩百輛戰車，反而只派遣一個尙可供作戰之用的師。而此一決定生死的作戰計劃竟然在幾個小時之內就要展開！他原先預測此一向南面推進的軍事行動終將失敗，而從事情的演變看來，他的信念如今可說是更加堅定了。他再也用不著懷疑接下來該採取什麼行動。英國遠征軍那兩個原先被安排將加入魏剛作戰計劃的師如今又接獲新的指示，將被調往北面，以便塡補英軍和比軍陣地之間的那個大裂縫。此外，他的部隊必須保持通往海岸的撤退路線之暢通，而且，不論邱吉爾和魏剛是否還存有對德軍展開反擊的希望，此一通往海岸的撤退行動也卽將展開。

由於情況危急，再加上通訊不良，使這位英國遠征軍的指揮官在沒有知會倫敦和法軍上司的情形之下，就做了如此重大的決定。英軍連絡官一直無法找到新近被任命取代比洛特而成爲北部集團軍指揮官的布藍查德將軍，而布藍查德將軍直到當天夜晚的時候才知道高特已私自改變了作戰計劃。法國軍事指揮部把此一耽擱以及高特片面的決定看成是其同盟國英國又一不可信任的證據。

假如高特所做的決定日後證實爲錯誤的話，那此一決定必將被視爲現代軍事史上一項極爲嚴重的錯誤。雖然魏剛是根據一項對同盟國兵力值得商榷的評估而擬定出目的在切斷德軍裝甲矛頭的魏剛作戰計劃，但那也是當時唯一可以和德軍的攻擊行動相抗衡的一個戰略，而且，當時也沒有人舉證其論點上有任何的錯誤。不過，由於英國遠征軍的指揮官在執行自己的決策之前並未事先求敎於他的英軍和法軍長官，因而使得整個戰略遭到破壞而無法運用。同盟國部隊——尤其是位於法國北部的同盟國部隊——現在根本就不敢奢談從德軍手中獲取勝利。

魏剛哀傷地宣稱：「由於英軍的背叛，迫使我在最後不得不放棄任何攻擊性的軍事行動。」

雖然他在稍早時候還宣稱，爲了挽救法國的榮耀，即使戰到只剩最後一發子彈，也都在所不惜，但是，現在他又說，必須考量如何使法國部隊「避免遭到無謂的大屠殺」。至於對英軍來說，緊急撤退到海岸，並且即使只能將少數人員撤離法國，也似乎是他們最大的希望了。

即使是在高特尚未決定是否撤退到海岸之前，他還曾經嘗試防衛駐紮在法國北部和比利時南部（也就是在其右翼）飽受敵軍包圍之威脅的同盟國部隊。爲了阻擋德國的裝甲部隊快速地繞行到同盟國部隊的後方，必須在接連不斷的運河網路中，建立一條由位於海岸邊的格拉維(Gravelines)——經由聖阿穆爾(St. Omer)和貝森(Bethune)而抵達拉巴西(La Bassée)的防禦陣線。有一支殘餘的法國部隊，它在德軍展開攻擊行動之初曾快速且自信滿滿地進駐荷蘭境內，但緊接著又很快地撤退。這支部隊如今駐守在運河防線最靠近海岸的地區。由於這個地區有許多沼澤地和運河，因此非常不利於戰車的行進。不過，這種不利於戰車行進的情形在運河防線其他的區域並不多見。因此，德軍的戰車部隊在運河防線的其他區域除了該防線本身之外，並不會遭遇到任何自然的障礙物。

這一區域是由英國遠征軍當中一個匆促成立的部隊所負責防守。此一部隊包括了步兵單位、砲兵和反戰車部隊（大多數都沒有大型砲台）。至於其工兵和通訊部隊則是由尚未被當成「無用的士兵」而撤退之非戰鬥士兵所補充而成。他們當中包括了醫護兵、運輸兵、技術教官，以及負責流動衛浴設備的士兵。這些士兵的總數達到一萬名，其中絕大多數只不過是在就作戰陣地時匆忙地接受軍事訓練當中，才有操作武器的經驗。所有的步兵在奮力作戰和武器不如敵人的情況之下，如今不但缺乏補給品，而且也遭受到來自空中連續不斷的攻擊。到了五月二十四日早晨，德軍裝甲部隊在整個運河防線中已攻佔了四個規模雖小但卻極具威脅性的橋頭堡，而且，它們距離敦克爾克才不過十五英里，在德軍前鋒部隊的陣地裡已經可以看見敦克爾克市中心聖依洛依教堂(St. Eloi Church)高聳的鐘樓。敦克爾克似乎已經成爲他們的囊中之物。

不過，德軍卻也並非沒有遭到難題。在連續兩星期不斷地行進，以及作戰的壓力之下，他們的部隊已近乎筋疲力盡。他們在裝備上的損失相當慘重——這是因爲經過戰鬥，尤其是機械故障而導致的結果。不過，勝利卻替他們帶來了動力。除了在阿拉斯曾遭受到短暫的挫敗之外，德軍的前進部隊顯得非常殘酷無情。部隊的士氣非常高昂。陸軍參謀總長哈爾德將軍雖然深知士兵非常疲累，而且設備也出了問題，但他信心十足地認爲，德軍還是能夠沿著海岸，一股作氣地來決定位於北部的同盟國部隊之命運。由於同盟國的部隊遭到重擊後踉踉蹌蹌地被逼到死角，因此，沿著海岸線在極短的時間之內，就能將大多數的同盟國部隊加以包圍，接下來，就是簡單的掃蕩性軍事活動了。不過，在五月二十四日早晨，也就是在發動最後一擊之前，擔負著壓迫運河防線任務的戰車先鋒部隊突然停止了軍事活動。

這一個奇怪且令人料想不到的發展是出於A集團軍總司令倫德斯特上將的決定而造成的。倫德斯特擔心他的裝甲部隊由於行進得太快且太深入，使得他的陣線過度拉長。他認爲，在把整個軍事行動移往北部之前，最好能將所有的部隊緊密地集結起來，如此一來，事實上也無異是贏得此一勝利。他心中的如意算盤是——先停下來做短暫的休息和調養，然後再由裝甲部隊重新展開推進的軍事行動。雖然倫德斯特當初在北部同盟國部隊的全面潰敗垂手可得之際下達停止前進的命令受到希特勒的允許，但是，他不但在橫渡運河之後嚴格地要求立卽停止前進，而且還憤怒地取消了陸軍總司令布勞齊區(von Brauchitsch)所提出包圍同盟國部隊的作戰計劃。他明確地指出，德國的裝甲部隊必須在戰線的遠端待命。

對於同盟國部隊來說，當德軍此一停止作戰的命令下達之後，無異是一項令人驚喜的適時善舉。它正巧發生在高特決定放棄魏剛的作戰計劃，並且將他僅有的兩師預備隊調往位於左翼的比利時防區之前。假若當時位於其右側的德軍裝甲部隊之前進攻勢沒有停下來的話，那高特勢必同時面對必須塡滿比利時部隊所造成的缺口，以及支援其位於運河防線上的薄弱守軍。處在這樣狀況之下的英軍指揮官實在很難抵擋來自於運河防線或是比利時境內，甚至是來自這兩方面的德軍之突破性的攻擊行動。果眞如此，位於北部的同盟國部隊將難逃被圍攻的命運。

至於希特勒爲何下令停止前進，其間流傳著各種不同的說法。雖然從開戰以來，在法國北部和比利時境內的軍事行動一直都受到他的支持，但他一直極爲擔心此一軍事行動能否成功，這在他稍早曾試圖減慢裝甲部隊的前進速度之舉中可看出端倪。由於他是第一次世界大戰期間的士兵，因此他曾親身體驗戰鬥中的混亂狀態，尤其是對於德軍在法蘭德斯的沼澤區之表現極爲失望。他知道，卽使是計劃非常周詳的作戰計劃，也可能因無法執行而難逃失敗的命運。他非常清楚，穿越阿登山區和法國北部的軍事活動，尤其是裝甲部隊一直迅速地奔馳在供給線和步兵之前

——是一項極大的賭注，因此，他實在很難說服自己，德軍事實上已獲得全面的勝利。

他的裝甲部隊過去曾帶給他不愉快的經驗。其中有些戰車在一九三八年經由維也納而兼併奧地利的軍事作戰途中，竟然令人困窘地故障。而在征服波蘭的戰役當中，也發生多起機械故障。如今，他的戰車不但比以前行進得更爲深入，而且似乎快要支持不住了。裝甲兵團司令克萊斯特(von Kleist)就曾說，他的戰車當中，有百分之五十曾經無法投入作戰行動。希特勒可能是擔心，假如他的裝甲部隊一直推進而都沒有休息和維修，那很可能會被迫中途停頓或是遭到更重大的損失。

他也擔心，由於同盟國部隊尚未變得脆弱到不具扭轉局勢的地步，因而他們很可能會在整軍經武之後發動如同在阿拉斯那樣的反擊行動，只不過，屆時整個行動的期間將更爲拉長。在北部的比利時、法國，和英國的部隊其數量仍高達百萬。他們可能會殺出德軍層層的包圍並且實施魏剛的作戰計劃。假如他們在此一作戰中獲致成功，不僅德軍的攻勢遭到破壞，就連他在德國所建立的納粹政權也可能處於極大的危險。也因此，雖然臨到戰局的尾聲，更應特別謹愼小心。

不過，也由於在北部的同盟國部隊現在正遭受德軍的壓迫而卽將背對著海面，因而使得巴黎成爲首要的作戰目標。希特勒早已宣稱：「現在最重要的一件事，就是要減少裝甲部隊的損耗，以便日後從事更爲重要的任務。」一當三個星期之後，巴黎眞的落入他的部隊之手，使他得以洗刷二十年前德國在凡爾賽和約中所遭受的恥辱時，這自然成爲他一生當中最爲得意忘形的時刻之一。

希特勒在考量是否下令停止裝甲部隊往前推進時，也曾深受戈林的影響。這位德國空軍的總司令一直請求他能允許德國空軍解決被圍攻的同盟國部隊，以便使其成爲德國空軍在此一軍事行動中也曾做出極大貢獻的象徵。戈林甚至還提醒希特勒，他的陸軍將領中有一些是虔誠的國家社會主義者，但德國空軍則完全是由納粹所創設的。德國空軍的飛行員盲目地效忠希特勒這位元首，因此，應該比腐化的一般民衆更具有獲致勝利的榮耀。戈林告訴希特勒，假如他下令由德國空軍單獨來展開此一軍事行動，那他「將百分之百地保證，他會將敵軍的殘餘部隊全數殲滅；他唯一所要求的……就是希望能自由地轟炸；也就是說，戰車必須撤退到非常遠的地方……以確保它們不會遭到我們自己的轟炸。」戈林還說，在他的戰機完成任務之後，陸軍所必須配合的，就是「佔領該區域」。

此外，希特勒之所以下達裝甲部隊停止前進的命令，也可能是因爲希特勒決心向他的將領們證明，他不但是國內政治上的最高領導者，而且也是戰場上的最高指揮官。他一再地堅持，不論他們對他存有任何反對的想法，還是絕對要遵從他。他對於那些有意就戰略和戰術以及對軍事事務的瞭解及判斷與他爭辯的資深軍官之不滿愈來愈深。哈爾德將軍在他的日記中曾記載：「希特勒和他的一些軍官之間在意見上的分歧引發了一場比從事眞正的軍事作戰還要費神的拔河競賽。」在希特勒竄升爲德國境內納粹運動的領導者，以及日後成爲德國獨裁者的期間，他經常覺得必須強而有力地展現他的權威，以便向那些反抗他權威的部屬證明，他是德國政軍的主導者。在法蘭德斯的戰役趨於尾聲之際，他或許也感覺需要再展現權威。

最後一個可能的說法就是——希特勒可能被告知，在他的裝甲部隊展開目的在於切斷同盟國部隊，使其無法接近海岸的陸上軍事行動的時刻，就星相來說，並非恰當的時機。由於希特勒一向頗爲相信占星家，使得後來在大戰期間，英國也曾就敎於一些占星家，以便瞭解他可能正接受什麼樣的建議。

不論是上述那一個理由，或是那些理由，這位德國的獨裁者卻忽略了來自軍官的抱怨。這些軍官認爲，既然德軍的表現一直都那麼好，實在沒有任何理由命令裝甲部隊不再前進。古德林極爲憤怒。因爲，當他那縱橫法國北部的戰車矛頭在運河防線建立幾個得以橫渡運河的橋頭堡之時，要求他不得前進的命令卻也抵達他的指揮部。他在日記中曾悲傷地記載：「我們奉命禁止橫渡那條運河。但我們卻完全不知道不得前進的理由何在……我們完全不能發表任何意見。」

最後一句話並不眞確。雖然他們這些將領必須小心翼翼地不讓其反應的話語傳到希特勒的耳朶裡，但他們卻也並非完全不能發表意見。他的日記中也曾記載，「前面已沒有敵軍」的戰車部隊正被要求「靜止不動地停在途中」。哈爾德認爲，希特勒的干涉使得原本可望在此一軍事行動的最末期獲得勝利的可能性大爲降低。對於那些知曉將可能造成何種結局的人來說，由德軍空軍來攻擊敦克爾克的消息並不能緩和他們的怒氣。哈爾德這位陸軍作戰指揮官將此一停止前進的命令稱爲「瘋狂的命令」。他一再地追問：「我們是否要幫英國人建造黃金橋樑？」「難道我們準備讓他們登船嗎？這實在是太荒唐了！」雖然裝甲兵團司令克萊斯特將軍曾試圖不理會此一命令並且派遣他的戰車往前推進，但還是再度嘗到被要求撤退的命令。

匆促補充成軍的那支英國部隊由於沒有受到德軍裝甲部隊的「關注」，因而得以將稍嫌薄弱的運河防線的防禦工事加強。他們挖掘了許多戰壕並且也鞏固了許多陣地。希特勒那一道不得前進的禁令被認爲在戰術上是個大錯誤，因而在兩天之後解禁了。不過，當德軍再度試圖切斷已成爲同盟國通往敦克爾克和海岸的通路時，卻驚訝地發現，運河防線的抵抗能力早已比先前強固許多。

【第二篇】

第一天　五月二十六日星期一

敦克爾克在地球表面上的時間其實並不算長。還不到一千年之前，敦克爾克大部分的地區只不過是在漲潮與退潮之間若隱若現的一座沙洲。不久之後，海水退至較遠處的地方，一座教堂——沙丘教堂(Church of the Dunnes)——建立了，而且，它的四周也被一座村莊所圍繞。這是一個非常冷清的漁村，它濱臨著英吉利海峽，也就是位於分隔英格蘭和法國那條水渠最窄處的北端。四百年前，當敦克爾克還是西屬荷蘭的一部分時，西班牙人將它改建爲海軍艦隊的一座可供征服和入侵英國的要塞線，不過此一入侵的軍事計劃並沒有成功。到了十七世紀，它兩度遭到英國人的包圍，而且也曾經受到英國人的統治，不過，後來法國人又將它買回。

自此之後，敦克爾克就成爲一座繁榮的港口都市。到了十九世紀，來自世界各地的許多貨船都曾停泊在它的碼頭。不久之後，兩座長型的防波堤建造完成。它們在外港以會合的方向延伸，以便防止潮浪的進入。敦克爾克灣以東的海岸是北歐少有的一個延綿不斷的沙岸地形。由於此一沙岸四周有廣大的荒涼地帶，其間又點綴著一些粗糙的草地，因此，使它還延伸到比利時邊境後八英里的地方。

這個地方的海灘平緩地延伸到海裡。退潮的時候，人們可以涉水走向海裡達數百碼，而水深還不會超過他的膝蓋。至於漲潮的時候，雖然沿岸的水深可達數呎，卻還不足以使船隻靠岸，最多只能停泊在距離海岸二分之一英里處的海面上。

對於那些極爲熟悉通往敦克爾克港水道的人來說，在那些水道上行駛船隻應不致於造成太大的威脅，但對於那些不瞭解水道或是沒有航行圖的人來說，則很可能會面臨極大的危險。即使是距離海岸相當遠的水域都可能佈滿了淺灘。介於帶狀沙洲之間的航道其水深可能只有十二英呎。全年大多數的期間，即使是在風和日麗的日子裡，敦克爾克外海的水域都產生不小的風浪，不但使有意橫渡的船隻產生激烈的搖晃，而且還會使由經驗不夠老道的水手所駕駛的小型船隻遭到擱淺甚至淹水沉沒的命運。

敦克爾克市四方是由平坦且幾乎沒有生長任何樹木的地形所環繞。要不是外海不利船隻的天險和四周許多小路，那將使這個地區成爲戰車作戰的最佳地形。敦克爾克四周其實是個頗爲鄉間的地區，不但四處可見到沼澤地，而且還有四大主要運河系統和許多次要的運河及河流流貫其間。在一九四〇年春季敦克爾克大撤退正在進行的時候，這些水路提供了適時的屛障，使得位於其後的防衛陣線得以建立以便略略延緩已橫掃法國北部的德軍部隊之推進。

英國已宣布制定了一個全國祈禱日。英國國家廣播公司轉播了西敏寺內的晨禱活動。主持此一活動的英國國教派資深大主教——坎特伯利(Canterbury)主教帶領著羣衆，爲那些在法國境內處於危急狀態的英國士兵禱告。當天在英國各地的教堂和猶太教徒聚會所也都出現類似的禱告活動。倫敦極富盛名的貝蒂寇得街(Petticoat Lane)露天市場也破天荒首度在星期日空無一人，因爲，市場小販也在當天前往教堂參加禱告儀式。

對於英國境內的許多人來說，這似乎是第一個最爲確實的證據，證明了英吉利海峽對岸的情勢變得相當危急。這是一個非常令人擔心的惡兆。當倫敦一所天主教堂禱告活動的實況轉播在沒有任何明顯理由的情況下突然地被切斷時，一般民衆都以爲可能是敵軍在從事陰謀的破壞活動，不過官方卻提出一套說詞來平息大衆的疑慮。根據官方的說法，此一中斷是由站在麥克風附近的一位女性禮拜者所引起的。她是因爲受到宗教的感動而昏倒，因而此一意外事件其實並無任何政治含意。事實上，在辛斯利樞機主教(Cardinal Hinsley)講道的時候，她曾大叫「肅靜」，此一講道也因而一度中斷，直到她被送出教堂外才又繼續進行。

高特在那天早晨稍早，曾經和倫敦當局取得連繫，並且告知倫敦當局，他正把原先必須派往南面和法軍展開夾擊行動的那兩個師調往前線比利時防禦區，以塡補比利時部隊所留下來的缺口。不論國防部對此一軍事行動抱持著多少保留的看法，但事到如今，若還是有人堅持往南推進是英國遠征軍得以脫離困境的唯一方法，那可就眞的是對於戰局一無所知了。高特已做出這樣的決定，任何相關人士也只能盡力配合。當天早晨稍後，由陸軍大臣安東尼·艾登(Anthony Eden)傳送給高特的電文中，可明顯地看出，倫敦當局事實上終於同意高特的作法，認爲那是英國遠征軍得以脫離困境的唯一可能途徑。艾登告訴高特，他可能會發現自己處於一個早已不得不如此的局面。其實，就高特來說，他早已意識到此一情勢。

我所獲得的情報都顯示，來自索姆河的法軍攻擊部隊其兵力不足以和你那些位於法國北部的同盟國部隊有效地共同發動夾擊。假若果眞如此，那你可能眞的要面對以英國遠征軍的安危爲主要考量的局面。在這樣的情勢之下，你唯一可走的途徑就是往西推進到格拉維以東的海灘和港口，以便在那裡登船。海軍將會提供艦艇和小型船隻，而皇家空軍也將會給予全力的支持。

令人氣結的是，這一段電文內容也並不是就因而確認或同意高特可以發動此一未經授權的片面式軍事行動。邱吉爾將在當天稍晚法國總理雷諾德抵達倫敦時才要和他檢討整個局勢的發展。艾登又告訴高特：「……同時，顯然，你千萬不可和法軍以及比利時部隊討論此一軍事行動之可能性」，因爲，他們絕對無法接受將遭到英軍拋棄的想法。

不過，至少高特也鬆了一口氣，因爲，起碼倫敦當局終於瞭解他正處於究竟是繼續接受法國軍方的指揮或是確保英國遠征軍安全的兩難困境之中。即使如此，他還是相當淸楚，國防部至今還是沒有完全瞭解整個危機程度。雖然倫敦當局對於撤退到海岸之後再展開大撤退的軍事行動頗爲樂觀。但事實上，這是一個旣艱難而又危險的行動。二十五萬人在往後撤退五十英里的過程中，必須穿越十五英里寬的走廊地帶，不但身後有敵軍追趕，兩翼也遭到敵軍的壓迫。高特曾傳送電文給艾登：「我必須毫無隱瞞地告訴您，即使是在最理想的狀況之下，絕大數的英國遠征軍及其裝備（事實上即是包括了英國所有的重型大砲和戰車）無可避免地將遭到損失的命運。」他也曾對他的副官透露：「我從來沒有想過，竟然會率領英國的軍隊遭到其歷史上最大的挫敗。」

同盟國軍事領袖之間的互不信任和反唇相譏如今已成爲司空見慣的事。法國軍隊一向具有優良的傳統，因此當時英國遠征軍認爲只不過前來從事一些微小的援助活動。而如今，英國已把優秀法國之所以瀕臨瓦解地步的原因完全歸於法軍高層指揮官的無知所導致。同樣地，法國也對英國多所怨言。法方認爲，以一個和法國人口相當的國家來說，在面臨共同敵人挑戰時，卻只派遣極爲少數的部隊，而且，在開戰沒有多久之後，又下令那些部隊往海岸的方向撤退。而且，令人多所期待的英國皇家空軍又在那裡呢？當時不是允諾要派遣大量機群的嗎？由於基本的通訊設施早已幾乎陷於癱瘓的地步，因而使得絕大多數駐守在法國境內的英國皇家空軍許多中隊機群早已在捲完鋪蓋之後升空飛返英國。

更糟糕的是，英法兩國之間對戰略又產生了不同的看法。高特唯一關心的，就是英國遠征軍能否回撤到英格蘭。對於布藍查德來說，即使他已經知道高特的意圖（事實上他並不知道），他也不打算命令由他所率領的部隊（其中包括英國遠征軍）遺棄他的國土。布藍查德認爲，撤退的軍事行動是爲了縮短防線，以便能在敦克爾克建立一座灘頭堡，持續干擾德國的軍事行動。他提出了和魏剛的指示極爲一致的訓示——「我們將堅持這一座橋頭堡，絕對不會存有撤退的念頭。」

法國人之所以持有此一態度，其中一個最具影響的因素就在於他們對於從海上脫逃的概念所知不多，相形之下，對於航海知之甚詳的英國人卻能直覺地理解此一概念。法國海軍指揮官法蘭哥依斯·達爾朗上將（Admiral Francois Darlan）被要求對於在敦克爾克遭到圍攻的法軍之「登船」的可能性加以審視一番，希望如此一來，便能安全地將法軍調移到法國海岸線較為南端的地區。但是，此一要求並沒有遭到任何迫切的回應——達爾朗直覺的反應是，撤退根本就是件不可能的事，而且，位於法國北部的指揮官也都未被告知必須對此加以考量。史皮爾斯將軍於參加在巴黎由法國政府的戰爭委員會所召開的會議中「突然瞭解……（對於此一委員會的成員來說）海洋和無底深淵簡直沒有兩樣，都是無法克服的障礙，除非是在經過特別地組織並配置強大的兵力之下——例如沙德拉克（Shodrach）、米薩克（Meshach），以及阿比德尼哥（Abednego）等人在遠征殖民地時的部隊——否則根本沒有任何一支部隊能夠從事此一壯舉。」

英軍部隊的士氣明顯地低落許多，其實，在過去十天以來，只能獲得一半的配給（能獲得一半配給已屬幸運）和只在撤退、挖掘戰壕，以及再度撤退的過程中度過的情形之下，若說士氣不會因而低落，也實在極不可能。在經過九個月瞎忙一陣之後，卻什麼也沒做，這實在是一件非常奇特的作戰方式。當命令下達之後，在前線的步兵正規軍各單位還能井然有序地撤退到新的陣地，但是後備和支援的部隊則無法這麼做。他們不但沒有受過嚴密的軍事訓練，而且又沒有團隊榮譽的觀念；因而無法像正規軍般穩健地撤退。他們之中有些單位在資深的軍官因作戰而喪命之後，就已處於瓦解的狀態。於是，這些單位的人員就像沒命般地往後逃。很多人又被告以「人不為己，天誅地滅」，然後，這些人又聽到英國國內在全國禱告日裡為他們而做出的禱告——「好像我們是一支註定要被滅亡的部隊」——因而對於提升他們的士氣根本毫無助益可言。

高特決定撤退到海岸的消息根本就沒有提升戰時內閣和參謀首長的士氣。他們對英國遠征軍的命運產生了不祥的預兆，也因而更使他們擔心德軍入侵英國的日子即將到來。艾倫賽將軍在他的日記中曾如此地記載：「……德軍在入侵之前，可能會藉由空中攻擊而使這個國家受到損耗……英國的處境非常艱難。」在英國政府機關工作的許多次級官員從他們的長官那裡也聽聞到高級官員不斷召開緊急會議，以及開始做最壞的打算的風聲。情報局祕書哈洛德•尼古森就曾建議他的妻子應隨時準備自殺用的藥丸：「如此一來，在必要的時候，可以解除自己的生命。我應該也會服用一顆這種藥丸。我一點也不害怕突然卻光榮的死亡。我所害怕的，反而是遭到折磨和羞辱。」魏毛斯議員(Lord Weymouth)則擔心：「一旦逮到能對英國加以報復的機會，那麼，發生在捷克斯拉夫和波蘭境內的入侵行動，和德軍入侵英國的軍事行動相比，就顯得微不足道了。」

柏林政府裡的高級官員也都信心十足地認爲，英國和法國都已將遭到全面挫敗的命運。他們甚至還預告，「不到幾星期」，英國將會向德國投降，而德軍也將佔領倫敦。從許多跡象顯示德軍可能會使用一種極爲祕密的武器來使英國臣服。並不是只有德國人才認爲希特勒不久即將在對同盟國的作戰中獲致全面的勝利。在巴黎的布立特大使曾打電報給羅斯福總統：「我認爲在法蘭德斯的英軍、比軍和法軍在二或三天之內將被迫投降。」英國的領導階層都認爲雷諾德當天抵達倫敦，其目的就是爲了向英方宣佈，他的政府正考慮和德國簽署和平條約，果真如此，將使得英國必須獨自對抗希特勒。邱吉爾也準備請求這位法國總理不要採取那樣的行動。

他將提醒雷諾德，英法兩國曾經共同保證，不會個別地和德國簽署和平條約，因此，違反該保證將是件極爲不名譽的作爲。此外，邱吉爾也將警告雷諾德，假如法國臣服於德國，不論希特勒虛情假意所提出的和平條件多麼地優渥，法國縱使不成爲德國的奴隸，那至少也將只是個附庸國而已。他還會告訴他，假如他的政府眞的各自和希特勒簽訂和平條約，那英國勢必也將法國和德國一同列入其海上封鎖的對象之中，如此一來，很遺憾地將導致法國人民遭到飢荒之苦。法國也將和其在海外的殖民地失去連絡——而這也正意味著英國將可能攻佔法國在非洲、加勒比海，以及其他地區的屬地。除此之外，一旦英國被迫對於在法國領土的德軍展開軍事行動時，法國將無法避免遭到死亡和被蹂躪的命運。法國的城市將遭到英國皇家空軍的轟炸。

同時，邱吉爾也試圖說服雷諾德，情況並沒有表面所顯露出來的那麼地嚴重。相反的，入侵的德軍由於延伸得過深，已面臨筋疲力盡的困境；此外，由於經濟的壓力，使希特勒在國內也面臨了相當棘手的難題，再加上同盟國的部隊持續地對納粹德國展開聯合對抗的行動，將使美國最後不得不加入同盟國這一方。而且，即使最後仍然無法說服雷諾德，邱吉爾還是會迫使法國在和德國簽訂和平條約之前，能協助英國遠征軍撤退到英格蘭，並且將法國的海軍和空軍的軍力移轉給英方，如此一來，德軍就無法獲致掌控他們的機會。

如同事先所預料的，雷諾德在抵達之後，並沒有使倫敦當局因而滿懷希望。極度沮喪的雷諾德向邱吉爾首相證實，他不但沒有要求貝當元帥執行預定的計劃——鼓舞法國，使其具有作戰和贏得戰爭的決心——他的新任副總理已顯現出是屬於法國失敗主義者的領袖。雷諾德說，他擔心德軍不久將會把部隊推進到巴黎，而他並沒有任何一項能阻止德軍的對策，因為，德軍和法軍防衛部隊是一五〇師與五〇師之比，根本就沒有任何勝算的機會。

雷諾德說，法國願意為自己國家的獨立而戰到只剩一兵一卒也在所不惜。不過，他也極力試圖透過外交管道，和義大利取得停戰協定，以便挽救自己的國家，使其不致遭受全面的潰敗。他認為，必須說服墨索里尼，使其深信，一旦德國統治了歐洲，那對於義大利的國家利益將遭到極大的損害。因此，不但必須勸服這位義大利的獨裁者不要加入德國的陣營來攻擊法國，反而應該運用其影響力，以便展開和平談判。至於法國則將提供義大利一些非洲殖民地，以作為回饋。

雷諾德認為英國可能也會願意做出類似的友善姿態。衆所皆知，墨索里尼對於英國控制了蘇伊士運河和直布羅陀感到極為恥辱。早在凱撒時代，地中海就被羅馬所掌控，因而墨索里尼一直把地中海看成是義大利的內海，對於此一內海兩個極具戰略要衝的港口被英國所佔領，當然令他難以忍受。或許，英國會樂意將蘇伊士運河、直布羅陀，以及地中海的島嶼殖民地馬爾他加以國際化，使其置於國際的管理之下。

邱吉爾的反應極為謹慎小心，由於他是位虔誠的大英帝國信徒，因而對雷諾德此一建議感到震驚。此外，他也深信，在此一階段運用外交手段，只不過更加符合希特勒的意圖而已，但他也非常清楚，雷諾德在巴黎也遭到極大的壓力。他告訴雷諾德，他必須把此一建議向戰時內閣提出報告，而他也眞做了。不過，他也向他那些被此一建議所心動的內閣大臣們提出警告：「當我們請求墨索里尼前往面會希特勒，懇求他能善待我們時，必須注意，千萬不能被迫陷入不利的境地。」

至於法國未來的命運如何，他則無法約定是否會和英國的最高利益有關。他知道，雷諾德並不是個失敗主義者。但從法國這位總理的沮喪神情中，可以看出，法國眞的已瀕臨潰敗的邊緣。德軍的心戰宣傳早已把目標轉向於使法國人深信，德國之所以發動戰爭，並非針對他們，而是針對英國，而且，心懷二意的英國人，也早已決意讓法國戰到連一兵一卒也不剩。

希特勒很可能會對法國提供相當溫和的投降條件，因此，邱吉爾對他的內閣大臣提出警告，「但我們絕對不會對德國投降」。雖然由英國獨自和得意洋洋的德國作戰是件極令人痛苦的事，但這位英國首相強調，不論法國發生了什麼狀況，英國和德國作戰總比被德國征服而淪爲附庸國要來得好。

邱吉爾此種看法獲得了所有閣員的一致贊同。不過，邱吉爾和哈利法克斯卻對於能否在英國成爲大戰的前線之前和德國達成一個不喪權辱國的和平條約產生了極大的歧見。這位外交大臣還尙未完全認同邱吉爾的領導模式。雖然兩人在個性上的不同是造成此一意見分歧的原因之一，但這卻並非僅有的原因。哈利法克斯並不是個容易記恨的人，他只是質疑邱吉爾首相是否能眞正地理解德國空軍所將帶來的毀滅程度——當時德國空軍已佔領了比利時、荷蘭，以及法國北部的空軍基地，因此不久卽將能對英國的城鎭造成威脅。

事實上，此一情形也並非一定會發生。不過，哈利法克斯還是認爲，不但必須對整個戰局加以冷靜評估，而且，還必須在不帶任何情緒性字眼的情況之下，做出客觀的結論。和邱吉爾極爲不同的是，他告訴戰時內閣，他深信，假如英國有意做出某些妥協，那「很可能使我們脫離目前所遭到的困境」。他還說，他比邱吉爾首相「更爲希望法國能成功地達成歐洲的均勢」——而這很可能即意謂著將召開一個實際上由德國的獨裁者希特勒所主導的和平會議。哈利法克斯認爲，他並不相信「首相的診斷——希特勒必定會堅持地開出苛刻的條件——是正確的」，他反倒認爲，「假如希特勒開出了並不會妨害我們獨立自主的條件，那我們就應加以接受，否則就太愚蠢了。」

這位在上議院一直極爲推崇邱吉爾的領導才華的外交大臣那時候可能已經非常後悔在兩星期前的大好機會中沒有趁機成爲英國的領導人，反倒讓邱吉爾成爲英國的首相。並不是只有他一個人對邱吉爾那種對戰爭激昂的誇張言詞日益感到不耐。或許那種言詞對於一般大衆還可能產生某些提振士氣的效果，但對於高級官員來說，則未有同樣效果，他們明瞭，在英吉利海峽對岸的戰局已日益危急，而且，英國也正面臨了極大的危險。

外交部次卿凱德肯爵士在他的日記記載著——他認爲首相「太過於漫天胡扯，太過於浪漫和感情用事，而且也太過於倔強。看來張伯倫還是全體當中最適任者。」仍然活躍於內閣的張伯倫很顯然也對於邱吉爾的剛愎自用大表不滿。他在日記中曾寫道：「假如放棄馬爾他、直布羅陀，以及一些非洲殖民地而能使我們脫離此一困境，我們實在應立即採行。」

自己的國家也面臨了即將遭到大浩劫的雷諾德對於邱吉爾不惜戰至一兵一卒也要對抗希特勒此一獨夫的決心則持保留的態度。這位法國總理在從倫敦返回巴黎的傍晚曾說：「唯一能完全理解整個戰局的是哈利法克斯……他相當清楚，歐洲的問題必須加以解決，而他也極爲抱怨地指出，邱吉爾總是喜歡虛張聲勢。」

在巴黎的魏剛將軍雖然早已不甘願地接受了他的南北夾擊計劃已被取消的事實，但他仍然有把握地認爲，假如實施的話，那該計劃還是有極大的成功機率。不過，他也非常瞭解，現在除了將位於北面的部隊撤往海岸之外，實在沒有任何其他可供選擇的策略，他因而發出正確的命令。但是，艾登並不打算要高特等待從法國早已幾乎不堪使用的通訊系統中獲得正式的撤退指示。他打電報給這位英國遠征軍總司令，正式要求他展開撤退行動。

首相在今天下午已經和雷諾德交談。後者（指雷諾德）已經一五一十地把整個戰局以及法軍的戰力情形向首相加以解説。從這裡可以明顯看出，法軍不可能在南部聚集足夠的兵力來發動攻擊，以產生和北部的部隊會合的效果。處在這樣的狀況之下除了將部隊撤離到海岸之外，你實在也沒有任何可供選擇的策略……現在，你已被授權得以和法國以及比利時的軍隊立即展開朝著海岸而撤退的軍事行動。

高特原先早已展開的行動，如今終於獲得首肯。英國遠征軍和法國第一軍團的一些部隊一樣，早已開始逐漸後撤。但是，同盟國指揮部卻由於誤解和互相矛盾，因而感到極爲苦惱。布蘭查德將軍不但仍然不知道，而且也未被告知，英國的軍隊爲了能撤退到英格蘭已經展開了撤離的行動。對於英軍此一企圖同樣不知情的，是阿布瑞爾將軍（Admiral Jean Abrial），他是負責指揮敦克爾克地區的法軍將領，他絕對有權在大規模撤退行動展開之前決定是否有必要進行該項撤退行動。他只能藉由從巴黎傳來的訊息而得知整個戰局的發展情形，因此，他所接收的消息也只不過是經過多次傳送的耳語罷了。

加萊的守軍還是堅強地抵抗著。尼科森准將和他的部屬所固守的加萊遭到德軍圍攻。德軍不斷地展開空襲、砲轟，以及地面攻擊等行動。當時間愈拖愈久，再加上英國守軍的抵抗日益頑強，使得德軍變得愈加不耐，攻擊也日益猛烈。英軍的傷亡日益慘重，因而不得不被迫撤退。不過，在撤退時還是採取且戰且走的方式。先是一區接著一區，然後一條街接著另一條街，以非常有紀律的方式，將陣地和部隊的數量加以逐漸縮小和減少。尼科森准將在下午被俘。雖然所剩的軍火存量不多，但他的部屬們還是戰到彈盡援絕方休。到了傍晚，他們的抵抗已被摧毀殆盡，至於生還者則和尼科森准將般地淪爲戰俘。

評斷加萊守軍的犧牲是否値得，實在是件極爲困難的事。在該城淪入德軍手中的前兩天，其實早已計劃將城內的守軍加以撤離。不過，當時尼科森又獲知，駐守在英吉利海峽沿岸港口的法軍指揮官接到來自巴黎當局的命令：「不准展開撤退行動。」而加萊的英國守軍若能守住該城，將能達到阻止德軍沿著海岸線往前推進的效果。但是，當加萊落入德軍手中時，一些德軍部隊早已繞道該城而朝著敦克爾克的方向推進。問題就在於，加萊守軍之堅守城池，是否如同國防部所言，只不過是「爲了展現同盟國的團結一致」，因爲當時法國曾對英軍之棄守公開表達不滿；或者，加萊守軍也產生了至少牽制一個德軍師級部隊的作用，使得朝著英吉利海峽沿岸前進的同盟國部隊得以有機會強化介於敵軍和敦克爾克之間的一個防守上大漏洞。

那一個防守上大漏洞的價值仍然難以評斷。其評斷的標準完全取決於英國遠征軍是否能從那個狹窄的漏洞中撤離，然後成功地消失在法國濱臨英吉利海峽的海岸上。包諾爾將軍在他的日記中曾如此地記載：「不論我們是否能抵達海岸，也不論我們是如何地脫離海岸，更不論我們有多少人能僥倖存活，這都得取決於上帝的旨意。不過，這是唯一能做的一件事。我們停留在這裡的時候必然會遭到包圍，而也沒有任何方向可以逃逸。」高特手下三個軍其中的一位軍長布羅克將軍（他後來還成爲帝國參謀總長）也認爲：「……假如能拯救百分之二十五的英國遠征軍，那我們就已經算是非常幸運了。」

防衛著高特部隊右翼的運河防線如今已經組織起來。此一防線包括英國遠征軍的四個師，不過都並非處於最佳作戰狀態。至於他們所必須面對的，則是由倫德斯特A集團軍中的六個裝甲師和四個機械化師；不過，該集團軍仍然在等候希特勒同意其再度前進。運河防線的四個師當中，有三個師是地方上的後備部隊，另外一個師則原先只被寄予派遣前往法國從事訓練及支援的任務。如今，他們的任務卻是必須堅守陣地，以便防衛英國遠征軍的部分撤退防線。

至於高特的左翼，則駐守著他的四個師。他們所必須面對的，是由波克所率領的B集團軍。由於該集團軍並未配備大規模的裝甲部隊，因此希特勒並未對他們下達停止前進的命令。至於防衛著該側翼距離海岸只有二十英里的則是比利時部隊，他們不僅遭到連續的攻擊而傷痕纍纍，事實上已瀕臨著潰散的邊緣，而在當天，他們的狀況則又更是加速惡化。斯圖卡接連不斷的轟炸，再加上隨之而來的步兵攻擊，使他們更加狼狽。假如他們完全退讓，那德軍將會從海岸往上推進而攻佔敦克爾克。

魏剛在當天下午還得知，只要補給品尚可供使用，比利時部隊將作戰到底，不過，該部隊卻「幾乎再也無法支撐下去了」。可是，他也愛莫能助。因此，他也就沒有對其加以回應。事實上，他更爲關心的是遭到猛烈攻擊的法國第一軍團生還者的命運。當時該軍團在里爾附近遭到砲火的轟擊。由於里爾位於此一漏洞到海岸之間的較遠處，再加上和敦克爾克又相距甚遠，因此當地的守軍還沒有接到撤退的命令。

五月二十六日當天稍晚，希特勒擔心他的運勢很可能會突然逆轉，因此他又再度對於整個軍事行動的進展感到憂心。布倫已被攻佔，加萊也即將落入德軍手中，而且，來自空中的轟炸也損毀了敦克爾克港口的設施，但是，若想完全摧毀位於北部被德軍所包圍的同盟國部隊，還必須要花費相當長久的一段時間。雖然戈林曾信誓旦旦地保證，但德國空軍還是未能完成此一完全摧毀同盟國部隊的任務，再加上原先計劃應從比利時境內前來執行趕盡殺絕戰略的B集團軍不但尚未完全突破比利時部隊所設下的防線，而且又遭受到保護高特左翼的英軍部隊之極力反抗。

五月二十六日當天，希特勒的將領當中，對於運河防線的裝甲部隊之靜止不動的怨言漸次加強。參謀長哈爾德就曾傷感地說：「我們的裝甲和機械化部隊還是靜止不動，沒有絲毫前進的跡象……好像它們都已長了根似的……照此一情形看來，將要花費數個星期的時間，才能將被包圍的同盟國部隊加以完全掃蕩……。」希特勒極不能忍受此一情景。他早先的擔憂——同盟國部隊可能會準備往南推進，以便切斷他的攻勢——已證明是多慮的，因爲，同盟國的軍隊並沒有朝那個方向調動部隊。因此，他堅定地認爲，此一軍事行動必將結束，只不過是時間早晚的問題而已。

當天稍後，他取消了禁止裝甲部隊將圍攻同盟國部隊的那道缺口堵塞的命令，以便使同盟國部隊無法從該缺口逃向海岸，而大約在同一時刻，促使敦克爾克在戰爭史佔有一席地位的機構也在英吉利海峽的對岸開始行動了。

在當天傍晚六時五十七分，駐守在多佛港的雷姆賽將軍從位於倫敦的海軍總部獲得命令——「發電機作戰即將展開。」而在緊接著的一則電文中又告知他：「必須全神貫注地實行發電機作戰計劃」。此一作戰計劃的主要目標在於「希望在兩天之內，從敦克爾克解救高達四萬五千名士兵和人員，至於在兩天之後，此一撤退行動將因敵軍的行動而很可能會遭到中止的命運。」電文中完全沒有提及其餘的英國遠征軍的命運將會是如何的隻字片語，而這其餘的英國遠征軍其數量高達二十五萬人。難道他們都將被從國防部的作戰計劃中一筆勾銷？由於戰局的發展過於快速，以致於無法對上述問題投以應有的關注。大家所關注的焦點都集中於儘可能地搶救愈多的人員。艾侖賽認爲，即使能達成發電機作戰所預估的最低搶救人數也都是件極爲不錯的成就。他認爲，若能搶救三萬名英國遠征軍的人員，使其安全撤離，那就已經是夠幸運了。發電機作戰之發動其實先已蒙上了可能會遭到挫敗的預兆。

此一不祥的預兆又因對於實際上的運作情形之認知有限，而顯得更爲黯淡。當此一作戰行動展開時，雷姆賽可用於作爲撤退用途的是三十五艘載客用船隻（大多數屬橫渡英吉利海峽的渡輪)、六十二艘沿海貿易船、平底貨船和荷蘭平底船，以及各式的運送補給品的船隻。雷姆賽操之過急地在五月二十六日當天下午就派遣救助的船隻渡海前往敦克爾克。不過，除了小型船隻之外，他計劃以每四小時只派兩艘船的方式來進行此一作戰行動。在那個階段，只有極少數的部隊抵達敦克爾克以便等待被運送回英格蘭。由於往海岸撤離的命令才剛開始在各單位中流傳，也因而使這些單位來不及部署部隊阻撓德軍封鎖可供逃脫的缺口。派遣船隻前往運送並沒有太多可供運送的人員，這實在是毫無意義且極爲危險的事，更何況，一旦載運撤退人員的船隻啓航，勢必得派遣驅逐艦在英吉利海峽和其他地方從事護衛的任務。而推斷德軍在四十八小時之後將發動包圍攻勢，因此必須在四十八小時之內將少部分英國遠征軍的人員運送回英國，這只不過是一種一廂情願的看法。

在那個階段，可供雷姆賽海軍將軍使用，且能在岸邊登陸而不擱淺的船隻爲數不多——只有來自藍斯蓋特(Ramsgate)緝私基地的一些機動船隻、少數的海釣船，以及四艘乘客用登陸船隻——使得營救在敦克爾克海灘以及在敦克爾克港內的英國遠征軍之希望變得渺茫。雷姆賽懇請海軍總部幫他找尋更多的小型船隻，以便於在海灘上從事搶救的行動。不過，從各方跡象顯示，絕大多數的英國部隊在德軍的壓力之下，將很可能被迫滯留在法國境內。每當戰況變得更加危急的時候，高特就對他的上司顯得更加不耐，也使他更爲深信，倫敦當局根本就無法理解整個戰況。

當天船隻在危急的情況中成功地前往敦克爾克港，並且還將一些人員運送回到英國。但是，此一成功的經驗卻還是無法使任何人相信，發電機作戰行動是可能會成功的。這些船隻在途中曾遭到敵軍來自於空中和岸邊的攻擊，而港口本身也成爲一堆碎石子。當載送乘客用的渡輪奧利恩女僕號(Maid of Orleans)在遭受猛烈的空襲後幸運地逃離敦克爾克時，即轉而駛往多佛港，而且，在完成此一任務之後，又被指派於稍後再度橫渡英吉利海峽從事載運英國遠征軍撤離的任務。

如同張伯倫於十六天前必須讓位以便使英國得以由一位較具動力的人來擔任其領導者，艾侖賽同樣在五月二十六日被要求從其帝國參謀總長的職位中下台。一般都認爲，由於高層將領之間的誤解，以及英國高級指揮部和法軍指揮部對於戰局的困惑不解，才會導致同盟國部隊在比利時和法國犯上嚴重的錯誤。除此之外，德軍也似乎有意無意地想展現出這是一場和以前完全不同類型的戰爭。處在這樣的情況之下，精通機械化戰爭的約翰・狄爾將軍(General Sir John Dill)被認爲更適合擔任英國的高層將領。他被任命取代艾侖賽的職務，此舉其實也使許多高級軍官因而寬心不少，因爲，他們認爲早就應由約翰・狄爾將軍來取代艾侖賽。

由於艾侖賽多年的指揮經驗仍然受到重視，因而還被賦予負責掌理英國國內部隊之任務。雖然這個新職位並沒有他前任職位那麼富於聲譽，但是，由於英國正面臨敵軍入侵的威脅，因此，這個新職位的重要性已不可同日而語。英國政府早已制定了許多本土防衛的措施。現在，必須將這些措施加以強化和延伸。海岸防衛必須加以改善，而軍隊的擴編工作——當時英國國內只有三個訓練過的師——則必須加速進行。

英國全國各地的民防也必須加強施行。例如，當天全英國各地的汽車車主都接獲指示——必須確保其交通工具在夜晚不能使用，以便防止在夜色掩護之下而潛入英國的敵軍情報人員使用這些交通工具。此外，也指示各地的加油站在每個工作天結束的時候，將汽油唧筒完全關閉，使其無法供其他人使用。英國已做好在其本土和敵軍遭遇的準備。即使是白金漢宮的大門口也設置了數個安置機關槍槍座的沙袋。

英國陸軍幾乎所有的裝備都很可能會被遺留在法國境內，因而早已受到關注的軍需生產，如今又受到前所未有的關注。供需部長赫伯特‧莫瑞森(Herbert Morrison, 爲勞工黨前任主席)提醒勞工朋友提防任何可能防礙戰爭物資生產的事物。莫瑞森告訴在生產戰爭物資工廠裡工作的人：「在戰爭期間，你們都是公務人員。」他提醒他們必須防範可能是由第五縱隊的成員，甚或是敵軍的情報人員間接或直接的擾亂。

> 假如有人在你耳邊竊竊私語要求你放慢你的工作步調，並且還告訴你，國家爲了求取勝利而犧牲了你的安全和未來，那麼，你應當知道，他是什麼人——他是個比敵軍任何一位傘兵還要陰謀狡詐的叛國賊。

華府則沒有獲得戰局的詳細情報。不過，羅斯福總統卻非常瞭解，同盟國的處境已變得相當危急。從邱吉爾所發出的私人電訊中可感覺到他處於極爲憂慮的狀態中，而從駐在巴黎的美國大使布立特所做的報告中，也可看出這個法國首都已到處瀰漫著滅亡即將到來的氣息。駐在柏林、巴黎，以及倫敦的美國大使館武官互相傳訊著戰場上戰況的大致情形。有位駐在柏林的美國大使館武官就曾在報告中指出：「同盟國能否有效地對德軍的前進部隊發動反擊並且穩住前線，將決定整個戰爭的結果。」

希特勒的部隊在極短的時間以極快的速度摧毀了同盟國部隊的防線，再加上同盟國陣營很可能因而崩潰，使得華府為之驚愕不已。在紐約的時代廣場，寂靜無聲的群衆圍繞在時代大樓附近，爭看著德軍對同盟國部隊加以攻擊的戰況報導。不論人們是否會思考在此一戰爭中究竟誰是誰非，在這之前卻很少人會想到，美國的國家利益已經嚴重且很可能將立即遭到損害。現在，絕大多數的美國人都已瞭解，納粹德國可能在不久之後就會對美國的國家安全造成直接的威脅。美國國防部在先前所擬定，代號為「彩虹」的緊急防衛計劃只將重點放在西太平洋，以及在該地區的日本擴張主義者所可能造成的威脅上。現在，國防部的聯合計劃委員會立即開始修訂彩虹計劃。

修訂後的彩虹計劃是假設最壞的情況——英國和法國將要被打敗，而且美國也將面對充滿敵意的德義日三個軸心國——而釐定的。此一敵對的軸心國聯盟之海軍的兵力在加入了被德國所捕獲的英法兩國艦隊之後，將遠超過美國海軍。許多報告都傳達著此一訊息——希特勒曾經威脅，在他獲得勝利的時候，假如英國不將皇家海軍艦隊交到他的手中，那他將殺死一百萬英國人的性命。當英法兩國懇求美國提供戰爭物資的援助時，美國的戰略家呼籲白宮應採取非常的手段。他們建議羅斯福總統，假如納粹已明顯地即將征服同盟國，那麼就應下令將英屬西印度群島，以及英國、法國、荷蘭和丹麥在西半球的屬地加以「保護性地佔領」。對於此一議題，羅斯福收到了來自各方專家多如雪片的建議。

假如那些壞孩子在戰爭中獲勝，或甚至只是對於國外那些舉止較爲高尚的孩子暫時性地較佔上風……毫無疑問地，都會使我們因各種的政治、商業，和殖民等事件的發生，而感到苦惱和窘困，而這終將會迫使產生一種激烈且令人不悅的攤牌……當今主政的政府若想博取大衆和媒體的注意，莫過於釐定出一個能時時刻刻完全掌握西印度群島的計劃，並且將掌控的中心移到華盛頓特區——而不是仍然由處於戰爭狀態中的歐洲各國首都來掌控。

羅斯福總統在認眞考量之下，接受了這些警語和建議。在他對國會所發出的一則電文中，他曾表示非常擔憂德軍很可會在西半球出現，並對美國加以奇襲。

……假如（英國的殖民地）百慕達落入敵對國家的手中，那麼，對於現代的轟炸機來說，在不到三個小時的時間內，就能飛抵我們海岸的上空。從西印度群島外部的一個基地上，可在兩百分鐘以內抵達佛羅里達州的海岸。至於在非洲海岸外海的島嶼，則和巴西只相距一千五百英里。現代的飛機從佛得角群島(Cape Verde Islands)起飛，七小時之後即能飛抵巴西上空。巴西的巴拉(Para)距離委內瑞拉的卡拉克斯(Caracas)才只有四小時的飛行時間，從委內瑞拉到古巴和運河區才只有兩個半小時，從古巴和運河區到墨西哥的譚比科(Tampico)只須兩小時十五分；而從譚比科到聖路易斯(St. Louis)、堪薩斯市(Kansas City)，以及奧瑪哈(Omaha)則只要兩小時十五分。

雖然許多人都把眼光投注在歐洲，但對於美國政府和軍方高級指揮部來說，拉丁美洲則是他們關注的首要地區。在幾個南美洲國家裡，居住著不少德裔以及在政治上極為活躍的親德人士。根據未經證實的報導指出，一些武裝的德國人早已在巴西南部接受訓練，而且，在一年前就曾發生過由法西斯分子所策動的政變。德國在所有拉丁美洲國家的首都都派駐數量龐大的外交人員，而且，德國和這個地區早已發展出極為廣泛的商業利益，這其中包括完全掌控數條商業航線。而這些航線又大多是由十七人座，三引擎的容克飛機(Junker aircraft)所負責飛航，它們能夠很輕易地改裝成轟炸機。

戰爭計劃部門送交給國務院的備忘錄中就曾建議美國應「儘早和所有的美洲國家展開會談」，以便協助他們防衛「可能會對他們造成威脅的外國干涉和活動」。戰爭計劃部門還指出，由於美洲各國現階段並無能力來防衛外力的威脅和干涉，因而美國必須有心理準備，在必要時刻伸出援手。其實這也就是說，假如必要的話，美國將說服拉丁美洲的國家拒絕和德國合作，以便使美國得以取得在該地區的主導權。國防部一位參謀將領甚至更為露骨地指出：「我們務必確信，在必要的時候，這些拉丁美洲國家的機場、港口等設施，以及其領海的停泊處都能供我們運用。」

防止南美洲各國在受到德國的慫恿而推翻現有政府之唯一有效的方法，就在於應該在必須伸出援手之前就在那些國家裡駐防足夠的兵力，或至少是表面上看起來極為足夠的兵力……我們應毫不遲疑地立刻派遣一艘甚至多艘海軍艦艇，以表面上是親善訪問的方式，駛往重要的港口。這些艦艇上的海軍或是海軍陸戰隊特遣隊士兵將能在必要的時候成爲完成我們目標的兵力。

最爲美國關注的國家包括阿根廷、智利、哥倫比亞、烏拉圭，以及委內瑞拉。不過，其中又以巴西被列最首要的國家，因爲，根據派駐在該國的美國大使館館員指出，該國有許多官員和將領都是親德分子。蓋世太保曾在里約熱內盧出現過，而德國的影響力也正不斷地擴張中。《紐約時報》(*The New York Times*)曾不祥地指出，有一位在里約熱內盧的德國訪客曾告訴當地一位電梯男孩應該學習說德文，因爲，「你將會用得著它」。

位於倫敦的英國海軍總部也不遺餘力地警告美國有關德軍在西半球的侵略行動。五月二十四日，海軍總部傳達出使美國政府無從證實或推翻的話語——六千名納粹黨人已登上一艘德國商船，而且很可能正朝著巴西前進，因爲，他們可以在該國和當地的親納粹人士會合而共同推翻執政的巴西政府。羅斯福總統於次日責成他的海軍軍令部長擬定祕密的作戰計劃，以便一旦德國眞的對巴西造成威脅的時候，能夠運送一萬名美軍的前鋒部隊前往該國。而緊接在前鋒部隊之後的，則是十萬名經由海上運抵的部隊。一個代號爲金鍋(Pot of Gold)的作戰計劃因而擬妥，其中包括了四艘戰艦、兩艘航空母艦、九艘巡洋艦，以及三個驅逐艦分遣隊。

羅斯福於五月二十六日夜晚在收音機上發表一則親切的談話。他的目的在於使美國民衆事先做好心理準備，因爲，美國政府最後很可能會被迫採取美國民衆所極不願見到的步驟。

今晚，在曾經是一片歌舞昇平的比利時和法國的街道上，數以百萬的民衆現在爲了躲避炸彈、砲火，以及機關槍的摧殘，正快速地逃離他們的家園，他們不但沒有可供避難的處所，而且也幾乎完全沒有食物。他們蹣跚地往前行走，完全不知道路的盡頭究竟在何處……我們當中有許多人在過去對於發生在國外的事件抱著不理不睬的態度——因爲，他們相信……正在歐洲所發生的事情，和我根本毫無關係；不論那裡發生了什麼事情，美國也總是能夠在世界上維持其本國的和平以及獨特性……對於那些不願意相信一場大風暴即將來臨的人來說……過去的兩個星期意謂著許多不實的幻想都已遭到破滅。他們過去所存有的那種我們相距非常遙遠而且也相互隔離的幻想如今已不復見，相反地，他們已瞭解，假若再不抵抗任何威脅的話，那將沒有任何一片土地是可以獲致自由的。

羅斯福總統一再地向美國民衆保證，不論必須採取何種行動都是用於確保和防衛美國國土。他允諾說，「我們應該不計任何代價建立起未來所可能需要的防衛工事和兵力。」他並不是只考慮到美國國內的防衛而已。他說，「我們防衛，而且也建立起一種生活方式，我們並不只是爲了美國本身才這麼做，而是爲了全人類。我們在執行一個崇高的責任與任務。」

羅斯福上述的話被孤立主義者譏諷爲是他想把美國推入歐戰無法脫身的困境中之另一個計謀。可能被共和黨提名爲總統候選人的法蘭克・甘奈特(Frank Gannett)不但駁斥羅斯福總統那段談話，而且還認爲他要嚇唬美國民衆，整個劇情的發展過程簡直像極了奧森・威爾斯(Orson

Welles）在收音機裡廣播將有火星人入侵地球的情節一樣。

雖然羅斯福更爲關心西半球的安全，但事實上他也還是認眞地謹愼考量由英國和法國所不斷提出希望派遣戰機和戰爭物資請求。但是，即使國會允許運送戰爭物資，幾乎每一樣物資都因供應不足而無法撥出一些前往援助。美國陸軍有二六〇位飛行員，但卻只有一六〇架P-40戰鬥機和五十二架轟炸機。美國陸軍軍需署應允可以提供五百座第一次世界大戰期間使用過的野戰大砲、五十萬支步槍、三萬五千支機關槍，以及五百座迫擊砲。但受限於法律的規定，羅斯福無法運送任何一種美國國防所需但卻數量不多的戰爭物資；而且，也有很多人質疑，在美國軍方還未完全做好充分備戰的工作之前，上述那些武器是否眞的就是美國軍方所剩餘不用的。因此，當英國使盡全力地想從一個幾乎毫無任何希望的作戰行動中拯救其被圍困的軍隊時，美國政府除了表示同情並祝其好運之外，根本無法提供任何援助。

就在發電機作戰第一天的午夜時刻，已經有二七、九三六人從敦克爾克載運撤回英格蘭。不過，這些都是所謂「無用處的人」，他們在較早的時候早已接獲撤退的命令。那些作戰的部隊，也就是英國極需仰賴以供防衛海岸抵擋敵軍入侵的部隊，他們不僅離家的距離極遠，而且陷於極大的困境中。

第二天　可怖的形勢

發電機作戰在前一天夜晚就已展開，使得從敦克爾克撤退的行動在五月二十七日也依序地展開了。配備著登艦小艇的英國皇家海軍之莫那島號（Mona's Isle）船艇是當天早晨第一艘返回者。它的行程無法令人激起太多期望。雖然它在德軍轟炸的前一天夜晚就已抵達敦克爾克，但卻也還能讓一、四二〇人登上該艦。不過，在它返回英格蘭的途中，不但遭到岸上敵軍大砲所發射出的砲彈擊中，而且也遭到德軍戰機的攻擊。直到它已完成行程返回多佛港時，艦上的二十三名人員喪生，而另外六十位人員受傷。當天另外五艘一同前往參與撤離行動的船隻在抵達敦克爾克之前就已遭到岸上敵軍大砲的猛烈攻擊，因而竟然全都無法安然返抵英格蘭。而另有兩列由一艘拖船所拉曳小型船隻（它們是被用來載運沙灘上的人員並轉運到離海岸較遠的大型船隻上）則因爲連結的繩索切斷，在途中就已失去連絡。

由於德軍掌控了敦克爾克以南的海岸線，因而使得此一援救行動更加複雜和危險。敦克爾克外海有許多沙丘和淺灘，使得該港的外海成爲船隻的墳場，而且，也使得此一距離多佛港只有三十九英里的短程航線必須繞道法國部分的海岸以及加萊以北海岸線德軍大砲射程範圍以內的地區。執行撤退行動的船隻必須採行其他的航線。有一個長達五十九英里的途徑水域地區先前曾被德軍裝置過水雷。雖然此一航線上的水雷還未被完全淸除，只有戰艦才能避開磁雷的危害，但由於時間極爲緊迫，因而縱使是一般船隻，也被派遣駛入該航線，以便開始載運人員。這些船隻必須先行駛八十七英里的航程而進入北海的奧斯坦德(Ostend)，然後再從該處往西南方航行而抵達敦克爾克。雖然這兩條較長的航線在敵軍大砲射程的範圍之外，但卻也因而使得船隻暴露在德軍空襲和魚雷攻擊的威脅時間大爲加長。時間長短之因素也是極爲重要的。由多佛到敦克爾克三十九英里的直線距離之航道單程只需兩個小時，但航行在上述較長航線的船隻其單程所需耗費的時間則遠超過兩個小時。而這也正意謂著，在德軍前來攻佔敦克爾克並終止發電機作戰行動之前，所能被撤離的英國遠征軍人數將減少許多。

此外，這也意謂著在敦克爾克這一方的行動比先前所計劃的必須受到更有效率的監督。英軍必須在岸邊派任一位高級軍官以便整合撤退行動，並且還必須和英國遠征軍以及皇家海軍保持直接通訊。此一任務最後落在英國海軍軍令部長的參謀長，威廉·泰納特上校(Captain William G. Tennant)的身上。泰納特在當天早晨匆忙地從倫敦趕往多佛以便在動身橫渡到海峽對岸接掌任務之前，能先聽取簡報並組成一個由十二名軍官和一百六十位海軍士兵所組成的幕僚團。幕僚團的成員完全不知道他們的任務是什麼，只是被告知必須穿著輕便的服裝出發，因此其中有一位軍官竟然隨身攜帶了打網球時所穿著的短褲。由於他們是在樸資茅斯(Portsmouth)的一座教堂禮拜集合，因而另外有一位軍官竟然是從多佛港出發時就一路穿著軍常服。

至於在英吉利海峽的對岸，同盟國部隊的高級軍官在當天早晨召開一場會議，以便擬定敦克爾克及其附近地區的防衛計劃。指揮英國遠征軍第三軍的羅納德·亞當中將(Lieutenant General Sir Ronald Adam)被高特任命爲擬定敦克爾克周邊陣地防衛計劃的負責人。亞當於早晨七點距離敦克爾克內陸二十英里卡薩爾(Cassel)此一山腳下小城的蘇威吉飯店(Hotel Sauvage)和負責指揮同盟國駐守在海岸附近的法籍將領邁利·法格德中將(Lieutenant General Marie Fagalde)會談。他們兩人先是審視了在周邊陣地附近設立防禦工事的可能性，然後就商討和決定如何著手。英軍將負責防禦一條由橫跨邊境而在比利時境內的沿海小鎮尼佑港(Nieuport)而一直延伸到和海岸大致平行並在內陸大約六英里的伯奎斯·佛尼斯運河(Berques-Furnes Canal)之伯奎斯城。至於由法軍所負責防衛的周邊陣地區域則從伯奎斯城往西延伸，沿著該運河而抵達海岸邊的格拉維。英法兩國部隊將會因應這個周邊陣地而設立一個補給系統。不僅會設置軍火臨時堆集處和食物商店，而且還會從多佛港派遣船隻在槍林彈雨之中運輸必備的補給品。

當這些安排的事項都已就緒時，亞當和法格德一同到卡薩爾城內那間飯店裡和科爾茲將軍(General Louis Koeltz，代表魏剛將軍)、阿布瑞爾海軍上將、布藍查德將軍，以及皮歐克斯將軍(Gen. René Prioux)共同檢視整個戰況。聚集在該處的法籍軍官當中，沒有任何一位事先知曉英軍已計劃退到敦克爾克，以從該處撤離。對於英軍的撤離計劃知之甚詳的亞當，卻沒有被授予和他們商討該項撤離計劃的權力，他的唯一任務，就在於和他們商討建立周邊陣地的防衛工事。

科爾茲、阿布瑞爾、布藍查德，以及皮歐克斯還仍然認爲此一撤退行動只不過是爲了在該處建立一座橋頭堡，以便使德軍無法在該處驅逐同盟國的部隊。事實上，敵軍很可能即將發動其在法國北部最後的一次圍攻行動，而他們不但沒有接到撤離的命令，也沒有擬定出撤離計劃的意圖。

此種對於現實狀況不甚瞭解的情形對整個戰局也產生了重大的影響。科爾茲對於聚集的軍官們提出一項由魏剛所擬定的計劃——施行一項反擊行動，以便解救防衛加萊的守軍，他完全不知道，不但該城在前一天夜晚早已落入德軍的手中，而且，法國部隊甚至已經被趕出和敦克爾克沿岸極爲相近的格拉維。德軍的大砲從該處的海岸對企圖航行於敦克爾克和多佛之間最短距離的航道之船隻加以轟擊。即使德軍的砲彈正落在於卡薩爾召開會談的飯店附近，都無法使科爾茲因而拋棄此一不切實際的想法。

不過，並非只有他一個人會想出不切實際的策略。雖然在蘇威吉飯店參與祕密會議的法籍軍官對於撤退計劃一無所知，而且，假若知曉的話，也將大爲震驚，但是，對於在多佛的法籍軍官來說，情況則又完全不同。在當天早晨於多佛所舉行的一項會議中，法國的海軍軍官事實上早已和英國軍官討論英法兩國部隊從敦克爾克撤退的相關程序（他們直到當天早晨於會議中才知道英國的撤退計劃），雙方都一致同意，同盟國部隊應採取行動，以便再度攻佔加萊以南直達葛立茲•尼茲岬（Cape Griz Nez）的法國海岸；不過，在當時情勢對德軍極爲有利的情況下，卻是一項極不可能達成的目標。若能取回上述那段海岸的掌控權，那將能對整個撤退計劃產生莫大的助益，否則，與會人士都認爲，此一撤退計劃將極不可能成功。

在那一場於多佛召開的會議中，英法兩國海軍的代表都認爲雷姆賽海軍中將應負責管理前往敦克爾克的英法兩國船隻航行的相關事項，至於對發電機作戰計劃毫無所知的阿布瑞爾將軍則將負責指揮在敦克爾克以及海岸邊的船隻之停泊和裝載等相關事宜。在敦克爾克海岸負責統籌英軍部隊撤退事宜的泰納特上校必須聽命於阿布瑞爾的指揮。地面（和海面）的行動原則都已設立，使得該撤退行動成爲當務之急。

大多數的人都非常清楚，若想從海灘搶救人員，那就極需找到適用的小型船隻，並使它們能夠迅速地加入此一撤退行動。此一任務交由運輸部全權負責。當天清晨，運輸部負責小型船隻部門的李吉斯(H. C. Riggis)以及位於德汀頓(Teddington)的塔夫兄弟造船廠(Tough Brothers Boatyard)之負責人道格拉斯・塔夫(Douglas Tough)接洽。塔夫家族在泰晤士河(Thames)畔從事造船工作將近一世紀，對於英格蘭東南方的海岸和航道極爲熟悉。塔夫在被任命爲英國政府的特勤人員之後，於海軍人員的陪同之下，四處找尋小型船隻。他們所找到的，不僅是小型船隻協會登記有案的船隻，其中也包括許多不太具有船隻形狀的船隻。

那些船隻停放在沿著肯特(Kent)和薩克西斯郡(Sussex)沿岸泥濘的河口或小溪上，它們都可以沿著泰晤士河而上……有些則停靠在造船廠的船塢裡，船上有一片塗上焦油的帆布，船隻外觀極爲狼狽，船身上的油漆已剝落，銅製器具已生銹，船底則又發生水流的聲音。

此一找尋小型船隻的行動曾遠至英格蘭東岸的華許(Wash)和西岸的康維爾(Cornwall)。假如無法和船主取得連繫，那就直接將船隻帶走。少數能夠取得連絡的船主，當他們被告知船隻將被用來供海軍從事緊急且祕密的軍事行動時，都表示反對。即使一般大衆或許對於英國遠征軍在法國境內所遭到的困境不甚瞭解，但是，大衆對於英國的處境日益艱難一事則知之甚詳。有些船主是在被迫要求將其船隻運往沿海的聚集點之後，才把船隻交給在該處的皇家海軍。至於其他的船主則堅持要自己將船隻親手交給皇家海軍。

當天清晨群聚在卡薩爾的將領們一方面擬定敦克爾克周邊陣地的防衛工事，另一方面，雷姆賽海軍中將則又必須詳加估算，在各個空檔期間究竟需要多少船隻，才能將人員運送到英格蘭。而至於如何把部隊調往海岸以便使船隻得以載運人員，則又是另外一樁頗費思量的事了。負責這些任務的軍官必須面臨殘酷的事實——由於敵軍仍然具有強烈的企圖心和泰山壓頂的兵力，因而他們自己必須面臨的難題，在於必須一方面找一些部隊來堵住防衛線上的缺口，另一方面則又要試圖在敵軍猛烈的砲火攻擊之下，從那道因德軍沒有堵住的缺口中井然有序地執行撤退行動。

處在如此強大壓力之下的人，必然無法對來自遠方且又毫無任何道理可言的命令加以「正確」回應。當高特從魏剛那裡接獲一項「私人的請求」，希望英軍能強力地參與極不明確的聯合反擊行動——他告訴高特，「整個戰局的演變使得我們必須採取猛烈的攻擊」——他終於清楚瞭解，這位同盟國部隊的最高指揮官的想法早已完全和現實脫節。現在，即使是發動反擊，其唯一且合理的目標就在於維持可供其逃脫的缺口不致被德軍封鎖。高特對於由皮歐克斯將軍和其他資深法籍軍官所公開宣佈的事項也使他對他們失去了信心。他們總認爲，既然當天早晨已在敦克爾克附近建立了周邊陣地防禦工事，那皮歐克斯的第一軍團就不應該撤退到海岸地區。皮歐克斯本人甚至還宣稱，他的部隊再也不撤退了，他們將堅定地和德軍作戰。衡諸德軍在軍力上所佔的強大優勢，此舉雖然相當英勇，但卻是毫無意義可言，充其量也只不過是延緩德軍推進的攻勢，以及掩護英國遠征軍撤退到敦克爾克而已。

現在，高特只有在必要的時候，才認知法軍指揮部是他本人和他的部隊的指揮上司。他早已不再擔憂自已的一舉一動是否太過於不像是個部屬所應有的作爲。經過數天的誤解和對目標認同的分歧，他和倫敦當局最後終於取得默契上的一致。當天下午從倫敦的國防部所發出的電文就清楚地指出：「現在唯一的目標就是儘可能地撤離英國遠征軍成員回到英格蘭。」

雖然高特完全同意此一看法，但其間卻也引發出一個極爲微妙的問題。他自已眞的完全用不著考量是否也要協助使法軍得以撤離？有些法國部隊早已撤退到敦克爾克。假如有人問起這個問題時，那他應該如何處理？對於此，倫敦當局內部也有相當不同的看法。有些人認爲英國應堅守其對於盟邦的承諾而且也期盼法國不會對德國投降；另外有些人則認爲，若對法國加以施壓，那法國很可能會把它的空軍和海軍交由英國指揮；至於邱吉爾則認爲，應該採取某些措施，以便使法國人不會產生正遭到英國人遺棄的想法。而這也就意謂著必須特別考量，使法軍也能在敦克爾克撤離。不過，國防部現在卻只專注於儘可能地載運愈多的英國遠征軍人員回到英格蘭；以便一旦德軍眞的對英國本土展開攻擊行動時，能用來抵擋德軍的攻勢。由於國防部經常和英國遠征軍取得連繫，因而在此一階段，早已能在不驚動邱吉爾以及不採用他那不受歡迎的「建議」（也就是撤離法軍）的情況之下而執行發電機作戰計劃。

高特也被告知，雖然用不著做得過於明顯，而使法國認爲英軍已不願和法軍合作，但是，英國遠征軍的安危還是他所首要考量的目標。他還被告知，法國海軍總部正採取一些措施，以便能提供船隻來從事撤退行動。而當這些船隻出現的時候，可以讓法方人員和英方人員共同使用撤退設施。「不過，在法方船隻還沒有出現之前，你有權用英方船隻來只載運英方人員。」

而這也是這位英國遠征軍的指揮官所較爲喜歡的方式。不過，就他所知的發電機作戰計劃來說，他認爲當中的一些撤退策略是不夠完善的。他在極度苦惱的情況之下，於是派遣他的空軍助理維克多．哥達德（Victor Goddard）上校在前一天夜晚前往倫敦，而且出奇不意地在次日早晨於中央政府機關所在地聚合了參謀人員而召開的會議中出現並要求海軍提供更多的支援。哥達德對與會人員說：「我是由高特閣下派遣來告訴諸位，所提供的援助實在不夠……。」他還接著又指出，除了橫渡海峽的渡輪之外，還必須派遣「休閒用的汽船、沿海貿易船、漁船、救生船、遊艇、動力船，以及任何一種可以橫渡海峽的船隻。」

這位不請自來的大膽中級軍官，對他的長官發表談話本已不受歡迎，再加上高特和哥達德對於各項事物的實際況狀又無法完全掌握，因而使得與會人員大感不悅。事實上，當時已有許多小型船隻聚集在泰晤士河出海口以及東南沿岸的港口，而且正要被派遣到敦克爾克協助較大型的船隻從事撤離行動。

與此同時，兩個早已越過比利時與法國地區的德國集團軍在接到命令之後，正往前推進，以便在同盟國部隊抵達敦克爾克附近的海岸之前，將其圍攻同盟國部隊的缺口加以阻塞。希特勒在前一天稍後就已廢除了禁止往前推進的命令，在運河防線另一邊靜止不動已達三天的德軍裝甲部隊此時又開始發動勢如破竹般的攻擊行動，他們不但恢復了昔日往前推進的衝力，而且，在夜晚來臨之前，已穩穩地橫渡運河防線了。

雙方戰力之不相稱地在戰場中又再度地顯現出來。駐防此一防線的英軍第二師，其絕大多數的反戰車砲都已被運往敦克爾克，卻必須面對著三個敵軍裝甲師、一個黨衛師，以及其他兩個師的部分部隊。雖然所面對的處境是如此惡劣，但英軍第二師在五月二十七日當天還是奮力地和敵軍作戰到整師幾乎已被殲滅的地步。不過，此一慘重的犧牲卻使得法軍第一軍團兩個師以上的部隊，以及四個英國師的許多單位不但得以避免被圍攻，而且還能在夜晚來臨之後，祕密地往海岸方向潛逃。然後，在強大火力的攻擊之下，英軍第二師的殘餘部隊也同樣地順利撤離。

對於運河防線附近的英軍部隊來說，這雖然是艱困的一天，但是，其中所遭遇到的處境最爲艱難者，當屬皇家諾福克團(Royal Norfolk Regiment)的第二營。他們遭到非常慘重的人員損失，使得殘餘的單位不得不被迫撤退。黨衛骷髏師在遭到該營的頑強抵抗，再加上回憶起一星期前於阿拉斯曾受挫於英軍，使得他們對於該營的生還者施以殘酷的報復。事實上，他們當中絕大多數都已受傷在身。他們被追趕而退到帕拉狄斯(Paradis)城附近的一座農場裡。在遭受圍攻、彈藥不足、人數相差過於懸殊等情形之下，只得向敵軍投降。結果是，他們企圖走到農場的院子時，就遭到機關槍的掃射而依次倒臥在地。至於那些沒有遭到射殺的人，則被用刺刀或手槍來結束生命。其中兩位佯死的英軍被其他的德國部隊所俘。他們後來把整個事件的經過公諸於世。在大戰結束之後，主導該殘殺事件的黨衛師一位連長被以戰犯起訴，在當時於該農場目睹此一殘殺情景的一名婦女指證之下，將那位連長處以死刑。

事實上，在前線幾乎每一個據點裡，雖然德軍如秋風掃落葉般往前推進，卻也不是完全都沒有付出任何代價。一位德國軍官就曾在報告中指出：「在每一個陣地都發生過激烈的戰鬥——尤其是在每一座村落的每一幢房舍裡……人員和設備的損失極爲慘重。敵軍每一次都頑強地作戰，他們堅守著崗位，戰至最後一人。假如他們的陣地被敵軍的砲火攻下，那他們不久之後又會重新出現在另一個陣地，以便繼續作戰。」

德軍戰機根據地圖，對在同盟國部隊位於法國北方已遭到摧殘的陣地投擲小册子，呼籲同盟國部隊投降。

英國的戰士們！
你們已被全面的包圍了！
放下你們的武器！

那些小册子除了對於無路可走，只能投降或從容赴義的人之外，根本發生不了太大的作用。同時，防線上的守軍也接獲命令，必須展開朝著海岸方向撤退的軍事行動。這些部隊在過去數天以來一直不斷地重覆著作戰、撤退、挖掘戰壕、再度作戰，以及撤退等程序，因而除了只知道爲了存活之外，他們根本不知道行動的目標何在。冷泉近衛軍(Coldstream Guard)第二營的中級軍官在接獲撤退的指示之後，一方面感到震驚，另一方面又感到鬆了一口氣。他們那時聚集在一幢位於防線後被他們強徵的民宅。在這一個臨時指揮所裡，他們等候著命令。

我們坐在椅子上繞著房間圍坐成一個圓圈，然後等待。負責指揮的軍官抬頭向上看，在停頓了一會之後說：「我們將往後行軍五十五英里而抵達海岸」——他又停頓了一會，然後四下看著我們。我們的心都涼了一大截。五十五英里似乎是太過於遙遠了。接著，他又繼續說：「然後我們將動身前往英格蘭！」這眞是令人意外。從來沒有人會料到如此。我們一向對於撤退的概念相當模糊，因爲，一九一四年時我們的軍隊也曾撤退，直到經過某些時日而且採用某些方式之後，我們的軍隊在馬恩一役(battle of the Marne)堅強地作戰而獲致大勝。可是這一次卻大爲不同！我們緊繃多時的神經如今卻突然放鬆。我們在戰爭新聞所造成的焦慮陰影之下，一想到即將可以返回英格蘭，心中莫不激起一股滿足的感覺。然後，我們又想到五十五英里那麼長遠的距離，卻又不禁開始懷疑了。

德軍指揮官開始接獲敵方正在敦克爾克展開有系統大撤退的情報——他們的人員正以一種頗

爲井然有序的方式送上英國的船隻，然後載運回到英格蘭。不過，德軍指揮官卻還沒有意識到這事實上是一場大規模的撤退行動。德軍第四軍團的參謀長科特·布立奈克少將(Major Generel Kurt Brennecke)倒是接獲情報：「大型船隻正快速地往（敦克爾克港的）碼頭周圍航行，厚重的木板橫跨在船隻和碼頭之間，而人員也成群地登上那些船隻。」布立奈克一想到德國部隊必須在接下來的日子當中於戰鬥裡和他們遭遇，內心感到擔憂，因爲，他們不但已經過充分的休養，而且又再度地獲得良好的裝備。德國空軍被要求加快攻擊步伐，而沿著海岸往前推進的德軍把法國守軍逼退到距離敦克爾克只有四英里的陣地，使該城落入德軍大砲的射程範圍內。

至於在較爲內陸的地方，沿著可供其脫逃的那道缺口，道路的阻塞使得撤退到海岸的行動顯得更加錯綜複雜。發電機作戰計劃才不過剛展開，但是，由前線通往敦克爾克周邊那些較爲安全的陣地之間的主要道路卻都已因爲人爲和車輛的因素而導致阻塞。除了難民的問題未能解決之外，指派給英軍和法軍指揮部各自採行不同的撤退路線之措施後來也證實是毫無效用。法國部隊在被告知他們自己國土上的某些道路保留給英軍使用時，都不表贊同。如同高特後來在他的報告所指出的，他對於最後變成一片混亂的結果感到震怒。

> 此一受到布藍查德將軍所同意的撤退計劃，某些道路被保留下來只供英國遠征軍所使用。不過，事實上，法國部隊的運輸也繼續使用這些道路，此舉甚至還使得英軍部隊在撤退時遭遇到許多難題。可供撤退的道路不但爲數不多，而且大多極爲窄小……加上又擠滿了法軍的

部隊和運輸工具，以及爲數衆多難民，更使得道路因而難行。

英國遠征軍的撤退行動因爲法軍的加入似乎陷入困境，但法軍也因而命運顯得較不那麼悲慘，不過，這卻使得包諾爾將軍對此大發牢騷：「在我們自己和法軍之間劃分界線及分配使用的道路根本就沒有作用。他們不但不遵守，而且還任意地做他們想做的事。」

敦克爾克周邊防衛陣地的阻塞危機也造成一個棘手的問題。假如朝著那個方向前進的所有運輸工具被允許進入周邊防衛陣地，那將使得每一件事都動彈不得。因此，英國遠征軍的總部通令將運輸工具棄置在海岸防衛區的道路外。正進行撤退行動的部隊被要求在距離敦克爾克港和其附近海灘只有數英里時，必須徒步前進。不過，下令卻比執行要來得容易。

撤退到海岸的行動遭到無情的空襲。梅塞斯密特一〇九型戰機對於撤退的部隊以及掩護撤退的部隊展開猛烈的攻擊。多尼爾轟炸機和亨克爾(Heinkel)轟炸機對他們轟炸。斯圖卡從天空發出恐怖的尖銳聲，並且朝他們投擲炸彈。高特懇請倫敦當局儘可能提供他的手下最強大的戰鬥機來掩護，但是英國皇家空軍的戰鬥機司令部卻認爲無法完成所期望的任務。

戰鬥機司令部被要求從日出到日落之間持續不斷地以強大的戰機在空中巡視，以便確保敦克爾克兩邊各三英里的海岸之安危。除此之外，還必須保護英國遠征軍所在的區域，使其不受敵軍的轟炸，可能的話，還必須對其提供援助。戰鬥機司令部根本就不可能執行上述那些任務，因爲它還必須防衛英國本土城鎮的上空，使其不致遭到來自歐洲大陸的德國空軍可能發動的攻擊。

為了強化空防的力量，戰鬥機司令部總司令道丁上將將英國劃分成四個地理區域，而每一個戰鬥機群則負責一個地理區域。至於執行發電機作戰計劃時空中的掩護工作則由第十一戰鬥機群擔任。這個戰鬥機群所負責管轄的區域是英格蘭的東南方，和法國北部的海岸距離極為相近。第十一戰鬥機群的指揮官凱斯・派克空軍少將(Air Vice Marshal Keith Park)可運用十六個飛行中隊，其總數可達到兩百架飛機，不過是否可全數供戰鬥使用，則須視其維修狀況而定。在此一階段的戰爭當中，德軍派出了三百架轟炸機，以及五百五十架護航用的戰鬥機。

英國皇家空軍的戰鬥機為了掩護發電機作戰計劃，因而必須從位於英格蘭東南部的比金山(Biggin Hill)、哈肯吉(Hawkinge)、肯里(Kenley)，以及曼斯頓(Manston)等空軍基地起飛至少飛行五十英里，然後在回航時又得飛行五十英里。這些戰機在飛航過程中必須耗費大量燃油，因而一旦在敦克爾克上空與敵機在空中發生纏鬥時，勢必只能作戰二十分鐘，然後就必須飛回英格蘭的基地。敦克爾克上空並不在英國雷達站的範圍之內，必須全靠視覺，也就是說，這些英國戰機必需在敦克爾克上空多方巡查，才能找出敵機的行蹤。在這種情況之下，這些戰機根本不可能對於往敦克爾克撤退的英國遠征軍，和早已在敦克爾克的部隊，以及計劃將他們載運回英格蘭的船隻提供一天十七個小時毫無間斷的掩護。

但是，仍然必須提供掩護，而且，也還必須擬定出一套儘可能充分的掩護系統。以下三個可能的解決之道沒有任何一個是令人感到滿意的。要求戰鬥機司令部將其所有的戰鬥機群投入掩護的行動，不但可能全數遭到殲滅，而且也將可能使得英格蘭上方的制空權落入敵方手中，因此，這個解決之道必須排除。派遣大量的戰機巡邏將意謂著各個巡邏時段之間的間隔時間很長，最後將可能導致英國皇家空軍根本就沒有在敦克爾克上方出現的結果。而若是派遣較爲少量的戰機巡邏，雖然可能會縮短各巡邏時段之間的間隔，但在面對早已被派遣升空的德軍強大攻擊機群時，則又將處於極爲不利的困境。

後來終於選擇了最後一個可能的解決之道。每次巡邏時只派遣八至二十架戰機，以使得各巡邏時段之間的時間差距能因而儘可能地縮短。在撤退的第一天當中，英國皇家空軍的戰機從日出開始，就以小型機群的方式起飛，直到日落時方休。總共派出了二八七架次，至於在結束航次之後，直到下個航次之間，則又自動地回復到待命的狀態，以便防衛英國本土。在和敵軍高達五十架以上的機群之對抗當中，總共擊落了十架敵軍戰機，但是自己卻損失了十四架，眞是一個不祥的比率。

許多英軍飛行員從未有過實戰的經驗。而敦克爾克上空的掩護行動正提供他們一個戰火的洗禮。不論他們在過去曾經接受過何種訓練，必須等到他們在第一次親身經歷的纏鬥中，才能眞正地體會到他們的噴火式戰鬥機以及颶風式戰鬥機，或是敵軍的戰機之威力究竟如何。

我們遭到梅塞斯密特一〇九型戰機的突擊。這是我們第一次和敵軍遭遇。突然間，天空充滿了漆上黑色十字架標幟的敵軍。這實在令人感到極爲惶恐，因爲，我畢生第一次瞭解到，我的飛機上空有人眞的想置我於死地。這是一件千眞萬確的事。

德軍飛行中隊的指揮官在遭遇到缺乏經驗的英軍飛行中隊指揮官時，可說是佔盡了優勢。他們會選派一架僞裝的戰機前來引誘英軍戰機，使其落入圈套。而當英國戰機升空以便將其擊落時，在太陽上方數千英呎飛行的梅塞斯密特一〇九型戰機則會迅速地向下俯衝來與英國戰機作戰。

不過，經驗不足和數量不夠並不是英軍飛行員所必須面對的問題而已。他們過去所被教導過的飛行與戰鬥之戰術，如今還得由指揮官和教官教導如何實際地運用在戰場裡。他們和德軍不同的是，在以V字型的隊型飛行時，相互之間的距離太近，以致於除了隊型的指揮官之外，其他的飛行員都必須停留在某一固定的地方，而不是在空中找尋那些可能會隨時從上方、旁邊，或是後方突然襲擊的德國戰機。除此之外，即將可供使用的戰鬥機飛行員椅背鐵甲原先被誤以爲能發揮作用，可是後來卻證實使得噴火式戰鬥機加重機身的重量，因而造成機動性大減的窘況。最後的結果是，原先本來可以死裡逃生的飛行員都因而喪生了。在發電機作戰計劃開始實施的最初兩天當中，有一個中隊損失了五名飛行員和五架噴火式戰鬥機，也因而被迫退出巡邏的工作以便重整。

噴火式戰鬥機和颶風式戰鬥機起先飛行在過於下方的區域——大約只有一萬英呎或比一萬英呎還低——因而時常受到梅塞斯密特一〇九型戰機從比太陽位置還高的地方，以較佳的攻擊點向他們俯衝而來。英軍飛行員很快瞭解到，他們所採用的實在是一種非常錯誤的戰鬥方式。不過，他們在經過較長的一段時間之後才瞭解，德軍不但一直在收聽著他們無線電上講話的內容，而且，通常還會等到他們互相告訴對方將往英格蘭的基地返航之後，才開始對英軍的地面部隊以及停泊在海面上的船隻展開攻擊。

地面部隊對於英國皇家空軍早已不斷批評。他們一直遭受德機的猛烈轟炸，但卻甚少看見英國皇家空軍的飛機前來防衛他們。雖然皇家空軍本身也遭遇到許多困難，但在撤退行動展開之後的第一天，英國皇家空軍卻曾數度成功地切斷德軍的空中攻擊。然而，他們所做的努力卻甚少受到地面部隊的注意和感激，這不但是因爲英國皇家空軍本身的資源有限，而且也因爲必須掩護沿著海岸和內陸的廣大延伸區域。不過，在發電機作戰計劃執行期間，若沒有英國皇家空軍貢獻一己之力，那德軍在撤退區域的上空將絲毫遭不到任何抵抗，如此，將很可能會使敦克爾克大撤退的軍事行動以英國遠征軍遭到屠殺而終至投降告終。

至於在巴黎，一般大衆都已感受到厄運的腳步已日漸地逼近。市井之間早已流傳著德軍將要攻佔巴黎的謠言。警方突擊各旅館並且在街道上巡邏，以便找出那些從事破壞工作的敵軍或是第五縱隊份子。數千名民衆被半途攔住而且還被要求出示證明身份的文件。能夠出示證明文件的巴黎人逃往該國的南部和西南部，他們的車子裡塡滿了能帶走的貴重物品。由於很多巴黎人都想逃離，使得巴黎境內的交通變得混亂。

巴黎當局深信，義大利在獲知德軍於法國北部獲致大勝而且法國也因而顯得一片混亂，一定會心動得從法國的東南部入侵，而墨索里尼和希特勒的部隊一樣，都是很難被有效地擊退。貝當此時再也無法掩飾地指出，法國早已在這一場戰爭中敗下陣來。他倒是更爲關注地認爲法國部隊應謹愼處理國內可能爆發的內亂，以免使得共黨份子趁機發動政變。同樣也開始心灰意冷的魏剛則公開指稱英國「拒絕作戰」。他也不解地指出，當英國的部隊只是一再地撤退時，又如何能指望法國繼續和德軍對抗。向德軍投降已進入倒數計時的階段。

至於在倫敦，政府當局的走道一直滲透出戰況的消息，使得英國民衆對於戰局的嚴重性有了更深刻的瞭解。當運輸大臣約翰．雷斯爵士(Sir John Reith)獲知英軍部隊正準備撤退的時候，他在日記裡如此記載：「這實在是太可怕了，在撤軍的過程中，他們一定會遭到屠殺的命運。」倫敦的政府機關所在地區到處都可看見極爲關切的表情。那些沒有參與祕密作戰計劃和會議的人因爲所知不多，所以一直詢問英吉利海峽對岸究竟發生了什麼事；對於那些極爲熟知戰況，而且臉色凝重的高級官員來說，則意謂著將有一連串開不完的緊急會議。從報紙媒體和英國國家廣播公司那裡都無法獲知發電機作戰計劃的消息，而且，對於能使發電機作戰計劃順利開展的情況和條件也所知有限。

邱吉爾在其中一個緊急會議中，曾經指示他的參謀本部人員詳加審視，一旦必要的話，英軍是否能獨立對抗德軍。當天稍後他所獲得的答案卻令人沮喪。參謀人員告訴邱吉爾，德國人手中掌握著絕大多數的王牌，因而最具決定性的因素應該在於空軍的軍力，但是，德國空軍在空中的數量又遠超過英國皇家空軍，其比率大約是四比一。只要英國皇家空軍能夠擊退德國空軍，那英國將不可能會遭到來自海上的入侵。但假如德國空軍眞的在英格蘭的上空取得絕對的優勢，那英國很可能敗得一塌塗地。假如敵軍成功地以強大的兵力登陸，那即使英國本土有地面部隊與之對抗，也將無法把他們擊退。因此，最重要的就在於能否在敵軍最初登陸時——不論是從海岸或是空中——就迅速地將他們解決。

必須擬定出足以應付任何偶發事件的防禦計劃。這些防禦計劃絕對不能受到傳統思維的蒙蔽。德軍早已展現出他們是能夠發動任何意想不到策略的狡猾敵人。雖然免不了一定會擬定出如何應付敵軍零散登陸的防禦計劃，但是，無論如何一定得考量，一旦德軍戰車先行登陸，然後再集結成一個裝甲師而橫行於英格蘭南部的平坦地形時，那該如何因應。

根據參謀人員的看法，軍隊和民衆的士氣在決定此一和敵軍對抗的結果中，一項極爲重要的因素。而邱吉爾又是影響軍隊和民衆士氣最具關鍵性之人物。就身爲一個戰時領袖來說，建立和維持大衆的士氣是他極爲重大的成就之一。他看起來總是那麼信心十足和絕不受人擺佈，因而展現在他身上的就是一股絕對不使人絲毫產生挫敗念頭的自信心。不過，當英國遠征軍處於將可能全數被滅絕的困境時，哈利法克斯卻還是沒有表現出充滿希望和抵抗到底的決心。唐寧街十號的一位中級政府官員在日記中就曾指出：「從很多跡象中都顯示出哈利法克斯很可能已成爲一個失敗主義者。」

哈利法克斯在當天由戰時內閣所召開的一個會議中，曾經強迫邱吉爾應該切合實際。這位外交大臣說：「假如法軍崩潰而希特勒這個獨夫又對其提出和平條件。假如法國政府對德國人說：『我們無法獨自對你們所提出的和平條件加以回應，你們必須一起對同盟國提出停戰條件。』而假如因瞭解自己的弱點而極力地想結束戰爭的希特勒，對英法兩國同時提出停戰協定的條件，那首相您是否願意和他們就停戰一事而加以討論呢？」不願被逼入絕境的邱吉爾於是答道，在那樣的情況之下，他將不會加入法國的行列，共同和德軍討論停戰協定的條件，不過，話又說回來，假如他被告知停戰的條件爲何，那他倒想去討論一番。

哈利法克斯無法確定邱吉爾首相回應的話和他的大致態度究竟是什麼。三個月前，他還曾告訴牛津大學的學生，「邪惡的勢力必須遭到正義之師」，但是如今，他的態度卻已經有所改變。他現在對於英國的未來感到極爲擔憂，因而使他非常確認邱吉爾不但漠視英國所面臨的重大危機，而且還用一些潤飾過後的話來增強情緒化的反應。在那一個被他稱爲「冗長且令人困惑的討論」——也就是戰時內閣所召開的會議——之後，他在日記中如此記載：「我認爲溫斯頓簡直就是一派胡言。」他覺得，假如首相還是繼續做出類似的舉動和說出類似的話，「那我們的看法一定會極爲分歧……當他把自己陷於一股由情緒而激發起來的熱情時，眞是令我非常沮喪，因爲，我認爲，他實在應該讓他的頭腦做出理性的思維才對。」他對凱德肯爵士說：「我再也無法和溫斯頓共事了。」凱德肯則回答說：「這眞是荒謬至極。他的狂放言論不但使你感到無趣，就連我自己也覺得沒什麼意義可言，但是，在那樣沉重的壓力之下，你可千萬不要做出任何糊塗的事情。」

戰時內閣裡嚴重不和的謠傳和報導早已散播到倫敦政府機關以外的地區了。甘乃迪大使曾去電向華府報告：「假如德國對英國和法國提出停戰和平條件，那在英國內閣裡的『誓死一戰』和『訂定和約』兩派人士之間勢將引發一場爭吵。」

除非奇蹟出現，否則將無法拯救英國遠征軍，他們要不是被全數殲滅或者……就是向德軍投降……雖然邱吉爾、克利蒙特·艾德禮(Clement Attlee)等人將會誓死戰鬥到底，但也有不少其他人士由於相當清楚英格蘭境內財務和人民的損失和傷害之程度，豈是挽回英國自尊就能彌補的……，他們認爲，處在這樣惡劣的困境之中，有些英國人眞的無法瞭解堅持作戰的代價是如何慘痛。而一旦這一天來臨的時候，我眞不知道將會採行那一派人士的看法——奮戰到底？還是和德軍達成停戰協議。

英國可能會向德軍屈服，而這將使得意揚揚的希特勒更加所向無敵。果眞如此，將使華府更加提升其關注程度。助理國務卿威勒斯後來回憶說：「在那些日子裡，華府各個辦公室都出現了歐洲戰場前線的地圖。每天早晨，G-2（國防部情報部門）的一位軍官都會帶著一張法國地圖前往國務院，並且還在德軍部隊最新進展的區域標上記號。」

在倫敦市中央比格底里廣場(Piccadilly Ciraus)的草市(Haymarket)戲院裡，許多美國人在美國航線(United States Lines)的辦公室前排隊預訂返回家園的船票。羅斯福總統號郵輪（President Roosevelt, 爲紀念老羅斯福總統而命名）派遣前來搭載支付了七十五美元船費的美國公民。他們將先自行前往愛爾蘭的葛爾威(Galway)，然後在該處搭乘該郵輪（一星期後就可駛進葛爾威的船塢等候搭載的乘客）。

美國境內孤立主義者的聲勢依舊相當高漲，但是，白宮和國務院裡親英派的宮員還是不時地將美國政府最新的考量和計劃告知駐在華府的英國外交官員。當倫敦當局得知美國基於國家安全的考量，有意兼併英屬西印度群島以及英國在西半球的一些屬地時，都大表反對。不過，英國駐美大使洛西恩爵士則去電建議倫敦當局，應當考量將加拿大紐芬蘭(Newfoundland)、百慕達(Bermuda)和千里達(Trinidad)的基地租給美國使用，如此一來，美軍部隊勢將擔負起這些地區的防衛責任，也因而使英國得以減輕防衛那些區域的責任。不過，對邱吉爾來說，在當時那種情況之下，由美國來兼併那些區域，實在是過於異想天開，因此，除非美國能提供英國更實質的回報，否則邱吉爾對此提議是不會感到興趣的。雖然邱吉爾和羅福斯之間的私交甚篤，但他對於美國無法協助他來對抗歐洲邪惡勢力一事感到極爲憤怒。他告訴戰時內閣，英國從美國那裡「根本沒有獲得任何對戰爭有益的協助」，美國似乎只對其本國的國防感興趣而已。

邱吉爾本人其實非常清楚，羅斯福對於同盟國部隊的處境極爲同情，只不過他受到大衆輿論的束縛而裹足不前。當羅斯福向他建議——假如情勢所迫而且皇家海軍又還未遭到德軍的攻擊，那英國對抗德國的戰爭將可能會蔓延到加拿大地區——時，他並沒有因而憤怒不已。他和在倫敦的一些其他人士早就已經思考過此一可能性。不過，當羅斯福總統建議——假如英國政府和皇室被迫流亡海外，那英國國王不應前往加拿大，而應前往百慕達，因爲，美國人實在無法接受北美土地上會出現君主政治這個事實——時，戰時內閣卻頗不以爲然。有些極爲憤怒的內閣大臣甚至懷疑羅斯福或許還會想到，一旦英國被德國打敗，那美國就能順理成章地「拿下大英帝國的一些屬地」。美國政府必須非常小心，千萬不能過於急躁。空軍部長阿契伯德·辛克萊爵士(Sir Archibald Sinclair)就認爲美國政府必須瞭解，英國雖然遭到挫敗，但還是會奮戰到底。

雖然邱吉爾對於上述的看法大表贊同，但他卻更爲擔憂，在英國境內的人自己很可能會被誤導而產生截然不同的看法，也就是說，他們很可能會遷就於想要解決國家難題的一個捷徑——和希特勒達成協議，不但使德國得以掌控歐洲大陸，而且也使未來英國的獨立自主遭到嚴重的挑戰。一向極受尊敬且愛國心強烈的哈利法克斯對於希特勒和納粹所將帶來的浩劫感到相當擔憂，因此他早就已經向英國大衆提出極易被理解的論調。他所持的理由極爲簡單：沒錯，假如英國的獨立自主面臨危急時，不論任何代價，都要奮戰到底。但是，假如希特勒能保證在簽署停戰協定之後，將不會妨害英國的獨立自主，那又爲何不考慮接受柏林當局所提的停戰條件，如此一來，不就能夠使英國的城市免於遭受像鹿特丹那種被夷爲平地的悲慘下場？當各種狀況看起來都那麼不利的時候，派遣調解者只和德國人談談話應該不致於有什麼損失吧！

從敦克爾克那裡傳送來的初步報告並不是那麼令人感到寬心，再加上大量的英軍可能將遭到被俘的命運，因而邱吉爾相當清楚，他正面臨著一種極爲微妙的處境。雖然他的演說受到熱烈的回應，但他到目前爲止卻還沒有明白地指出如何使英國不致於在此一戰爭中遭到嚴重的挫敗。許多保守黨的人士對他的觀感還是沒有改變，他們還是認爲邱吉爾只不過是個行事衝動且擅用口才的政治人物而已，但哈利法克斯則還是一位在英國各地都極受尊敬的政治家。邱吉爾非常清楚，假如英國未來在戰場上遭到更進一步嚴重的挫敗，那他將會步上張伯倫的後塵，在政治上失去的舞台。他那感人的訴求——貢獻鮮血、淚水和汗水，以便確保英國仍能屹立不搖地成爲一個獨立自主且値得自豪的國家——到時候很可能會被棄置一旁，取而代之的是哈利法克斯他那熱切的關注——如何使英國不致於在這場戰爭中遭到毀滅的可怕厄運。

到了正午，泰納特上校在多佛港接受簡報後，瞭解到做爲敦克爾克地區監督撤退行動的高級海軍軍官所必須擔負的任務是多麼艱難。當天下午，他和他的幕僚們搭乘獵狼犬號(Wolfhound)驅逐艦橫渡英吉利海峽，抵達之後就開始執行他的工作。他們先是開始試圖理解他們自己和撤退人員所將遭到的危險是什麼。在前往敦克爾克的途中，獵狼犬號驅逐艦曾遭到俯衝轟炸，而被迫採取逃避的行動，不過這當中，它的防空砲也曾試圖對空中而來的斯圖卡戰機展開攻擊。雖然這些砲擊並沒有獲致令人滿意的戰果，不過，卻使他們在驚駭當中清楚地明瞭，將被派遣從事載運撤退部隊的船隻，由於武裝得不夠堅強，最多也只能做出一些還擊的小動作而已。

搭乘獵狼犬號驅逐艦橫渡英吉利海峽已經是困難的了，但這和泰納特在看見目的地情況時的訝異度相比，則又不足爲奇了。他從來沒有看過處於燃燒中的城市。敦克爾克似乎已變成人間煉獄。巨大的火焰和厚重的黑色煙幕從地平線上急速升起，石油燃燒所產生的臭味四處可聞。德軍轟炸機在當天於敦克爾克城投下了兩千公噸的炸藥和燃燒彈。上千名的民衆遭到殺害，和其原單位失散的英國、法國以及比利時部隊的成員再加上數日前就已前往敦克爾克尋求掩護的部隊也同樣遭到無情的屠殺。

泰納特和他的部屬登岸之後，朝著第三十二號碉堡前進，才發覺此一厄夢竟然還持續著而沒有結束。這是阿布瑞爾將軍設置在港口邊的一座碉堡，被他用來當做防禦總部，而且，在敦克爾克當地的英軍指揮部也被配置了辦公室，以便能夠隨時前往檢視敦克爾克所遭到的破壞程度爲何。在經過數日的轟炸之後，敦克爾克事實上已變成一座荒城，它的街道上很容易可以看到建築物的廢墟，以及燃燒過的運輸工具之殘骸。到處都橫躺著人和馬匹的屍體。電線則散落在各角落。

有些英軍部隊早已在建築物的地下室裡找到藏身之處，不過，當那些建築物垮下來的時候，有些不是身陷其中就是被壓死。至於在那些幸運的生還者當中，有些已被這種恐怖的經驗而弄得心神不寧。有位軍官描述一位曾經歷第一次世界大戰的老兵靜靜地躲在角落哭泣，而且，那裡也有數位士兵開始發出小動物吵雜的叫聲，就好像是思念家園的狗一般。

傍晚時分，原先躲藏在城裡危險的避難處所的部隊接到前往海灘和海邊沙丘的命令，在那裡，他們將獲得更進一步的指示。有些早已將武器丟棄的士兵一片茫然地如醉漢般徘徊走動。有一群尚未丟棄手上武器的憤怒士兵，很顯然地是受到轟炸的影響而變得發狂，再加上看見泰納特一行人穿著清潔整齊的海軍制服，更是不由自主地感到憤怒，於是對他們曾經出現威脅性的攻擊，不過在經過一陣安撫之後，已經願意聽從泰納特的指揮。

不僅是敦克爾克市區，就連港區也曾經遭受來自空中的轟炸而到處可見殘骸。泰納特檢視了船塢被炸毀而起重機也被炸成碎片之後的港口設施。護衛著港口外海的兩座防波堤似乎沒有遭到砲火的波及。不過，若想沿著這兩座防波堤而將船隻駛入以便停靠，那將是件極冒險且魯莽的行爲，更何況，港口內也沒有任何地方可以牢牢地繫住大型船隻。處在當時的狀況，會使人沮喪地認爲，卽使是極爲少數的英國遠征軍都很難被載離。

剩下來唯一可供選擇的策略，就是派遣數量極多的小型船隻，並航行到敦克爾克港以東的海灘，以便從海岸搭載撤離的人員。這些小型船隻會把這些人員轉運到等候在外海擔任援助任務的較大型船隻，然後又駛回岸邊繼續轉運更多的人員，此一冗長且危險的過程完全必須仰賴天候的狀況、皇家空軍的空中掩護、以及周邊防衛陣地抵抗敵軍的能力而定。當泰納特得知，德軍早已攻佔加萊，此外他們的部隊不但正沿著海岸向上推進，而且，他們的戰車距離敦克爾克很可能只有三十六小時的車程，他就已經非常明瞭，那天早晨他在多佛港所討論的撤退計劃早已過時了。於是，他緊急地以信號通知多佛港的駐軍：「請立卽派遣每一艘可供運用的船隻前往敦克爾克以東的海灘。明天晚上將很難進行撤退行動了。」

由於誤解，因而也使得困難更爲加重。當坎特伯利號(Canterbury)運輸船在極度困難的情況下載運了四五七名撤退人員離開敦克爾克之後，又接到指示，要求試圖進入港內的船隻回頭。該運輸船總共傳話給三艘正駛往敦克爾克的客船，於是那三艘客船都駛返多佛港，事實上，那一道回頭的命令其用意只不過在於要求那些船隻轉向，並且停泊在敦克爾克港外海，以便等候執行更進一步的撤退任務。不過，在此一混亂狀態獲得澄清之前，此一訊息經過多方傳遞，早已被誤傳爲「敦克爾克已落入敵軍手中，儘可能地躲開。」在聽到此一誤傳的訊息之後，五艘平底船隻立卽調頭駛返英格蘭。

那個時候，爲數龐大的撤退人員已開始群集在敦克爾克城以東的沙灘和海邊沙丘上。英國遠征軍三個軍的每一軍都被指派到不同的海灘上等候——第三軍被指派的沙灘是與敦克爾克港極爲接近的馬洛(Malo)，第二軍則必須前往越過法比邊界屬比利時海岸的拉潘(La Panne)，至於第一軍則被指派到介於這兩個地方之間的布雷沙丘(Bray Dunes)。不過，那些已經抵達指定地區等待撤退的部隊只各佔該軍中極少數的一部分而已。假如次日夜晚的撤退行動正如泰納特所告知多佛港的，將會是個「困難重重」的行動，那麼，就可以合理地依此推斷，不久之前才發動的發電機作戰計劃已經進入了結尾的階段，而且，英國也將會發現自己已經沒有軍隊了。

海軍中將雷姆賽在得知敦克爾克的情況之後，和泰納特上校一樣，也瞭解到此時此地根本就不可能施展他的作戰計劃——由救援船隻以井然有序的緩慢速度進行撤退行動。英國從未面臨過這種危機。因此，他不但必須伺機行動，而且還要儘可能地加快速度。可供他運用的所有船隻（其中包括一直都在外海巡邏的昂貴驅逐艦）都接到立即前往敦克爾克海灘外的海面上。包括一艘巡洋艦、九艘驅逐艦、兩艘運輸艦、四艘掃雷艦，以及其他各式各樣的船隻都在接到命令之後在馬洛、布雷沙丘，以及拉潘等處就定位，「以便儘可能地載運英國的部隊……這是我們可用以解救他們的最後一次機會了。」這些船隻很快地駛動到被指派的地方，然後將其船上較爲小型的船隻放下，載運泰納特在沙灘上的控制軍官所開始組織成井然有序的隊伍，不過，整個行動看起來似乎不甚成功。

整個撤退的過程還是緩慢得令人難以想像以及心憂如焚。小型船隻的數量太少了，也只有這些可供運用的小型船隻才能達成載運人員撤離的任務。這裡搭載了三十名，那裡搭載了四十名，而另外某個地方又搭載了十二名。若按照這樣的過程來看——船隻駛近海岸，讓人員登上船隻，將人員載運到停泊在外海的較大型船隻，然後將人員交給那些大型船隻——那整個撤退行動一定會遭到慘敗的命運。事實上，撤退行動早就已踏上失敗的命運之途了。

泰納特不顧生命的危險，又再度仔細審視了敦克爾克的外港。它的防波堤距離陸地一英里，並且在寬廣的外海相互靠攏。這兩個由混凝土樁材所建造而成的防波堤，上面是寬達八英呎的道路。雖然港口內有許多殘骸，但船隻依然可以駛入。不過，若意圖使船隻沿著防波堤並且讓它們安穩地傍靠在防波堤附近，那將會是件極爲冒險的舉動。當初建造防波堤的時候，並沒有將其設計成具有此種用途。但若意圖用船隻將爲數衆多的人員運回英格蘭，那也實在是沒有其他的方法了。西邊的防波堤大約只有五百英呎長，而且盡頭那端附近的水域似乎淺得危險。不過，東邊的防波堤則長達將近一英里，或許可以用來當作碼頭。

一艘原本就航行在英吉利海峽之間的渡輪——海峽女皇號(Queen of the Channel)——停泊在該處附近，以便接運被小型船隻載離海岸的人員。泰納特示意該船駛進港內並繫牢停泊在東面的防波堤。該艘船隻振奮地沿著防波堤航行，而且又迅速且安全地牢繫在柵柱上，這使得原本看得目瞪口呆的泰納特也不禁爲之鬆了一口氣。登船可能會是個問題。敦克爾克港內潮水的起伏經常可能相差高達十五英呎。潮水高漲的時候，待撤退的人員可以直接從防波堤登上救援船隻的甲板上。至於在退潮時，待撤退的人員或許能藉由船隻和防波堤之間的跳板及梯子登上船隻的甲板。多佛港很快地就接收到船隻將駛往港口的訊號，而泰納特的手下也很快地組織了一條川流不息的人馬，以便能在船隻抵達時，從附近的海灘和東防波堤上登上那些船隻。雖然整個局勢還是不太樂觀，但這畢竟是發電機作戰計劃的第二天整天當中第一個較具希望的發展。

整個撤退作戰計劃的毫無準備從各方面都可看出來。例如，救援船隻上的船長和大副未事先告知，即將搭乘他們船隻的人員不但急需醫療救護，而且事實上已經很長一段時間沒有飲用食物和飲水了。

葛薩米爾號(Gossamer)驅逐艦的廚房和船上其他地方一樣，都擠滿了撤退的士兵。不過……所烹調的醃牛肉三明治以及所準備的數加侖可可亞飲料卻異常受到他們的喜好。至於在多佛港……軍方試圖從商店裡獲取下一次航行中所需使用的補給物品；但是，除了燃油和軍火之外，令人驚訝的是，商店卻不願意將食品貢獻出來。食品？太可笑了！醫療用品？未免要求過份了！不過，在經過無數通的電話和暗示性的話之後，我們的需求還是獲得了補充，至少獲得了部分的補充……

對於比利時部隊來說，五月二十七日實在是個大災難的日子。由於比利時的部隊即將遭到潰敗的命運，因此，李頗德國王(King Leopold)必須做一個悲痛的決定。他的部隊一直遭受到幾乎毫無間斷的攻擊，情況已經變得相當危急。比利時部隊不但缺乏軍火而且事實上已毫無能力抵抗來自空中的攻擊，更不利的是，又被敵軍分割成兩部分。比利時部隊早就已經被迫將其國土絕大部分的地區讓入侵者佔領。這些入侵者不但轟炸比利時的城市，而且也對比利時悲慘的難民展開猛烈的轟炸。比利時部隊在撤退時遭到德國所建構的阻塞線之擊敗，已變得毫無抵抗的能力。雖然比利時把最後的預備部隊都已投入戰局中，卻未能對整個戰局造成絲毫影響。位於北方的荷蘭早已投降。而在不久之前才信心十足地抵達比利時境內並信誓旦旦地向比利時保證將協助其阻擋入侵者的英法兩國的部隊如今卻已呈現出一片混亂的狀態。李頗德國王在當天早晨就已被告知，將英國遠征軍撤回英格蘭的行動已經進行了。李頗德國王從此一軍事行動中已意識到他自己的部隊的命運——被擊敗並遭到屠殺。

高特在當天正午過後不久，曾經從羅傑．凱斯爵士（爲駐李頗德國王宮廷的英軍連絡官）那裡收到一則預言比利時將潰敗的電文：「英國國王希望陛下能諒解，他的部隊已垂頭喪氣。英軍不但在過去當中曾經接連四天不斷地從事戰鬥，而且，由於英國皇家空軍未能有所掩護，因而也遭受到敵軍猛烈的空襲……他相當擔心，再也沒有自己的部隊可供作戰或者是再也無法運用英國遠征軍的時刻已快速到來。」

當天傍晚，有一位比利時軍官在橫越德軍防線之後，請求德軍告知停戰條件。不過，他所獲得的答案卻是，除了無條件投降之外，就再也沒有其他任何條件了。李頗德國王相當清楚，他已沒有其他的選擇了。就在午夜之前，一直負責防衛同盟國部隊最左翼的比利時部隊在李頗德的命令之下，於次月清晨四時停火。魏剛在獲知此一消息的時候，簡直氣炸了。雖然他早就知道比利時部隊已經處於危急的狀態，而且，非常明顯地，在不到兩天的時間之內，他們將無法抵抗德軍所發動的一次決定性的攻擊，但是，魏剛還是大聲指控比利時在沒有事先知會同盟國的情況之下，就拋棄了同盟國部隊。

對於高特來說，此一投降行動使他必須立卽採取補救的方法。他從一開始就已認知，比利時部隊相較之下顯得較為弱小。就在兩天之前，在多方爭議之下，他還是硬派了兩個師從已證實為失敗的南面攻擊戰術中撤出，並且轉往掩護比利時部隊。雖然布羅克將軍認為那兩個師「似乎已經從地圖上消失」，但高特卻心安地認為，至少那兩師可以守住防線上的小型區域。不過現在，由於比利時部隊的挫敗，使得在比利時境內的英國遠征軍陣地和海岸之間形成了一道寬達二十英里的無人防衛缺口，德軍經由這個缺口可以大量湧入，以便攻佔敦克爾克，並使得發電機作戰計劃突然遭到中斷的命運。

當這一則消息傳抵倫敦時，戰時內閣立卽召開緊急會議。新聞局長古柏在前一天曾經發佈一個公報，以便向英國大衆解釋政府之所以未能將英吉利海峽對岸發展情勢詳加公佈的原因。

> 在這個國家裡，絕對沒有任何一個人希望以犧牲某位英國人，或法國人，或是比利時人的代價而獲取情報。我們必須耐心且信心十足地等待情報能安全送達。

如今，古柏在內閣裡呼籲必須讓英國大衆明瞭英國遠征軍的處境是多麼危急，由法國政府發出並且還出現在英國的戰爭公報其語調樂觀得將產生誤導。新聞局長因而警告說，英國大衆尚未對卽將爆發的事件做好震驚的心理準備。邱吉爾雖然對新聞局長的看法大表贊同，但他還是要求暫且不要公佈詳情。他認爲，在公佈比利時已經投降的消息之前，必須先讓大衆有較長的一段準備的時期，以便一旦聽到非常不好的消息之後，能很快地平穩下來而不致於過度震驚。

當第二天結束的時候，並無任何跡象顯示英國遠征軍除了遭到毀滅的命運之外，還能夠有什麼指望。至於高特則由於對整個撤退過程的步調所知有限，還認爲自從當天早晨開始，只不過將兩百名士兵用小型船隻載離海灘。事實上，確實的數字比兩百還要多出十倍以上，只不過，這樣的數量還是不足以使人對整個撤退行動懷抱著太大的期望。包括在港內登上船隻的人員在內，發電機作戰計劃的第二天（也就是五月二十七日）中所載運回到英格蘭的人員才只有七、六六九名。事實上，英國遠征軍還是處於被殺害或逮捕的危險狀態中。

雷姆賽在寫給他妻子的一封簡短書信中，曾指出對於整個戰局的發展感到頗爲心冷。

整個戰況實在可怕得令人難以置信，而這也使人不禁懷疑，一旦英國大衆對於整個戰局的各項發展及其後果有所瞭解時，那他們將會以什麼方式來接受……每當我想到我正在……指揮一項前所未有最爲艱困和危險的作戰行動時，都覺得實在可怕，除非上天非常仁厚，否則整個撤退行動將無可避免會發生許多悲劇。

第三天　漫長的撤退

比利時部隊在晚間的投降行動很可能將使英國遠征軍的撤退行動被迫中止。根據和德國所簽署的降約之規定，比利時部隊必須允許德軍在毫無阻礙的狀況之下穿越曾經屬於其所負責防衛的前線區域——也就是防衛著英國遠征軍左翼，距離海岸二十英里的區域。飽受德軍攻擊且士氣已跌落谷底的比利時人除了投降之外，早已不做任何打算。即使在德軍往前推進之前，比利時的士兵就已經揮舞著白色的手帕，以示意他們再也不繼續作戰。不論先前設置了什麼阻擋德軍進攻的障礙物，如今不是被移除，就是空留該障礙物而無人防守。假如敵軍在比利時部隊所留下的缺口被補強之前強行通過，並且迅速朝敦克爾克推進，那麼，在當時還未完全設置完畢的敦克爾克周邊防禦陣地將和馬奇諾防線般變得毫無用處。原先寄望或許發電機作戰計劃至少還有將些許部隊運送回英格蘭的可能性到時將變得微乎其微。那一道寬達二十英里的缺口應立即加以補強。

這一派遣部隊前往補強的工作於是乎就落在布羅克將軍的第二軍。雖然布羅克的部隊在前線其他地區也遭到極大的壓迫，但他還是從各單位中招募人員組成一支部隊，迅速前往被比利時部隊所棄守的重要據點。位於總部的部隊也被迅速派遣前往執行相同的任務。德軍在濱臨海岸的尼佑港內攻佔一座橋樑，並且在敦克爾克城的邊緣地區建立一個據點之後，就無法再有所突破。德軍在狄克斯謬德(Dixmude)於逼問一位比利時槍騎兵部隊的軍官——當然那時候早已不和同盟國站在同一陣線——之後，才得知，原先同盟國部隊早就計劃，一旦某座重要橋樑將要失守的時候，就將其炸毀。比利時的槍騎兵部隊在從東面迅速推進的一支強大的德軍部隊正意圖強行通過該座橋樑的前幾分鐘才將該座橋樑炸毀。黑夜來臨前，那一道缺口已被補強，而從那個時刻開始——德軍終於無法再朝著敦克爾克猛進，原本心情忐忑不安的高特此時才鬆了一口氣。

當比利時投降的消息傳到法軍陣營時，對法軍的士氣造成嚴重的打擊。經過過濾的官方公告使大多數的法國民衆無法確切地瞭解同盟國的陣地其實已面臨危急的狀態。其中有不少的法國民衆被政府的公告所說服，而法國民間的報紙也相信政府，以爲由於貝當元帥和魏剛將軍又重返崗位，因此不但德軍在法國北部的推進行動將遭到遏止，而且，德國侵略者要不是被趕回德國就是被掃蕩一空。對他們來說，比利時向德國投降一事就如同雷諾德總理當天早晨在收音機裡所發表的充滿悲憤的談話所言，不僅是項背叛的行爲而已。從比利時的投降，使他們終於瞭解，法國的大災難已經日漸逼近了。

無庸置疑，英國政府對於比利時的投降也大感震驚。前任首相大衛·勞合·喬治(David Lloyd George)以其慣有的誇張語調對國會說：「縱使翻遍了全世界最爲墮落的國王之編年史，也無法找到一個比比利時國王還要來得背信和怯懦的君主。」不過，倫敦當局有些人士則試圖想要從法國對於李頗德感到失望和憤怒當中嗅出一些有利的跡象。因而有人認爲，假如法國眞的對於比利時的「背叛」大為震驚，如此一來，一向極力鼓吹和希特勒簽署停戰協定的失敗主義者此時或許會變得啞口無聲。史皮爾斯充滿希望地堅稱：「或許法國政府中有一些官員顯得相當軟弱和優柔寡斷，但現在他們必定會堅持到底站在我們這一邊。」就連邱吉爾也認為，比利時的投降「很可能觸怒了法國，果眞如此，那他們將不再像現在一樣是那麼地困惑和驚訝，反而會成為令德軍喪膽的對手。」法國將會處於破斧沉舟的心境。

英國遠征軍前鋒部隊的撤退雖然使人興奮不已，但卻也造成了不少後遺症。冷泉近衛軍第一營營長卡吉諾甫中校（Lieutenant Colonel A. D. L. Cazenove）當天淸晨破曉之前就開始朝著海岸的方向而撤退，他在事後回憶起因道路遭阻塞而引發的難題：「那一個撤退行動令人感到非常恐怖。無止境的延期不斷發生，我們呆站數小時，無法知道我們究竟是否會被敵軍所切斷。」

威爾斯近衛隊的第一營以單一縱隊隊形，在道路兩旁行進，他們採用這種撤退的方式，其目的在於防範敵軍的空襲。此外，道路中央擠滿了其他部隊，他們不但包括英軍和法軍，而且絕大多數顯然都慌亂得沒有秩序可言，或者是沒有受到任何形式的掌控。他們經常都沒有任何武器可供自我防衛之用，他們的嘴巴都大聲地喊：「那一條是前往敦克爾克的道路？」

至於在敦克爾克方面，前一天夜晚就已抵達並且被指派擔任海灘巡邏員以及海灘指導員的海軍人員正試著對群聚在沙灘上的群衆和士兵發佈命令。只有一位軍官在一小隊海軍士兵的陪同下駐守在主要的海灘上——和敦克爾克市毗鄰的馬洛，在和馬洛相距六英里的布雷沙丘，以及位於整個計劃的軍事行動最遠距離的拉潘。這些人員很快就察覺，事實上他們已處於孤軍作戰的狀態。他們和別處沙灘上的其他指導員、敦克爾克海軍指揮部的長官，以及停泊在外海供其差遣載運撤退士兵的船隻都失去了通訊。更糟的是，那些部隊不但毫無紀律和組織，而且，也毫無任何跡象顯示，陸軍指揮部曾用盡心思對海灘或沙丘的士兵下達撤退的命令或擬定撤退的步驟。一直對撤退的行動的各種繁雜事項極為投注的陸軍，在未經深思熟慮的情況之下，就草率地認為，一旦等待撤退的士兵抵達海岸的時候，接下來的主要工作應由海軍來擔任。雖然海灘上等待撤退的人員數目不斷地增加，但是，用來載運他們離開的船隻卻仍然相當稀少。這些等待撤退的部隊和在海灘上的指導員都不知道，整個發電機戰計劃已有所改變，主要的撤退行動將不是在沙灘上，而是在敦克爾克港。

當海峽女皇號於前一天夜晚停泊在敦克爾克港內東面防波堤附近時，一切就變得相當明顯——畢竟，敦克爾克港內要比從沙灘上更能載運較多的人員。這艘船在甲板上和船內每個地方擠滿了九五〇位士兵的情況之下，於破曉時分偷偷地駛離碼頭和港區，朝著多佛港的方向行駛。航行不久，這艘船隻就遭受到德軍戰機的猛烈轟炸而終遭下沉。不過，令人欣慰的是，船上大多數的乘客都被其他的船隻救起。

雖然遭到這次的損失，但很顯然，港口是將大批待撤退人員運走的最主要管道。泰納特對晚間已接到命令待在外海的幾艘各就各位的驅逐艦（分別是馬凱號〔Mackay〕、曼特羅斯號

〔Montrose〕、威米號〔Vimy〕、渥西斯特號〔Worcester〕、莎布列號〔Sabre〕、以及安東尼號〔Anthony〕）指示，要求它們駛進港口並且迅速朝著防波堤航行，因爲，該處較適合接運人員。同時，在多佛港內的發電機戰計劃總部也收到報告—希望將要從多佛港駛往敦克爾克的船隻也應採行類似的行動。

被任命爲防波堤替代性碼頭指揮官的克勞斯頓（J. C. Clouston）對於將在防波堤登船的部隊設立了一套嚴謹的控制系統。他將人員部署在碼頭的底部以及通往碼頭的便道上，以便維持紀律。各部隊都被重新整合成最高只有五十名士兵的許多組，如此一來，他們不但能井然有序地迅速逃亡，而且，一旦救援船隻抵達之後，又能很快登船。顯然整個撤退行動的重心已移轉到防波堤碼頭，但這卻也並未意謂著將放棄同時從海灘撤軍的計劃，不過，從海灘上的撤退需使用的小型船隻依然極度缺乏。

被強制徵用並群聚在泰晤士河以及英格蘭東南海岸的小型船隻在清晨時刻就已開始出現在多佛港，其中有些在被認爲不適合行駛英吉利海峽之後，就物歸原主，另外有些則是未能聚集在正確的指定地點。這些船沒有無線電的裝置，因而很難對其重新指示並賦予任務。除了這兩項因素之外的船隻則在被去除了船上所有不必要的設備和燃油之後，就準備展開橫渡英吉利海峽的行動。

由於缺乏海軍人員來操縱那些船隻，使得駕駛那些船隻前來聚集點的一些民間人士不但被要求志願和皇家海軍共同執行任務一個月，而且也被告知他們以及他們的船隻將要執行何種任務。

大多數都簽署了同意書，不過有些人還是顯得頗爲悲傷，因爲，他們從來就沒有想到，他們那些原本被用來當做休閒、釣魚，或是擺渡之用的船隻，如今卻將被提供做爲戰爭的用途。有一些人則拒絕簽署同意書。

那時，在毫不知曉的情況之下，我們就被告知必須用現有的船隻來從事「特技表演」……我的胃部突然形成一個硬塊……而我的小肚則使我認爲那個硬塊已經掉到我的膝蓋。我不敢看其他人，我只記得我甚至沒有告訴我的妻子和小孩我已離開倫敦，當然我更沒有讓他們知道我已經加入了皇家海軍……就在這個時刻，加入我們一同執行營救英國遠征軍行動的伯第希亞皇后號(Queen Boadicea)船上的工作人員……談到還有家室及沒有收到危難補助金等其他情事……然後，原本相互談話的那三個人在一片寂靜無聲之中藉著運送器具而攀爬到另一艘船上，接著就消失了。我非常慶幸當時竟然有勇氣藉口不去。

當待撤退的部隊開始群聚在敦克爾克海灘上並凝視著海面等候援救時，負責橫渡海峽運送部隊返回英格蘭的船隻也都分配到航海圖及所需擔任的工作。

從前一天晚上，高特就一直想和布藍查德將軍取得連繫（當時他仍然被看成是法國北面地區負責協調同盟國部隊軍事行動的將領）。由於比利時和德國簽署停戰協定，因此他想採行英法聯合行動。布藍查德一直想讓法國保有較佳的戰略優勢，因此他不斷地從某個前線的指揮處所快速地前往另一個前線的指揮處所視察，而且，他都不把自己的行蹤交待淸楚。直到上午十一時他們兩個人才連絡上，那時布藍查德才剛抵達英國遠征軍位於赫特克奎(Houtkerque)新成立的總部。

雖然他那時已身心俱疲，但是，當原來以爲法軍也接到類似指示的高特告訴他，英國遠征軍已接到倫敦當局的命令而將會把軍隊撤到海岸以便撤離歐洲大陸時，卻使他大爲恐慌。那正是布藍查德第一次聽到發電機作戰計劃，魏剛和阿布瑞爾海軍上將都沒有告訴他有關發電機作戰計劃的事。布藍查德不但一再堅稱他沒有被事先告知眞是一項錯誤的行爲，而且也指責英方爲何不早些告訴他？同樣，高特也非常驚訝地發現，布藍查德在聽到有關發電機作戰計劃時，竟然是那麼震驚。此外，高特也非常訝異，由布藍查德所指揮的法國部隊竟然還沒有接到巴黎當局命令他們前往敦克爾克等待載運的指示。不過，高特還是認爲，不論撤退與否，英國遠征軍和法國部隊在當天晚上必須同步採取撤退行動，如此一來，整體的防衛陣線才不會出現斷裂的現象。

可是，布藍查德卻完全不同意高特的看法。他並不打算讓法國部隊再做更進一步的撤退。他認爲，和德軍作戰並延後其向巴黎推進的速度是非常重要的。因此，他會讓在索穆河以南的魏剛部隊能擁有較長的時間，以便建立一道堅強的防禦陣線來抵抗敵軍的攻擊。爲了維護法國的獨立自主，每個小時都是極爲重要和珍貴的。除此之外，布藍查德也考慮到他的部隊實在也已經是筋疲力盡了。過去兩個星期以來，他們接連不斷遭到攻擊而且不斷移防調動，實在是沒有餘力再繼續移動了。即使他們眞的撤退到敦克爾克，他們也不會選擇撤退。或許，英國皇家海軍早就已經爲英國遠征軍擬妥登船的相關程序。但是，前一天早晨在多佛港所舉行的英法海軍協商會議中，他卻沒有聽聞有關發電機作戰計劃的消息，因此使他非常確定，法國海軍總部一定沒有爲法國部隊擬定這樣的撤退計劃。

雖然高特的說服功夫一向不太靈光，但他還是試圖說服布藍查德——在敵軍兵力較佳且其圍攻陣勢即將把英法部隊封閉之前，堅強地抵抗不但無法挽救什麼，而且還將造成慘重的損失。高特除了早已體認出法軍固守防線此一想法的荒謬性之外，他也不想讓自己陷於難堪的境地——當法軍仍英勇地奮力作戰之際，他卻命令英軍部隊拋棄法軍同袍而實行單方面的撤軍行動。

正當高特和布藍查德在爭論該怎麼辦的時候，法國第一軍團（事實上也正是唯一殘留下來可供布藍查德指揮的部隊）的新任指揮官皮歐克斯將軍所提出的報告卻指出，他的部隊已筋疲力盡。不論有那一種最佳的策略可供採用，以他的部隊之情況來看，根本不可能撤退。高特很想知道他們眞實的情況究竟是如何？假如他們的情況已不適宜撤退，那是否具有牽制敵軍的能力？高特這一位英國遠征軍的指揮官懇請布藍查德重新考量他的決定。

> 我……懇請布藍查德將軍，爲了法國、法軍，以及同盟國的利益著想，請您命令皮歐克斯將軍撤退。我認爲，他的部隊還不致於疲憊到無法移動。法國政府至少也能提供船隻以供其部分的部隊使用，而若能解救部分受困的法軍，也總比完全失去他們要好得多。不過，就我個人一己之力，是無法使他們願意撤退的。

由於還是無法改變布藍查德的決定，因此高特只好告訴他，無論法軍將會採行什麼樣的行動，英國遠征軍將會先前往敦克爾克，然後再從該處撤退（其實，他們早就已經這麼做了）。這是倫敦當局所下達的命令，因此他必須遵守。除此之外，他也堅定地認爲，援救他的部隊的軍事行動早已執行，若還是讓他們因受到敵軍的攻擊而喪命，那將是極爲愚蠢的。

當天，可供逃生的走道其左右兩側的戰鬥依舊相當激烈，而當天傷亡的人數也因爲慘重得超過一般戰役的死亡人數而成爲一場大屠殺。在渥赫特鎮(Wormhout)附近被包圍的皇家渥威克夏團(Royal Warwickshire Reginent)的部隊當中，八十多名向希特勒的黨衛部隊投降後，在槍砲的威脅之下，被集體趕往一座小型穀倉，然後，又被德軍投擲手榴彈殺害。至於那些沒有立即遭到殺害的，則又在機關機和步槍的掃射之下，也全數陣亡了。

同盟國指揮陣地和變動的戰線之間的通訊狀況還是一直每下愈況，最後，甚至連無線電和電話的通訊也告損毀，因而對摩托車特遣人員的仰賴愈來愈深。這些摩托車特遣騎士的任務就在於突破遭封鎖的路線而將命令和報告送抵戰線中的單位。不過，這些騎士後來卻發現很難找到那些單位的下落。高特非常清楚所下達的命令要不是沒有接獲，就是接獲的時候已太遲了，因此他就約略地將次日夜晚撤退防線的情形告知各個軍長，並且還賦予他們根據自己的判斷而儘可能地將其各自的戰鬥單位平安撤退到敦克爾克周邊防衛陣地的權利。

這些部隊在撤退時穿越過了一片充滿敗亂景象的土地。

各村落裡的每一座房舍、教堂上的尖塔、農舍、茅舍，以及人們所居住的每個處所上，都飄搖著一面白色的旗子。而且，即使並非一面眞正的旗子，至少也是由白色的桌巾、床罩、毛巾、或是手巾而做成的旗狀物……居民將這些象徵著投降的旗子升起，以便在德軍抵達時，就能清楚地明瞭他們投降的心意。

從海岸那裡傳來「敦克爾克海灘橫躺著數百具屍體」以及「數艘滿載著撤退人員的救援船隻被潛水艇或斯圖卡戰機擊沉」的謠傳。這些被德軍所擊敗的部隊相當清楚俯衝式轟炸機所能展現的強大破壞力。在遭到攻擊的時候，他們迅速地躲藏到壕溝裡掩護，「有些人爬到汽車殘骸底下，或是平躺在田野的草叢之間，或者甚至有些人站立在運河的水道中，只將頭部露出水面。在不到幾秒鐘的時間之內……看不見任何一個人影。」

其實，這些部隊的任務並不只是單純地往海岸撤退而已。他們接獲必須輕裝撤退的命令。當他們抵達敦克爾克周邊的防禦陣地時，還被要求務必不能讓裝備落入前進中的敵軍手裡。有位軍官回憶說：「我們保存了足夠載運我們抵達距離敦克爾克一或二英里處的運輸工具。而在抵達之後，除了保留一輛汽車以便緊急時使用之外，我們將每一項設備都加以破壞。在撤退時行經的道路途中，我們的部隊近乎發狂地將裝備摧毀。在曾經是寂靜幽然而且上方有著晴朗天空的鄉間小路，此時此刻的情景很可能是此一奇怪的戰爭中最令人驚訝的一幕。」大量的設備和器材都被毀壞。負責此一昂貴軍用物資的保養、維修以及配置等任務的人員對於這種極度浪費感到痛心。

新穎的無線電報機……被成排地置放在野地上，每一排共置放著二十個無線電報機。這個時候，有位帶著一把十字斧的士兵走上前去將它們逐一地敲成碎片。軍用大卡車也被以同樣的方式摧毀，冷卻器和引擎在大鎚的敲打之下變成碎片；輪胎在漏完氣之後遭到重砍和鋸切。停靠在運河附近的運輸用具則被順勢推進運河裡。這些運輸用具被一輛接著一輛地推入運河裡而堆砌起來，使得某些運河無法流通水流。

錯誤無可避免地發生了，有些錯誤甚至還對整個戰局造成不小的影響。原先被撤移到敦克爾克周邊陣地拉潘以便擔任防衛任務的多餘防空砲手，在接到指示之後，就拿起無後座力砲並加入該地區的地面防禦陣營。不過，接獲命令的人沒能完全理解命令內容，誤以爲是要求該單位所有砲手必須加入防禦陣營。爲了不使被他們所丟棄的大砲——這些大砲對於防禦敦克爾克周邊陣地並攻擊來自空中轟炸的敵軍戰機有極大的助益——落入向他們推進的德軍手中，他們在命令的誤解被澄清之前早已將這些大砲摧毀，此舉使得上級指揮官不僅訝異和沮喪，而且相當憤怒。

雖然撤退的道路上出現了阻塞的情形，但是，到了午後時刻，許多英國士兵已抵達海岸地區，並散佈在沙丘上以及敦克爾克以東十英里的沙灘上。這些地區在承平時期，每當氣候怡人的時候，常會有小孩在上面建造城堡，也會有群衆在該處嬉戲。對於搭乘船隻前來載運撤退部隊的船員來說，這些部隊看起來，「好像是數千支木根」。

沙灘上呈現出難得一見的景象。此一景象延伸極遠，海岸上的沙灘向後延展直達沙丘地帶。此一沙丘地帶的地表上面只不過是一片上面零散著枯焦草叢的黃色粉狀區域。英國遠征軍的殘餘部隊像被巨人雙腳踩踏過的螞蟻窩般散佈在此一廣大區域。其中有些聚集地在水域邊緣，等待著小型船隻將他們載運到停泊在外海的兩、三艘大船艦上；至於其他那些尚未輪到載運，或是過於疲累以致於已不在乎是否輪到的士兵則雜亂且疲憊地橫躺在一起。

許多大排長龍的隊伍不但延伸及海灘而且也達到海水裡。其中有些士兵在中級軍官的指揮之下，在抵達時早已是組織良好的單位，而且在等待載運的時候也都保持著此一狀態。在接到排列於登船的行列之指示後，他們就移動到指定的陣地，以便等待登船的進一步指示。不過，大多數的士兵都是屬於那早已在作戰或撤退等軍事行動中潰散的部隊。其中有些士兵除了只知道戰況相當不利之外，就一無所知了。他們一路上只是「跟隨著一團人」而朝著敦克爾克撤退。

生存成為優先考量事項。有位軍官後來曾經如此地寫著：「我們現在只有一個看法和一股衝動——我們只想抵達海岸邊，然後，像亞瑟王(King Arthur)般地在夜晚時分被靜靜載離。」不論是組織良好的單位，或者是衣衫襤褸的小組殘餘士兵，這些將要載離的士兵們都顯得極為疲憊和飢渴。其中有些士兵甚至已有一天以上從未進食。至於在沙灘上，許多士兵群聚成有組織的單位，而這似乎使得他們生還的機會大增。其他試圖加入這種有組織的單位之士兵，則被擔心因加入其他人而使撤退行動更為困難的人告知：「你們並不屬於我們這個單位，趕快離開這裡。」在遭受到這種無情的拒絕之後，這些士兵只好朝著敦克爾克的海灘行走，希望在離開港區之後，能加入排他性較不強烈的隊伍，以便更早被援救而返抵家園。

> 起先大家都排成一列，但假如你認爲這麼一來就能夠比排在後頭的人較早登船，那你可就錯了，最後，你會發覺自己只能站在水中而無法上船。其實當載運的船隻抵達時也並非眞的造成一片恐慌，只不過原先的行列早已亂成一團。你會自然地涉水而想登上船隻。不過，在試過幾次而都無法如願地登船之後，你會厭惡爲什麼一直站在水中，然後你將會調頭往後走，最後又終於坐在沙地上。接著，當其他的船隻又抵達的時候，你又會再度地嘗試。

許多屍體飄浮在水面上。其中大多是在德軍戰機轟炸船隻時遭殺害的。不過，有些則是在攀爬超載船隻時，因無法登船而又未能抓緊而遭溺斃。

一波波的沙丘以及上面一塊塊堆積而成的雜草或多或少形成掩護，因而較不易受到空襲。甚至有時候，在德軍戰機飛越於距地面一百英呎上空進行掃射時，還能用機關槍對其加以反擊。至少，在此一局勢艱困而且很難找到可供掩護的設施時，這些沙丘上的草叢倒也能夠使他們一廂情願地認爲是不錯的掩護處所。士兵們必須自己決定，究竟是在他們自認爲較安全的沙丘上等待沙灘海軍指揮人員登船的召喚，或者是在似乎能較快速撤離的沙灘上等待。不論是在沙灘或是在沙丘上等待，沙石不但能包裹炸彈的爆炸威力，而且也能使控制炸彈內的開花彈之擴散，使其殺傷力達到最小。但是，沙石上仍然橫躺著屍體，有些上面還覆蓋著被棄置不用的厚重大衣。可以預見，在不久之後，將會橫躺著更多具屍體。

時時刻刻都有士兵抵達。其中有些士兵甚至在一抵達海岸之後，就要求能夠立即登船回家。不過後來他們卻沮喪地發現，在他們的前面還有數千名士兵也正同樣在等待。即使是在海軍指揮人員的掌控之下，甚至連組織良好的部隊也都拒絕等待。

突然間，我看見一個人匆忙地經過……當時還沒有輪到他登船。很快地從其他一位原本排在他之前的士兵之口中傳出堅定的斥責聲：「滾開！滾回去！你這個渾球……。」很明顯，這種語氣是極為強烈的。那個人終究還是未能登船，而原本他想搭乘的那艘船現在正朝著海面駛離。於是，在沒有讓人發現的情況以及很快地就被淡忘的情況之下，他又排到隊伍行列之中……當我們處於危急的時刻，那就會像動物般極易忘掉事情……我們當時只有像猴子般的記憶力。

更糟的是，雖然浪潮的起伏並不算太大，但卻也足以使得小型船隻難以駛近岸邊執行載運任務。一位待撤退的士兵諷刺地說：「在疲憊、潮溼，和饑餓的情況之下，我們一致認為對布雷這個渡假勝地的評價太高了」。

即使當微風已漸行漸遠時，潮水仍舊是個大問題。當退潮的時候，等待撤退的士兵也隨之向前推進，以便儘可能地接近那些擔負著載運他們前往停泊在外海的大型船隻的渡輪。但是，當漲潮的時候，他們卻又不願意因退後而拉大與迎面而來的渡輪之間的距離，因為，他們極擔心，在後面的其他士兵不會隨之而退後的情形之下，他們將會喪失了排在隊伍最前方的優勢。不過，最後他們卻發覺，潮水從他們的膝蓋逐漸地上升到大腿和肩部。

當他們終於靠近一艘船時，就極力攀爬。渡輪上的工作人員——海軍士兵、商船水手，或是業餘的水手——有時候甚至還必須用槳拍打他們，否則船身很可能會因而傾覆。雖然愈來愈多的船隻抵達參與此一接運行動，可是數量還是太少，因而依舊無法大量減少在岸上等待載離撤退的士兵數目。顯然地，在早晨十時之前，此一從岸上直接載運的行動將無法獲致太大的成就。

敦克爾克港區內的防波堤附近，情況似乎顯得較爲樂觀。救援船隻抵達、泊靠碼頭、載運士兵，以及駛離港區的頻率愈見頻繁。被載運返抵英格蘭的士兵人數正不斷上升。不過，在港區內所能做的也只有這樣而已。雖然已載運了數千名士兵，但是，等待被載運撤退的士兵數目仍舊多得驚人。港區內還有數千名士兵等待載離，而數萬名士兵更是沿著可供通行的長廊缺口朝著海岸的方向前進。

順利地被從敦克爾克救離並不一定就意味著能順利地返抵家園。除了在早上就已沉沒的海峽女皇號之外，阿布凱爾商船(Merchant Ship Abukir)在滿載著士兵開往英格蘭的途中，遭到一艘魚雷艇的攻擊而沉沒。另外兩艘被招募而服役的客輪則因退潮而遭擱淺的命運。至於一艘名爲多錫恩(Douaisien)的法國貨輪——爲法國海軍總部所派遣，擔負著援救法軍特遣部隊任務的幾艘小型船隻之一——則在觸到德軍所埋設的水雷之後沉沒。原先被派遣前往搜尋德軍在加萊外海所埋設的水雷的湯姆斯布萊特號(Thomas Barlett)的拖網船則因爲在該處誤觸由英軍所埋設的水雷而下沉。該拖網船上所有的人員都因而喪生。雖然在其他船隻上的大多數人員都被援救而不致於喪命，不過，當天在他們被載離撤退之後，不詳數目的部隊卻也遭到命喪九泉的命運。若想記載那些人登船、當船隻快要沉沒時那些人被救起，以及那些人喪命等，根本就是件不可能的事。

當天清晨的雲霧，以及燃燒儲存在敦克爾克境內汽油桶的黑煙的確使得那天早晨該地區上空受到掩護。但是，後來由於風向的轉變使得天空大爲晴朗，而德軍的戰機也因此再度橫行於該地區的上空，顯然地，這些戰機在沿岸地區上空的數量比前一天還要少。原來德國空軍當天將其軍力集中攻擊在位於內陸的同盟國部隊之防線上。不過，早已沿著海岸線而逼進到敦克爾克以西地區的德軍砲兵卻對港區加以砲擊，雖然命中率並不算高，但其嚴密性卻有愈來愈增高的趨勢。

德軍大砲所造成的損害是極爲嚴重的，其所造成的潛在損害甚至更爲嚴重。當這一天即將結束之際，位於多佛港的發電機作戰計劃總部毫不考慮地就要求參與此一撤退行動的客輪不要在白天使用港區內的防波堤碼頭，因爲，他們在那時靜止不動，很可能會因而成爲敵人最佳的攻擊目標。只有戰艦才能繼續執行該項撤退行動。這些戰艦將持續地來回穿梭港區以便撤離部隊。直到夜暮低垂的時刻，參與撤退行動的民間船隻一直都只專注於接運沙灘上部隊到較大型船隻的任務。雖然停泊在外海的大型船隻仍舊不時暴露於敵機的空襲威脅之中，但卻還是遠在德軍大砲的射程範圍之外。不過，究竟此種情形將持續到什麼時候，沒有人敢妄下斷言。

雖然到當時爲止，幾乎都只是同盟國部隊挫敗、撤退，以及迷惘等的描述，但事實上，德軍部隊同樣地不但損失慘重，而且也正面臨著極爲嚴重的難題。古德林將軍就曾經在報告中指出，他所指揮的裝甲師之裝備「急需修理」。除此之外，雖然裝甲部隊長驅直入地攻入更爲內陸的區域將鉗制住同盟國部隊，使其無法朝海岸地區推進，但是，若要在海岸附近地區和同盟國部隊作戰，那勢必得採用極爲不同的戰術。古德林因而認爲：「在沼澤的鄉間地區採用戰車攻擊的戰術毫無道理，因爲，一旦下雨，必將完全地浸泡在水中……，因此，步兵部隊比裝甲部隊更適合在此種鄉間地形中從事作戰任務。」他又指出，若更進一步採用戰車攻擊，將會使「我們最優良的部隊造成無謂的犧牲。」因此，應將戰車部隊全數撤走。不但如此，在往南推進摧毀爲防範德軍進犯巴黎而部署的法軍部隊之前，這些戰車應先調養一段時間。

由於德軍的機械化部隊以大軍壓頂之態橫掃法國北部，使得現在的他們不但機動性大爲耗損，而且，對於緊迫的感受能力也大爲降低。受困於延伸的敦克爾克包圍區域的同盟國部隊其背面正靠著海峽。現在，以掃蕩的軍事行動來對付是再好也不過的戰術了。德軍指揮官在知道英軍部隊正利用船隻從敦克爾克往英格蘭時，當然極不高興。不過，他們實在無法想像，英軍怎麼可能發動或甚至已經從事眞正大規模的撤退行動。

其實，包括邱吉爾、他的戰時內閣，以及在倫敦參謀總部軍官在內的許多人士，也都無法精確地推測發電機作戰計劃究竟將獲致何種成果。直到目前爲止，從撤退中所得的數據，使人有理由相信情勢是悲觀的，因而顯得頗不具信心。羅傑・凱斯爵士前往比利時皇宮的任務在比利時向德國投降時就已宣告結束，因而他就在執行發電機作戰計劃的第三天，帶著高特的話橫渡英吉利海峽回到倫敦。根據他和高特的談話內容，高特當時仍然認為英國遠征軍獲救的機會不高，因為，高特本人非常清楚，英國遠征軍——不論是在海岸等候，或是據守在周邊防禦陣地，或是拖著疲憊步伐穿越可供脫逃的走廊地帶，或者是防衛著走廊地帶使其通暢的部隊——極度缺乏食物和軍火。而他在這種情況之下，實在也是愛莫能助。在無法充分滿足不斷呼聲要求派遣更多船隻和較實質的空中掩護的情況下，又如何奢望能成功地將英國遠征軍撤出敦克爾克？

當非官方的報導一再地傳著英國遠征軍的困境，以及皇家海軍又如何地在整個緊急撤退行動中顯得自暴自棄時，英國國會也日益不安。雖然邱吉爾在下議會毫不諱言地將壞消息告知議員，但是，他仍然拒絕對英國遠征軍所面臨的危機詳加透露給下議院。同時，他也極力避免讓人推測，英國可能會因為在軍事上遭到挫敗而與德國簽署停戰協定。

我們的部隊現正從事著極為艱困的奮鬥，在我知曉他們的狀況之後，我也非常希望能在國會中就他們所處的狀況，做一份報告。不過，這或許要等到下星期開頭的前幾天。同時，我希望國會也能事先做好準備，也許將聽到沉重和悲慘的消息。我只想強調說明的是，不論這一場戰爭的演變如何，我們絕對不能絲毫地鬆懈必須防衛這個世界的重責大任，因為，這是我們所無法推卻的。如同在我們以前的歷史中曾經發生過的諸多事件般，我們信心堅定地認為，必定能藉由自己的力量，縱使經過災難和悲傷，但也終能將敵人打敗。

這位英國首相甚至拒絕考量或許英國可以在不受更進一步重大損害（英國當時極可能因這場

戰爭而遭到大浩劫）的情形之下光榮地抽身而退的可能性，因而使他又再度地於戰時內閣中遭到外交部長的強烈質疑。哈利法克斯堅定主張：「我們千萬不要忽略一個事實——在法國於這場戰爭中戰敗以及我們的飛機製造工廠被轟炸之前，我們可能和敵軍簽訂較優渥的（停戰）協定，如此一來，就不會在三個月不到的時間之內，遭到挫敗的命運。」

邱吉爾絲毫不爲所動。他在答覆中指出，假如英國同意就停戰展開會談，但後來卻發覺德國的和平條件簡直令人難以接受，那英國這個國家整體的戰爭意志將因而盪然無存。他相當確定，德國所提出的任何停戰協定條件一定都是被設計來使英國任由希特勒擺佈。而當英國離開談判桌並且回到戰場的時候，「我們將會發現，現在可供我們運用的部隊，其戰鬥意志已不復可見。」邱吉爾接著又以令哈利法克斯困惱的說教式語調宣稱：「繼續作戰到底的國家將會再度興起，而那些因膽怯而投降的國家則只會嘗到滅亡的命運。」

仍然身爲保守黨公認的領袖，而且，雖然近日才被除去首相職務但其意見還是不容忽視的張伯倫則繼續支持哈利法克斯尋求和敵軍簽署不致於喪權辱國的和平談判。這位前任首相認爲，即使是純粹爲了使法國不和德國個別地簽署條約，那也應該試圖尋求和德國對簽署和平條約一事展開交涉。這兩位不但是戰時內閣中極爲資深的成員，而且又是受到大多數保守黨員高度敬重的政界人士，他們的所做所爲並不僅祇是和邱吉爾意見相左而已。一有機會，他們總不忘挑戰邱吉爾的領導地位。邱吉爾在戰後所寫的戰史中，在描述到當時那種危急的時刻時，對於他們兩人的觀點著墨不多。而且，即使是當高達二十五萬的英國部隊之命運處於未卜之際，他卻又遭到他們兩人所額外施加的壓力。但是，他在所寫的戰史中，也很少提及這種額外壓力。他只是談到，他從不屬於戰時內閣成員的其他政府官員中獲得極大的支持。他認爲，這些政府官員在當天傍晚的一場個別的會議中，對於他所堅持的立場大加喝采與讚揚。

爲數不少的與會人士突然從會議桌旁站了起來，然後跑到我的椅子旁，接著又大叫且輕拍我的背部。無庸置疑地，在這個緊要關頭，假如我對於領導這個國家表現出遲疑的態度，那我很可能會被丟到辦公室外面。

戰時內閣的成員克利蒙特·艾德禮則抱持著極力支持的態度。他不但是工黨的領袖，而且也身爲邱吉爾的副首相，假如此一由全國各黨派所組成的政府還想要繼續維持下去的話，那他的支持與否具有決定性的影響力。不過，艾德禮也警告：當英國大衆瞭解到英國遠征軍眼前所必須面臨的厄運時，將會感到極爲震驚。對於戰局的演變相當熟稔的人當中，絕對沒有任何人相信，英國在敦克爾克大撤退之後還能東山再起。他們一致認爲，縱使英國遠征軍能順利地從敦克爾克撤退到英格蘭，英國終究還是難逃悲劇的下場。英國政府此一不祥的預感在其決定將全國劃分成十七個食物區域的決策中顯現出來。一旦在緊急狀況中通訊中斷，那每一個食物區域將會在該區域官員的主控之下，「確保食物能獲致合理的分配」。

德軍開始加強宣傳戰：高特開始提出投降的要求，而法國也即將宣佈向德國投降。雖然英國政府實施了嚴密的新聞檢查，以防止此種謠言流傳到英國大衆身上，但是，終究無法防止大災難即將來臨的各種謠傳以及民衆的士氣因而大爲低落。英國政府也採行了數種措施，以防止國內興起一股厭戰的風潮。甚至有人在國會中建議應制定國防法，賦與政府禁止報社印製、出版，以及發行反對政府執行軍事作戰的任何言論。其中一個特定的目標就是共黨所支持的《勞工日報》(*Daily Worker*)。該份報紙不但完全聽命於蘇聯的指揮，而且還駁斥英國介入和希特勒的戰爭。他們認爲這根本就是資本主義國家之間的一大鬥爭。

英軍的戰鬥機——噴火式戰鬥機、颶風式戰鬥機，以及挑戰者戰機(the Defiants)——在最初就一直在敦克爾克包圍區的上空從事軍事行動。戰鬥機司令部在發電機作戰計劃的第三天總共出動了三二一架次，有些飛行員甚至從位於肯特的空軍基地來回飛行了二至三次。在黑暗來臨之前，十七架英軍戰鬥機在這些軍事行動中遭到擊毀或損壞的命運。被擊落的戰機中，大多數的飛行員都幸運地獲救，但仍然有七位殉職。根據戰後所獲致的情報顯示，在當天的戰鬥中，德軍損失了二十二架戰機，不過這並非全部都在敦克爾克上空遭到損失。但是，即使是這個總數也都比皇家空軍所聲稱在撤退期間提供空中掩護時激烈的空戰中所擊落的敵機數量還要少得多。

後來，當英國國家廣播公司終於得以廣播敦克爾克大撤退的相關新聞時，則聲稱：「我方人員發覺再也找不出任何言語得以表示他們對於皇家空軍的感激。」事實上，在地面的部隊發覺他們實在有太多的字詞可以用來描述他們對於皇家空軍的觀感。但是，他們是絕對不可能被應允將其觀感於廣播中陳述。例如空軍上尉艾倫・狄瑞(Alan Deere)即發現，他所屬的那個飛行中隊在敦克爾克上空就遭到幾乎全數被殲滅的命運，但是，他還是像那些地面部隊的人員般，根本就沒有將其觀感公諸於大衆的機會。當狄瑞所駕駛的戰鬥機被擊落之後，他奮力逃到海灘地區，並試圖登上一艘載運撤退士兵的船隻，以便能返抵他所屬的基地，然後再度執行飛行任務。但是，卻遭到一位陸軍少校的阻擋和大聲叱責：「從你們空軍這些傢伙在上空的作爲看來，你們實在大可待在地面上，這對你們來說或許還會比較好些。」

雷姆賽在發電機作戰計劃結束之後試圖匡正此種責罵和批評。他在公開場合曾說：「我個人和由我所指揮的部隊，非常感激皇家空軍在同盟國部隊撤退期間所給予我們的支援和掩護。」但是，在發電機作戰計劃行動展開期間，雷姆賽對於英國皇家空軍的支援則曾提出嚴苛的指責。

不論適切與否，我們都期待能獲得全面的空中掩護。但是，停泊在外海的船隻卻曾經在接連的數個小時當中，飽受到敵軍炸彈和砲彈的極大威脅，由於這些船隻的職責就是在於靜止地停泊在外海以便等待撤退部隊之登船。這使得它們船上的相關人員必須具有強烈的責任感與堅定的決心——事實上也就是英雄主義——否則實在無法完成此一使命。從這些船隻上的指揮官所傳送的報告中指出，雖然從船上的觀察中，他們相信皇家空軍的飛行員必定能展現出英勇的行爲，但另一方面，他們也對皇家空軍能否在此一撤退行動達到最高潮時提供空中掩護表達出失望和訝異的感覺。

在敦克爾克凝視著天空的泰納特上校則較不願意表現得如此嚴苛。他說：「天空的範圍是如此的遼闊，因此通常很難知道我方的戰鬥機是否在場。」

不論皇家空軍的戰果估算是如何地不準確，但是，皇家空軍飛行員那些誇大不實的戰果對於提升英國國內民衆的士氣倒產生了極爲正面的提振。這使得英國大衆和飛行員他們自己本身（當然不包括那些正被敵軍戰機所攻擊的部隊）都產生了「英軍在空戰中勝過德軍」的印象。不過，戰鬥機司令部總司令道丁上將對於此一現象一點也不感到高興。他對別人對戰鬥機司令部未能提供更多更完善的空中掩護給敦克爾克地區的人員和船隻之指責極爲反感，因此，他相當擔憂，戰鬥機司令部現在可能被命令執行更完善空中掩護的任務，那在德軍對英國本土展開決戰式攻擊還未展開之前，他將會損失更多的戰鬥機，屆時在防禦英國本土時，在戰鬥機的數量上將處於絕對的劣勢。

道丁爲了使飛行員誇大不實的戰果報告所造成的欣喜感能減至最低，因而提出了「英國本土的戰鬥機防禦數量幾乎已面臨了最低數量之臨界點」的報告。他警告說，假如戰鬥機司令部的防禦英國本土之效能因執行敦克爾克大撤退的空中掩護而遭到破壞，「那整個戰局將會變得極爲嚴重。」事實上，他所要說的是，爲了順利完成發電機作戰計劃而所提供的空中掩護實在太多了；不過，他並不是說，只須提供少量的戰鬥機就足以達成空中掩護的目的，而是他認爲，最必須優先考量的，還是應該讓英國本土的空防力量能不因執行其他任務而使其完整性遭到破壞。

邱吉爾對於所必須優先考量的事項則有不同的看法。對他來說，讓部隊從敦克爾克撤退到英格蘭是他現在認爲最爲重要的。當然，他也極瞭解戰鬥機司令部總司令的心情及其關切的事項。但是，綽號爲「沉鬱先生」的道丁因時常發表過於悲觀性的預測而享有上一「盛名」。艾侖賽在日記中曾把他描述成「一個令人感到好奇的老傢伙」。空軍參謀長尼華爾也頗有同感地認爲戰鬥機司令部的總司令實在是過於擔憂了。英國皇家空軍將持續地對位於敦克爾克附近等待撤退部隊儘可能地提供空中掩護，而這當然是以理解和認知英國本土空防將不致於遭到剝奪的情形之下爲之。

高特在當天下午從他那位於內陸的指揮所搬移到海岸附近，並且還在拉潘境內一處原爲比利時皇家別墅（位於敦克爾克以北十英里處）裡成立他的總部。他的指揮所則和橫跨英吉利海峽，接連布魯塞爾和倫敦之間的電話纜線相距不遠，這使得這一位英國遠征軍的指揮官得以保持和英國首都之間的連繫。高特在對該區域巡視一番之後，就向國防部提出以下的報告——大約有兩萬名士兵等待撤退，他們不但暴露在猛烈的空襲之下，而且各項事物看起來又都是那麼地蕭瑟而黯淡。他警告說：「毫無疑問，假如空襲依舊像現在的密度持續下去，那這個地區將會變成一個殺戮戰場，這樣的情形其實在接下來的四十八個小時之內很容易就會出現。」

這位英國遠征軍的指揮官要求倫敦當局能對其所下達的指示加以澄清。他極爲擔憂，一旦可供逃脫的走道之兩側——或者是當更多士兵因撤離而留下更大的防禦漏洞——在他所有的部隊抵達海岸之前就已潰敗，那麼，在撤退行動得以更進一步展開之前，周邊防禦陣地將遭到敵軍的蹂躪。他很想確切地知曉，一旦情況變得更爲惡劣時，倫敦當局將對他抱持著何種期望。是否期望他率領英國遠征軍向敵軍投降以便防止大屠殺的產生，或者是期望他能戰到最後的一兵一卒和最後的一顆子彈？爲了確保獲得明確的指示，他必須獲得來自陸軍大臣艾登的電文。

我們信心十足地認爲，你和由你所率領的英勇部隊將會爲了確保我國國家的安全而繼續從事艱困的戰鬥……皇家海軍正提供一切可能的援救，而且，在這些危急的日子當中，皇家空軍也將盡其最大力量來提供空中掩護。

這是否意謂著他將必須戰至一兵一卒呢？他還是無法確定。

入夜後，撤退行動的進行顯得較爲安全，因爲，這時德軍飛機都已降落停放在地面，使得在東防波堤附近的船舶能夠輪流駛入港區，而且，在海灘附近的小型船隻也能夠繼續執行轉運士兵的任務。不過，當天總共只有一七、八〇四名士兵被運抵英格蘭，而這大約是沙灘上待撤退士兵人數的三分之一而已，不過，這是前一天所撤退人數的兩倍。但這並不意味著發電機作戰計劃就能因而脫離失敗的厄運。

新聞局長古柏最後終於獲得內閣的首肯而開始讓英國大衆做好最壞打算的準備。他在當天晚上的一個廣播演說中，試圖讓民衆瞭解未來將遭遇極大的難題。

雖然我們的部隊必須從他們現在所據守的陣地撤離，但這並不意味著他們是被打敗的部隊……我們的部隊依舊勇氣十足，他們的意志力絲毫沒有受到動搖，每一位軍官和士兵都渴望和敵軍在戰鬥中遭遇和對決……我們都還記得在上次大戰中那些黑暗的日子……表面上看來似乎已在戰爭中遭到嚴重的挫敗。但事實卻絕對不是如此——雖然當時從各種事件來判斷，似乎顯得相當悲慘，但後來卻證實是通往勝利之途的前奏……當危險不斷上升時，我們的勇氣也爲之增強並且勇敢地與其對抗。

不受英國新聞檢查規範的紐約《前鋒論壇報》(*New York Herald Tribune*)從倫敦所做的報導則顯得更爲悲觀。

英國遠征軍……今夜在此因爲挫敗的緣故可能將被放棄……在此一如史詩般的悲劇當中，敦克爾克港是脫逃的唯一希望，但由於敦克爾克遭到數量上佔盡了優勢的德國空軍之殘暴攻擊，因而使得倫敦當局認爲撤退英法兩國的部隊是件極不可能的事。於是，在此一悲傷且不確定的夜晚，英國的精良部隊（指英國遠征軍）將面臨不是被滅絕就是投降的困境。在這個國家裡，沒有人會認爲高特將採行後者。

在這樣的狀況下，使人很難不會質疑，是否高特在撤退到海岸附近的過程當中，犯下了悲慘的錯誤。包諾爾將軍在那天夜晚所寫的日記中曾如此記載：「可憐的老友，他在偵察自己的處境之後覺得相當可怕。過去他總是爲著極微不足道的事而煩惱，但如今，他所承受的重擔是他一生當中所絕對無法卸下的。這位英國遠征軍的指揮官竟然在三個星期之內就被趕到海裡！這實在是個令人意想不到的命運。」

第四天　穿越鬼門關

這一天是由悲劇開場。在清晨天還沒亮的那幾個小時裡，搭載著六五〇位在布雷海灘由小型船隻所轉運的士兵的威克弗號(Wakeful)驅逐艦正朝著多佛港的方向航行。雖然它是採行最短的航線，但為了避免航線中所佈滿的水雷，以及沿岸德軍大砲的轟擊，它的航程因而變得極為冗長。在它還沒有走遠之前，船腹就被德軍的魚雷擊中。隨之而來的爆炸將船身炸成兩半，在不到十五秒之內就沉沒了。搭乘此一驅逐艦的撤退人員當時都在船底部的船艙中熟睡，因而命喪海底。威克弗號的姐妹船葛雷弗頓號(Grafton)驅逐艦，當時搭載了八百名撤退人員，也在找尋搭乘威克弗號的生還者時被魚雷擊中。葛雷弗頓號在黑暗中緩慢下沉時還對潛伏在其附近的一艘小型船隻開火，因為，該驅逐艦的船長認為那是一艘德軍魚雷艇。前往營救葛雷弗頓號生還人員之利德號(Lydd)掃雷艇也對這一艘令人起疑的船隻加以撞擊，企圖使其沉沒。可是，後來卻證明，那不是一艘敵軍船隻，相反地，竟然是英軍的另一艘康弗特號(Comfort)。當時康弗特號掃雷艇之所以在附近航行，其目的也是為了搶救威克弗號船上的生還者。沒有人知道在此一連串的不幸事件中究竟有多少人喪命。諸如此類悲劇性的混亂、誤擊，以及不幸事件，早已成為整個敦克爾克大撤退中常見的一部分了。

即使在位於多佛港的發電機作戰總部獲知上述不幸傷亡之前，該處值勤人員早已對可能發生大災難的種種跡象苦惱不已。當天夜晚大約有七十艘船隻橫渡英吉利海峽。其中有些將駛往海灘搭載待撤退人員，其他的船隻則將停泊在防波堤附近執行載運人員撤離的任務。可是，那些船隻究竟在何處？它們早該在清晨三點之前就應駛回英格蘭，到了早晨六點卻未返回。應該可以確定的是，其中很多船隻要不是被敵軍擊沉，那就是已因破損而無法再執行任務了。而假若在黑夜的掩護之下就已經損失了那麼多艘船隻，那麼，要是在白晝展開撤退行動，情況又將會如何呢？

位於多佛港的人員之擔憂不斷地高升，不過，由一艘驅逐艦所傳來敦克爾克方面的情形卻又或多或少地使恐懼感稍加紓解。「載運待撤退人員任務的船隻……由於遭遇到港區入口處煙幕的影響而造成航行的困難，再加上途中遭到敵軍的砲擊與來自空中的轟炸，因此很難進入敦克爾克港區。」原先期望客輪能從防波堤載運大量的撤退人員，最後卻令人大失所望。除此之外，一夜之間所突然發生的一股超強碎浪更使得在艱困環境下試圖執行搶救人員任務的小型船隻和海軍士兵再度遭到嚴重打擊。任何一陣北風的吹起，都能使得敦克爾克附近海岸線興起一股巨浪。停派在海岸附近的船隻必須等到北風過去，也就是早晨陽光快要出現的時候，才能執行任務。

同時，周邊防衛陣地東面區域的情勢發展也對整個撤退行動造成新的威脅。德軍在攻佔尼佑港不久之後，就把重型大砲移到該港附近的比利時海岸，迫使在當地擔任防衛任務的守軍不得不往拉潘的方向撤退，德軍此舉也使得位於附近外海的族德庫特通路(Zuydcoote Paso，爲通往英格蘭的一條較長之航道)處於敵軍砲火射程範圍之內。中海峽通道(Middle Channel Passage)因此成爲白天唯一可供行駛於敦克爾克和英格蘭之間的通路，由於此一通路佈滿水雷，計劃在白晝期間橫渡英吉利海峽的所有船隻都接獲了使用該水道的指示，雖然很可能會造成大塞船，但還是可以藉由小心航行來克服。

可是，不論如何小心航行，還是免不了地遭到敵機來自空中的攻擊。德軍終於瞭解，英軍在敦克爾克附近海岸的活動比他們原先所想像的規模還要大得多。原先他們以爲，除了極爲少數的英軍能夠順利撤退之外，其他大多數的英軍都將在後有海峽而且其他三面又都受到德軍包圍的情況之下，要不是豎白旗投降，就是遭到德軍的圍殺。可是，德軍從空中的偵察獲知，英軍撤退的決心以及所投注的心力都是令人所難以想像的。德國空軍再度接獲指示，必須全力對付此一局勢。於是，德國空軍對那些船隻發動了密集的空中攻擊，而且一直持續到最後一刻，其所造成的傷亡人數多得驚人。

除了前一天白晝期間被派遣到下海峽(bottom of the Channel)的那兩艘驅逐艦之外，另外一艘名爲勇士號(Gallant)的驅逐艦不但遭到毀損，而且，在一次行動中終於喪失了再服役的能力；一艘名爲美洲虎號(Jaguar)的驅逐艦在遭到一顆炸彈的攻擊之後無法行駛，最後只得被拖回多佛港；至於一艘名爲手榴彈號(Grenade)的驅逐艦則在防波堤附近滿載了部隊並啓程朝著多佛港方向航行時被擊中，船身起火燃燒，在失去控制的情形之下，漂浮在港區裡。該艘驅逐艦在沉沒之前被拖離港區，以免因沉沒而阻塞了入口。最後在港區外因爆炸而終於沉沒。艦上生還者極少。

四艘客輪、一艘單桅帆船，以及兩艘掃雷艇也沉沒了。至於在遭到破損的船隻當中，包括了三艘英國驅逐艦、三艘法國驅逐艦（雖然當時法國還未擬定全面從海上撤退的計劃，但那三艘驅逐艦卻早已加入英軍的撤退行動）、兩艘掃雷艇，以及兩艘客輪，在這些遭到破損但還可使用的船隻當中，有一艘名為莫那皇后號（Mona's Queen）。當發電機作戰展開之際，莫那皇后號是第一艘冒險進入敦克爾克區域並載運撤退士兵的船隻，雖然船隻在援救行動中遭破損是常有的事，但莫那皇后號的破損卻令人產生一種極為沮喪的不祥預兆。許多小型船隻在試圖援救海灘上待撤退的人員時，遭到轟炸、猛烈的砲擊，或甚至被毀。它們的殘骸就擱淺在海岸地區，要不是正起火燃燒，就是已遭燃毀，而這種景象最容易引發待撤退部隊心裡陣陣的恐慌。每艘划艇可載運高達三十位人員，是一種極受沙灘上待救援士兵所歡迎的海上運輸工具，但是，其中許多划艇轉運士兵到停泊在外海的大型船隻之後，就被丟棄而漫無目的地漂浮在海上。有位海軍軍官就曾在報告中指出：「當這些士兵抵達停泊在外海的大型船隻之後，都會跳到船上，然後就任由那些曾經載運他們的划艇隨著潮水漂浮。由於划艇所使用的槳都已經遺失，使得那些划艇變得毫無用處可言。」在焦慮地等候救援，和幸運地到目前為止在空襲中尚能生還，再加上終於登上了將駛回家園的船隻，幾乎沒有任何一位士兵願意冒險將划艇划回海灘上接運那些並不像他們那麼幸運的士兵。至於大型船隻上的那些水手，他們不但有時必須跟隨著小型船隻的人員來回穿梭於沙灘和大型船隻之間，而且還必須時常運用大型船隻上的砲火來對抗來襲的敵機。當敵機從地平線上消失之後，他們還有船上的任務待完成，根本無法舒適地休息太久。除此之外，他們也實在是太疲累了。他們當中很多人自從「無用的人手」開始撤退的時候，就一直全力投入任務，因此每天的睡眠都極爲稀少。他們當中有許多人，尤其是海軍艦艇上的工作人員，幾乎整個星期都在敵軍的空襲之下執行載運人員的任務。

即使船上有多餘的人手可用來協助在沙灘上的人員從事井然有序的撤退行動，但卻也並非總是能成功。當停泊在布雷外海的拜德弗單桅帆船(Sloop Bideford)派遣人員上岸以便負責沙灘上的撤退行動時……這幾乎是不可能執行的任務。沙灘上的士兵飛快地湧向小型船隻，因而在淺水中將那些船隻弄翻，而當轉運他們的船隻將他們送上單桅帆船時，也沒有想到必須將被弄彎的舵柄弄直，以便能再度供他人使用。

這雖然並非獨立的個案，但像這樣的行爲卻絕對不是極爲罕見的。在整個撤退行動的過程當中，部隊的行爲因其所受的訓練、個人的行爲標準、責任感、軍官在場時的紀律，以及遭遇困境時的情緒反應等而有所不同。有些士兵在搭乘小型船隻抵達大型船隻之前，並沒有像大多數的士兵般登上大型船隻後，就將划艇棄置而任其漂浮在海，相反地，他們不但沒有登船，反而還將划艇划回沙灘，以便載運在他們之後等待撤退的士兵。至於在沙灘上等待撤退的士兵當中，也有一些士兵很有耐心地在零落的隊伍中等待輪到自己時才登船，而不像大多數的士兵那樣，爭先恐後硬把原先排在自己前面的士兵擠到後頭。

根據一些等候多時終於可登船但又返回沙灘上協助其他士兵撤退的士兵所做的報告中指出，

他們在沙灘上並沒有看見任何一起違反紀律的事件。但也有其他士兵則堅稱，在沙灘上的每一位士兵都是只爲了自己。因此，當士兵們爭先恐後地湧向水面並且把駛來的小型船隻弄翻時，在海灘上的海軍指揮軍官於勸阻無效的情況之下，通常都會揮舞武器，以便強迫他們井然有序地登船。

我拿出我的左輪手槍並且對著站在隊伍最前面那位士兵的水面開槍。發射子彈時的巨響以及水面上濺起的水花著實使他們嚇了一跳。我警告他們必須往後退。我告訴他們：「假如你們再繼續這樣下去，那任何一個人都休想離開這裡。現在，你們兩個人去把那艘小型船隻推到淺水中，並且把船首轉過來背向著沙灘。」一位少校出現了，他詢問到底發生了什麼事。在我把經過情形告訴他之後，他問我想要怎麼做。我告訴他，我想設立兩個登船點，而在那兩個點之後，從沙灘延伸到沙丘之間將有兩條由每六十名士兵爲一組的組群（各組群間相隔著某些距離），以便一旦敵軍展開猛烈攻擊時，能減少死傷的人數。那位少校毫不猶豫地著手進行我所告訴他的兩排組群之策略。

沙灘上等待撤退的士兵——不論是紀律嚴謹或早已沒有紀律的士兵——在遭到猛烈的砲轟以及長距離的撤退之後，都顯得極爲疲憊和無助。雖然從觀看德軍飛機緊密轟炸的行動看來，即使好不容易擠上駛往家園的船隻，但這也並不意味著一定就能平安地返抵家園。雖然如此，他們還是很想搭上駛往家園的船隻。外海漂浮著正起火燃燒的船隻，水面上則浮著殉職士兵的屍體。事實上，部隊在從敦克爾克港區，或是沙灘上被載運回英國途中，其身心所受的煎熬遠比當時從內陸撤退到海岸地區途中遭受敵機來自空中的攻襲要來得嚴重。很少士兵曾經有過在船隻甲板上遭受空襲的經驗，更遑論有時還是在甲板下的船艙內遭敵機空襲。

今晨三點，當一枚水雷擊中驅逐艦的時候，產生了一個非常恐怖的爆炸聲。我想，那麼巨大的爆炸威力一定早已把我嚇得失去了知覺。當我醒來時所知道的第一件事就是，我正搖搖晃晃地在黑暗中摸索，試圖找到船艙的門。整艘船搖晃得很厲害……找到逃出船艙並可前往甲板的路對我來説，簡直就像是一場惡夢。四周的環境一片漆黑……過了不算短的一段時間之後，我才突然想到，或許我們當中還是有人能夠抓住逃生的機會。不過，後來不知怎麼，我卻又覺得其實這也並不是很重要。大災難的景象……仍然正試圖穿透我腦部的外層。我記得在美國的電影中曾看過類似的情景。賈利．古柏(Gary Cooper)總是能想出解決之道。

從德軍在陸地上設下的陷阱脫逃的許多士兵原本都認爲這下子他們應該可以安全返抵家園，後來卻又發現，他們自己事實上正在英吉利海峽爲自己的性命向前划行。許多參與援救行動的商船水手擔心自己會喪生在英吉利海峽的海底墳場，在從事穿梭於海峽航行一次之後，就把船停泊在英國的港口，拒絕再度回到對岸接運。他們原先所擔任的工作必須由海軍人員來繼任，但是，能擔任那些工作的海軍預備人員又顯得極爲短缺。至於新近被徵召的船主在知道所須執行的任務竟是充滿了危險的時候，都嚇得不願上船。不得已，只好派遣基地人員以及海軍官校的學生匆忙接下那些任務。

經過半個世紀之後，在倫敦的國防部長還是拒絕讓非軍方人士來調查那些不願參與以及選擇不參與撤退計劃人士和船隻的相關資料。事實上，在那一段日子，還是有一些民間船運人士以及海軍官兵展現出非凡的勇氣和無我的精神。雖然不斷遭到敵軍魚雷和戰機突如其來且驚心動魄的攻擊，他們還是駕著船隻快速地穿越在英吉利海峽兩岸之間，將士兵載離。此外，他們還經常毫無畏懼地前往援救被敵軍擊中的其他船隻。當葛瑞斯菲特斯號(Gracie Fields)汽船從拉潘海灘載運了七五〇位士兵朝著英吉利海峽對岸航行但卻遭到敵機的轟炸之後，它的上層甲板充滿了由破裂管子裡所冒出來的蒸氣，而它的舵軸則因遭到擠壓，迫使船身不斷打轉。兩艘平底船的船長在不顧自身和船隻安危的情況之下，設法將葛瑞斯菲特斯號的船首和船尾繫緊，以解救和載運該艘汽船上的士兵。至於掃雷艇潘伯恩號(Pangbourne，當時因接近炸彈而損失了十三位船員，而且，船上的羅盤又遭損壞)也駛近那艘被擊中且有下沉跡象的汽船，希望能援救船上生還的人員，能將其拖回英格蘭，不過，最後卻功虧一簣。

其實，僅是停留在敦克爾克附近，就如同歷經神話中地獄之旅。武裝的奧瑞王(King Orry)運輸艇於當天傍晚大約六點左右抵達敦克爾克之後很快地就發現，港區內所有其他的船隻都已著火燃燒。而它自己本身也遭到俯衝式轟炸機的攻擊。在遭到重擊和嚴重損毀之後，它面臨了將沉沒在港區的入口處而阻礙該處援救行動的危機。不過，幸好它的人員努力使它漂浮，並且在沉沒到海底之前駛離港區。

雖然德國空軍的攻擊行動持續而密集，但英國皇家空軍的戰鬥機司令部還是固守著其原有的策略——節約使用其戰鬥機中隊，以便一旦德軍對英國的城鎮和飛機製造廠展開大規模的攻擊時，能夠與之對抗。但是，第十一戰鬥機群的指揮官派克少將卻一直不斷且迫切地尋求能改變空中掩護的戰術，因爲，原先的戰術使他的戰機無法有效地和德國空軍對抗。不過，如今已能對整個戰局採行較爲實際評估的戰時內閣也不得不接受「戰鬥機司令部已無充足的戰機可用來執行持續不斷的空中掩護」此一事實。原先戰時內閣認爲發電機作戰計劃只能持續兩天，因此才會做出持續不斷的空中掩護之命令。戰時內閣現在已經同意，持續不斷的全面性空中掩護之軍事行動只有在較不重要的時段才能施行。

對於在沙灘上待撤退的士兵以及前往搭載他們的船隻來說，除了在夜晚時段或許敵軍的空中攻擊行動會稍加限制之外，根本就沒有所謂的「較不重要的時段」。不過，空中掩護的戰術改變也意謂著戰鬥機司令部將可以開始派遣較大規模的巡邏機群——每次最高可達四個中隊——以便能較有效地和德國空軍大規模的攻擊機群相互較量。結果造成了各次巡邏的相隔時間拉長（有時候是令人難捱的一個小時，甚至有時還超過一個小時），而在相隔的時間當中，敦克爾克的上空根本就沒有英國的戰機。德軍戰機在當天中午和夜晚之間對於載運撤退人員船隻的五次集中式攻擊行動中，有兩次在空中完全沒有遭到任何英軍戰機的抵抗。不過，皇家空軍還是聲稱，當天在敦克爾克上空擊落了六十七架德軍戰機，而英軍只損失了十九架戰機。這是一個極爲誇大不實的數據。德國空軍當天在法國和比利時上空，總共只損失了十八架戰機，而且，其中有些還是在敦克爾克上空被皇家海軍的防空砲火所擊落。

由於噴火式戰鬥機和颶風式戰鬥機以較大規模的機群從事巡邏工作，因而能較有效地遏止德軍戰機對於撤退士兵和船隻的空中攻勢。更重要的是，由於英國戰機以較大規模的姿態出現，因而對德軍飛行員和戰機組員之士氣、信心，以及作戰技能都造成重大的破壞。他們自從發動攻擊行動以來，已經將近三個星期夜以繼日地執行任務。原先就已瀕臨體能完全崩潰的窘狀，如今卻又必須面對從開戰以來數量最為龐大的英軍機群。不過，由於在沙灘上等待撤退的士兵看見前來援救的船隻在海面上被炸毀，而且，登船的士兵在搭乘企圖橫渡英吉利海峽以便返回英格蘭的船隻時也遭到來自空中的攻擊，這不但使他們的悲痛日益加重，而且也開始認為皇家空軍怠忽其應盡的職責。他們當中很少人能瞭解，要不是皇家空軍的戰機數度突破德軍戰機的空襲行動，在沙灘和海面上的英國士兵和船隻將遭到空前大災難；而且，也正由於皇家空軍的轟炸機數度對較內陸地區的德軍陣地、補給線，以及軍火庫加以轟炸，才使德軍難以整合起來封鎖敦克爾克被圍困英軍所賴以脫逃的那個缺口。皇家空軍的人員在倫敦的公共酒館裡遭到剛從敦克爾克被援救返回英國的士兵之咒罵和毒打，他們生氣地指控皇家空軍是那麼寡廉鮮恥地讓人失望透頂。

當這一天漸趨尾聲之際，沙灘以及沙丘後面的區域逐漸變得擁擠。英軍部隊先是以數以千計，接著又以數以萬計的情況蜂湧而至。

在我們往海岸地區撤退的途中，我們認爲海軍應該不致於像陸軍那般笨拙地造成混亂。我們總是存著幻想——海軍早已配備著重砲在等候著我們，他們在我們的後面部署了一個保護我們的火網。而這當然使我們感到極爲安心。

雖然抵達周邊防禦陣地的士兵大多是步行而來，但也有許多各式各樣的交通運輸工具抵達。其中包括了載運著軍需品和設備的救護車以及卡車，但也有其他的交通運輸工具是自己摸索著抵達海岸地區！路上雖然有許多憲兵臨檢，以便使道路不因車輛衆多而造成擁擠，但它們還是躲過了憲兵的檢查而抵達海岸地區。由於周邊防禦陣地必須維持著強大的防衛兵力，因此周邊防禦陣地的指揮部只能派遣極少數的士兵來維持交通。有些士兵是一路上掛在軍用卡車的兩側或站在其上而抵達的，另外有些士兵則是搭乘著被他們所強徵的汽車。此外，也還有一些士兵是使用較不傳統的運輸工具：有些是騎著在路上所發現的腳踏車，有位士兵駕駛著一輛比利時垃圾車，有些士兵則是騎著執行其他軍事任務，或是從所經鄉村所獲得的馬匹。

法國的部隊也開始大規模的湧入周邊防禦陣地。當他們行經陣地中因英軍的管制而形成交通順暢的區域時，也被要求必須丟棄交通工具而以徒步的方式前進。不過，這些法國部隊對於在自己的國土上竟然還必須遭到外國人的命令一事眞可說一點都不領情。在英法兩國的交相對對方提出警告以及用槍枝指著對方而威脅時，引發了非常強烈的反彈情緒。這些法軍雖然因爲敵軍的入侵而被迫脫逃，但心中仍舊意志堅定地想要奮戰到底，因此，當他們看見自己的軍用設備遭到摧毀時，都認爲是對他們自己軍事上無能的另一次羞辱。

在前往海岸地區時，雙方的磨擦已日益形成。英軍不斷抱怨法軍根本就無能維持基本的路上紀律——他們駕乘著運輸工具橫衝直撞，根本就無視於整個情況如何，更遑論要求其遵守應採行那些路徑的協定。他們當中絕大多數對於英法兩國高階層軍官間的協定要不是一無所知，就是大加指責。法國部隊提出嚴正的抗議，認爲英軍採行此一高壓的姿態來制定規則和準則，根本就是把海岸地區當成自己的領土般發號施令。有一位法國軍官在他自己的日記中就曾如此記載：「又有一個交通阻塞的情形發生，範圍長達一英里……英國部隊把該處所有的出口都用栅欄圍著，如此一來，他們自己的部隊就能較爲從容不迫地穿過那些出口。法國部隊簡直要發狂了。有些槍砲手甚至還說要拿英軍來做爲訓練射擊的對象。」

當法軍最後終於抵達海岸時，不僅身心極爲疲憊，而且還憤怒地發現，雖然英軍早已考量到將井然有序地撤離部隊，不過，他們卻只爲了自己國家部隊的安全著想而已。法國軍官向巴黎當局抗議他們以及士兵們在海岸邊遭受到來自英軍的種種不平等待遇，而法國政府也因而向倫敦當局抱怨此事。對於許多法軍官兵來說，不僅是英軍在面對敵軍的挑戰時就發瘋似地逃往海邊，而且，竟然還理所當然地把海岸邊的器物據爲己用。一位法軍上校在憤怒地拒絕聽從英軍不得往這或應該往那進入的指示之後，竟然遭到英軍以槍口指著他而不得不被架開的對待，雖然事實上並沒有爲了執行海邊紀律而發生以武器互相開火的重大事件，但有位英國士兵還是在他的日記中記載：「有一個由大約二十位法國士兵所組成的部隊，或許是不習慣英軍的排隊方式，竟然衝向海邊，而且還搶到一艘划艇。他們在爬上划艇之後，開始划槳，划沒多遠，就立即遭到皇家海軍砲火的射擊，然後，我們看見那艘划艇在海面上浮浮沉沉，而且，附近也漂浮著幾具屍體。」

此一撤退行動無疑是屬於英軍方面的軍事行動，因此，在海邊等待登船的法國部隊或甚至只是極小規模的部隊（其實就連比利時和荷蘭部隊也不例外），當輪到他們登船時，要不是被下令走開，就是遭到阻擋而無法登船。原先一些較具組織的部隊都已撤退到海岸地區，因而法軍指揮部甚至還安排將派遣數量更爲龐大的部隊。不過，在當天抵達海岸地區的法軍卻對在岸邊試圖使整個撤退行動不致陷於混亂的英國皇家海軍的工作人員造成難題。爲了防止混亂局面的產生，因而提供馬洛地區部分的海灘專屬法軍使用。此外，英軍也呼籲法軍應派遣更多船隻以供自己國家的部隊使用。

法軍的官兵對於英軍佔用其國土的海灘大表氣憤，其原因是可以理解的。但是，除了少數法軍高級軍官外，很少法軍官兵知道，其實高特曾經花了兩天半的時間，試圖規劃出英法兩國部隊進行同步撤退的步驟，但後來卻發現，法軍根本無意撤離。就在當天早晨，阿布瑞爾海軍上將還「發了一場火」，因爲，身爲該地區在同盟國部隊最高指揮官的他不但沒有接獲來自巴黎當局「該地區即將展開一場大撤退」的命令，而且，對於英軍正著手挑選一個以上的登船指揮官一事又毫無所知。阿布瑞爾當時還是希望能「據守敦克爾克，直到戰至最後一兵一卒以及最後一發砲彈爲止。」他認爲英軍應協助他執行這一項任務。

高特不但極爲惱怒，而且也感到百思不解。時間都已經不夠用了，能再牽制住德軍的時間已經不多。雖然來自於倫敦當局的那些指示早已顯示出，已經考量也一併將有意撤退的法國部隊列入英國的整個撤退計劃裡，不過，對於身爲該地區同盟國部隊高級將領以及很少走出他那位於地下的碉堡的阿布瑞爾來說，他的一舉一動似乎正說明了同盟國的計劃應該是堅強地據守，並且勇敢地遭受著血腥的大災難。

高特詢問倫敦當局，以便清楚地瞭解他應如何處理此一狀況。究竟應否運用英國船艦來載運法軍從事撤退的行動？高特對於這個議題尤其是想從倫敦當局獲得一個明確的答覆。事實上，高特自己並非樂意協助法軍撤退。他明確地指出：「船艦上每登上一位法國人其實就是取代了一位英國人。」他從國防部那裡所獲得的答覆，正是他所想要獲得的。

雖然「不應做出任何與協助法軍撤退有關的事來」此舉可能會使人認爲英方和法方之間缺乏合作的基礎，不過，您的指示——將英國遠征軍的安危列爲首要考量——是極具價值的。我們有充分的理由相信，法國的海軍總部現在正採取行動，以便能對法國部隊提供船運的援救。而一旦法國的船隻前來載運其本國的部隊時……英軍和法軍的相關人員之間將公平地使用各項設備。不論如何，在法軍船隻出現之前，你有權運用英國的船艦來載運英軍人員。

上述這段話聽起來相當率直。不過，在那麼一個處於混亂不安中所執行的軍事活動，無可避免地將發生使情況更爲複雜的事件。法軍指揮部終於在當天授與法軍撤退的任務。邱吉爾爲了振奮法軍的抵抗決心，曾經發出一則呼籲團結的電文給雷諾德。他告訴這位法國總理：「我們希望法國部隊能充分運用各項撤退設施……我們並不知道有多少部隊將被迫投降，不過，我們兩國必須儘可能地共同承擔此一損失，而且，更重要的是，絕不能因爲發生了無可避免的困惑、壓力，以及勞累，而相互指責對方。」即使只有六艘法國海軍船艦前來協助撤退工作，也誠屬不易。

由於通訊設施遭到破壞，使得英軍對於法軍士氣百倍地駐守在周邊防禦陣地右側一事所知甚少。英軍指揮官其實用不著再度堅定自己的信念——法軍的無能是使得同盟國陷於困境的最主要原因。當時即將交出第二軍指揮權並從敦克爾克返回家園的布羅克將軍在他的日記中曾記載，法國軍隊已變成「一群烏合之衆……每當德軍戰機飛臨上空時就驚惶失措。」

在巴黎的史皮爾斯持續報導在巴黎境內日益增高的失敗主義情緒。除此之外，還能作戰的法國男子卻還未被動員，以因應敵軍的威脅，這是因爲負責徵召的後勤軍官實在沒有庫存的制服和槍枝供他們穿用。這實在是一個「非常荒謬的情況」，電諾德大叫地說。魏剛則大聲呼籲：「英國政府應該瞭解，當法國在極不願意的情況下發現自己已經無能抵抗敵軍來保護自己的領土時，英國遭遇相同下場的時間也應是爲期不遠了。」從魏剛上述的呼籲中，委實很難令人獲致任何的自信心。

不過，令人驚訝是的，雷諾德在考量戰況的發展之後，突然又再度展現出一絲的希望。這位從極度沮喪的深淵中再度爬起來的法國領袖現在似乎又興起了一個信念——雖然於北方的戰場中失利，但還是可望在南方的戰場中揚眉吐氣。他要求正準備從敦克爾克撤離的英軍部隊不但應儘速地編成作戰單位，而且也應儘速地運回法國境內，若再連同當德軍發動攻擊時就已被派遣前來法國從事訓練的三個英國師，那將足以和敵軍對抗。雷諾德又更進一步呼籲英國皇家空軍的轟炸機司令部以及戰鬥機司令部，應運用更多的資源在法國境內的戰場上。他又接著指出，已經下達命令給法國境內的空軍基地，必須完全配合英國飛機使用。

不論雷諾德究竟是爲了何種理由而突然提升了士氣，但邱吉爾已被迫面對此一事實——法國的投降只不過是早晚的事，而當此一情形發生時，早已有一個和希特勒密切合作的政府將取代雷諾德政府。雖然邱吉爾希望法國支撐得愈久愈好，但是，他也示意在巴黎的史皮爾斯，一旦他必須向法國的領導當局告知英國在法國投降時將持續作戰的計劃時，不應該過於詳細。

例如，英國正在從事緊急事故時的準備工作，以便一旦必須爲國家的獨立自主和生存權作戰時，確保來自國外的補給品能源源不斷地運到英國境內。英國一半以上的食物以及大多數的原料物品都是從國外進口的。他們必須找出能確保物品順暢地運抵英國的方法。最後，他們所擬定的計劃是，將所有的運輸品改在西海岸上岸，因爲，西海岸和被納粹所佔領的歐洲距離最遠。由於德國的U艦(U-boat)在波濤洶湧的海上極具威脅，使得在發電機作戰計劃中採用大規模的皇家海軍驅逐艦變成是一項賭注頗大的賭博。不過，大多數人都認爲，假如能保持百分之六十的進口數額，那英國「應該有足夠的食物來餵養其人口以及足夠的原料來從事基本的軍需武器之生產。」至於諸如「香蕉和小孩玩具」等進口用品則將遭減量進口。

更爲急迫的是必須做好擊退德軍入侵的準備工作。在戰時內閣裡提出的建議當中，有些是極爲古怪的，而這也正暴露了英國本國國防的諸多限制。例如，首相曾提議，過去戰爭結束後所保留的德軍老舊大砲可佈置在英國的沙灘上做爲反戰車砲之用。此外，由於槍枝短缺，竟然有人想到從博物館裡取出鄉團民兵所配置的長矛和原始的武器，以使人員有可供操練的器物。

英國人一直擔憂德軍可能已研發出新型的武器。每一天都有新的謠傳產生。其中一則謠傳是德軍將採用一種生物戰——這種由德國科學家所創造的雜食性蚱蜢將成群地散佈到英國境內的農場裡，以便使英國人在饑餓的情況下不得不向德國投降。另一則謠傳則是德國已研發出像鴕鳥蛋大小且極具毀滅性的炸彈。這種炸彈還具有一種能使大砲喪失攻擊能力的神奇裝置。聽說比利時之所以如此迅速地向德軍投降，就是因爲遭到這種炸彈的轟炸所致。

英國本國防禦部隊被告知，必須提防敵軍發動來自海上的大規模入侵行動。他們將會策動高達兩百艘之多的快速動力船隻（每艘船隻上面載運了一百位配備重武器的人員），同時對英國海岸諸多不同的據點加以攻擊。這些不久前才設計完成的動力艇很可能在將其所載運的武裝士兵卸下之前就已直接地衝到岸上。諸如此類的攻擊行動若再配合著向英國內陸展開空中轟炸的行動，將使英國國內的防禦部隊很難同時應付。參謀委員會也語氣不祥地指出：「我們並不認爲我們能夠防止敵軍來自空中或海上的登陸行動。」

雖然邱吉爾本人對於此一威脅和其他危機知之甚詳，但他還是極力想防止失敗主義侵蝕了英國人的士氣——要是敦克爾克大撤退的情勢仍然沒有好轉跡象的話，那英國人的士氣將很容易遭到打擊。他相當清楚，假如德軍無敵的形象進入英國人的心靈，那麼恐慌的情緒將如同瘟疫般地迅速傳染。從他在當天所發佈的指示中可以明顯看出，他把政府官員的態度和情緒視爲最重要的一環。

在這些黑暗的日子裡，假如政府裡首相所有的同僚以及高級官員都能在自己的崗位上保持高昂的士氣，那首相將感激不盡。首相的意思並不是要我們低估各種事件所帶來的危機感，而是希望我們能信心十足地把自己的能力和決心表現出來——一定要持續地奮戰，直到敵人將整個歐洲置於其統治範圍的野心被粉碎爲止……不論歐洲大陸的戰況如何演變，我們不但不能對於我們的職責有所懷疑，而且還應該運用所有的力量來防衛英倫三島以及歐洲大陸。

對於戰爭應該付出更大的心力。不僅應鼓勵軍需品工廠的工人更加努力生產，全國各界也應該儘可能地提供戰爭物資。濱臨泰晤士河的倫敦塔（Tower of London，昔時曾被用來當做監禁人犯的牢獄）裡突出的古代加農砲早已不適合用來當做戰爭武器，因此應該熔化，以便製造出新的炸彈和砲彈。許多城鎮的公園和廣場四圍之鐵欄杆，以及公園內露天演奏台的鐵製用品也都應該取下而運往熔煉爐裡。此外，官員們也認爲，基於安全保藏的理由，此時應該把國家藝廊(National Gallery)以及皇家收藏中心(Royal Collection)裡的藝術品運往加拿大。

高特在位於拉潘的指揮所此時還是無法確知，一旦德軍突破了周邊防禦陣地時（此種情形隨時都可能發生），倫敦當局期望他如何因應。國防部裡，參謀總長狄爾將軍擔心高特這位英國遠征軍的指揮官很可能會誤解前一天傍晚所發出的一則模稜兩可的祕密電文，而以為電文內容的意思就是要求他在不計任何傷亡的代價之下，誓死奮戰到底。哈利法克斯甚至還建議應該明確地告知高特，假如戰鬥到底的結果是他的手下將遭大屠殺的話，那麼，「放棄纏鬥」——也就是投降——並不是什麼不光榮的事。

邱吉爾卻不以為然。他認為若下達這樣的指示，將只會使這位英國遠征軍指揮官更為不知所措。在高特必須自己做選擇之前就指示他去從事一項極難下決定的抉擇，是極為錯誤的，因為，這只會使他更難理解自己的處境。邱吉爾首相認為不應下達明確的指示，因為，他認為任何一位勇者在極為困頓的情勢之下必定會運用自己的判斷力來做最佳的選擇。而高特目前正處於極端困頓的情勢。邱吉爾堅稱，在那一則送給高特的機密文件中，並沒有暗示，一旦英國遠征軍在缺乏食物、飲水，以及軍火，或是在完全沒有救援的希望之下，仍然應該繼續戰鬥。邱吉爾首相當時還是沉醉在一種無可確信的樂觀情緒當中，因此他認為，藉著不過早告知高特他或許可以向敵軍投降的方式，很可能可以使敦克爾克再多支撐一天，而若能多支撐一天，那可能就意謂著將能多運送四萬名士兵返抵英國。因此，究竟如何因應，將完全交由高特這位英國遠征軍的指揮官來決定。邱吉爾在當天傍晚所發出的一則私人電文中也如此告知高特。

假如你和我們之間的通訊完全中斷，而且，根據你的判斷，認為再如何地嘗試也都無法從敦克爾克港區及沙灘上展開撤退行動，那麼，將交由你來全權判斷和決定，希望能不再遭受到敵軍進一步的傷害。國王陛下的政府確信，英國皇家陸軍的聲譽在你的手中是不會遭到玷污的。

高特相當感激邱吉爾發出那一則私人的祕密電文。在指揮了數場英國軍事史上重要的戰役但都遭挫敗的命運之後，高特眞的非常需要那樣的電文。不過，他還是和先前一樣，無法明確地知道究竟是否要奮戰到最後的一兵一卒。爲何要強調英國皇家陸軍的榮譽？難道英國皇家陸軍的榮譽比士兵們的性命還重要？

通往海岸的道路上擠滿了英國部隊。其中有位士兵在日後回憶說：「每一條道路上都可看見成堆的運輸工具和部隊，由撤退人員所形成的數條冗長撤退線都朝著同一焦點——敦克爾克——匯集，造成一幅極爲奇特的景觀。除了戰車之外，包括救護車、載貨汽車、大卡車、大砲載運車，以及大砲縱隊等，都在平坦單調的鄉間道路上醒目地緩慢爬行……由於塗上了灰色的僞裝漆，因而若從遠處眺望，實在像極了火山爆發後由土色岩漿所形成的緩慢流動之河。在最後階段，也就是他們必須把運輸工具摧毀的時候，雖然身心已感到極爲疲憊，但是幾乎當中所有的人以成千上萬的數量朝著海面前進。

疲倦像木板打到我們頭上般地困擾著我們（有位冷泉後衛部隊軍官如此地說）。當我往前行進的時候，我的雙腿還是保持緊靠的狀態，我知道我自己走路的樣子像極了酒鬼。過了一會兒，我覺得想嘔吐，而且，我也曾經離隊數分鐘。當我們停下來準備休息十分鐘的時候，我把整個身體平躺在溼冷的路上，眞正地休息了幾分鐘。

許多單位還是保持著完整的隊形和裝備，有些甚至在抵達周邊防禦陣地之前都還一直保有自己的運輸工具。有些精銳的步兵部隊，雖然曾遭遇激烈戰鬥而且又損失相當數量的人員，但他們竟然還能以極爲井然有序的縱隊隊形行進。不過，更有無數個連級和排級部隊要不是被拆散成較小規模的隊伍，就是已經遭到潰散的命運。爲數衆多的士兵要不是獨自行走，就是沿途加入其他的隊伍，有時當中的成員根本不熟識。不論是軍官、新徵召的人員，或是一般的士兵，都拖著沉重的步伐一同向前行。其中許多人還使用砍下來的樹枝當做枴杖。他們都朝著敦克爾克的方向匯集。

即使當他們已經穿過周邊防禦陣地的陣線時，一股往前推進的動力使得他們即使在夜暮低垂時，還是不放慢步伐。他們必須抵達才不過數英里遠外的海灘，以便能被載運返家。

我們繼續朝著馬婁—李斯—拜恩斯(Malo-les-Bains)的方向前進。在穿越鐵道之後又經過了羅森達爾(Rosendaël)的殘破街道。該城鎭的斷垣殘壁豎立在我們身邊，好像是某種逝去的古文明遺跡……街道上時常快速地閃爍著令人百思不解的影子，它們在殘破的門口進出，然後消失在角落裡。原來是一群徬徨的當地居民，他們在敵軍迅雷不及掩耳的攻勢中，被迫退居到地下室裡。此外，還有一些趁機掠奪物品的人，以及很可能地，一些間諜。

到了五月二十九日黃昏，也就是展開朝著海岸方向撤退的第三天之後，事實上，英國遠征軍幾乎所有的部隊都已經完成撤退的全程。除了一些落後者之外，英國遠征軍已撤退進入敦克爾克的周邊防禦陣地之內。據守著可供逃脫之通道使其不致於被封閉的部隊在付出重大傷亡的代價之下，完成了任務，當中的生還守軍如今也撤退了。雖然撤退大逃亡的行動總還順利施行，但對於大多數的人來說，此一大規模的脫逃行動只不過帶來一線希望而已。

當他們抵達撤退路線的盡頭時，對於舉目所見的情形感到極爲恐慌。他們從遠處就可看見敦克爾克港區內起火的油桶所冒出的煙幕。

那個煙幕高掛在天空好像是死亡正伸展著翅膀。至於煙幕下方則是聳立在地平面和較爲底部的黑暗邊緣地帶上遭摧殘的建築物和教堂的黑色半面側身影像，像極了可置人於死地的翅膀。在這些巨大的黑色半面側身影像之間，橘色火焰所形成的長條形火舌正吐向天空……這是一個非常可怕的景觀。不過，就一個才剛逃出敵軍包圍陣地的逃難者來說，這可是一點也不壯觀。我們似乎正朝著大滅絕的方向前進。

接著，在繞過此一幕如同地獄般的景象之後，來到了沙灘上。但是，在這裡所看見的人性表現——大多數人爭先恐後地聲稱擁有撤退優先權——似乎使人預先嘗到了即將毀滅的滋味。那些在不久之前才和德軍交戰過的部隊非常清楚，敵軍的前鋒部隊應在後面不遠處。由於一直遭受來自德國戰機的攻擊或是威脅，因而瞭解他們的自身安危仍舊是個問號。等待撤退的人員中，絕大多數都未曾被部署來防止敵軍地面部隊突破周邊防禦陣地，因此，一旦他們抵達海岸邊的時候，發現除了在沙灘或沙丘上找個地方等待之外實在沒有什麼事可做。有些必須在那裡等待高達四十八個難熬且折磨的小時，有些甚至還要等待更爲長久的時間。

沿著海岸線一眼望去，以前原本成排的夏日渡假小屋，在遭到主人的棄置不用之後，如今只得斜置在沙丘的後面。這些夏日渡假小屋在某些地方事實上是直接地面對著沙灘。許多已遭到炸彈的破壞，其他的則只遭到輕微的損壞。有些部隊在那些夏日小屋裡居住，他們希望能安全地不致遭到來自空中的轟炸。

在這些面對大海房子的地窖裡，我們找到了藏身之處……將這些房子當成藏身之處根本就是一項自然的正常反應……其中有位極度受到驚嚇的人，他根本就不想離開藏身之處。我問他：「難道你不想回家嗎？」他的回答是：「不，我只想待下來。」

當沒有遭來自空中攻擊而且看起來又似乎無法立即登船的時候，有些人爲了避開沉悶，就訂定了在海岸邊踢足球的規則，也就是說，他們都相當有默契，當他們不踢球的時候，都可以回到其原先排隊的位置裡。也有一些人四處來回走動，也許是想看一些別的景色，也許是爲了伸展一下雙腿。至於一些冒險心較重的人則慢慢地走回沙丘之後的建築物區域，以便在被棄置的飯店、商家，和咖啡店裡找尋食物和飲料，不過，這些地方大多已被洗劫一空。有位士兵跌跌撞撞地看見在布雷村落的法國部隊，他們當時正圍著一團大火煞有介事地烹煮食物。當他靠近的時候，他們邀請他一同享用，事實上，他們只食用烘烤的豆子和飲用香檳酒而已。不過，他已經是夠幸運了。有些人直到登上船後才有食物，甚至有更多人直到返抵英格蘭後才得以進食。

當船隻或小艇載運人員的時候，等待的隊伍其移動速度之緩慢使得距離防波堤或水線很遠的人感到不耐。對於岸上等待撤退的大多數人來說，在輪到他們登船之前，敵軍空襲以及既期待但又必須面臨現實狀況雖然令人苦惱，但卻也是在那裡等待而沉悶得令人害怕的日子當中，唯一能使人感到刺激的時刻。

雖然高特曾多次警告，德軍隨時都可能突破防線，雖然海空軍的損失極爲驚人，雖然由民間客輪負責於白晝期間在防波堤所展開的撤退行動忽然中止，但是，倫敦當局以及位於多佛港的發電機作戰總部於當天終於逐漸地領悟整個撤退行動或許並不會遭到完全挫敗的命運。目前爲止被載運返抵英格蘭的部隊人數已遠超過此一行動展開之初所想像。當天早晨，英國遠征軍撤退人員是以每小時高達兩千名的速率從防波堤登船。

除外，雖然高特曾提出不祥的警告，但從所有的報告中卻顯示，周邊防禦陣地仍然可以守住。許多人都認爲，再守住一天或甚至兩天都是極有可能的。而在周邊防禦陣地還能守住的時候，撤退的行動應能加快。可能會損失半數以上的英國遠征軍，此一情景令人想來非常可怕。不過，目前還可能從撤退到周邊防禦陣地的部隊當中援救數萬人返抵英格蘭。在敦克爾克地區必須施行更緊密且有效的組織動員，因爲，過去數天的撤退當中，不但發生了許多錯誤，而且也喪失了很多機會。很多船隻在港區外海等候進入港區的時間過久，同樣地，也有許多船隻停靠在防波堤的時間過久。整個延綿相當長距離的海岸線裡，有些船隻無謂且危險地在沙灘外等候，相形之下，較爲遠處的沙灘上所聚集的待撤退人員卻並不多。結果是，有些船隻是在沒有完全載滿的情形下抵達多佛港。

泰納特上校和他的海岸工作小組成員自從兩天前抵達之後每天的睡眠就從此少得可憐。在戰爭情況之下監督和控制軍隊的撤退行動著實是一件艱難的工作。泰納特需要協助。當天下午，弗狄瑞克・威克渥克海軍少將（Rear Admiral Frederic Wake-Walker，曾任戰艦指揮官）被指派前往敦克爾克協助，使撤退行動的速度得以加快。他並不會取代泰納特，因爲，泰納特還是繼續地擔任海軍在陸上的高級軍官。威克渥克的任務是指揮「往海面航行的船隻以及停泊在比利時海岸外海的船隻」。他將指揮這些船隻，在從英格蘭前來載運待撤退人員之後將航向何處。英方之所以設計出「比利時海岸外海」這個名詞，是因爲如此一來，威克渥克不但無須受到在敦克爾克的阿布瑞爾海軍上將的指揮——當時他仍舊是法國西北海岸地區同盟國的高級軍官，而且，當他在執行自己的任務時候，由於不會受到阿布瑞爾的注意，因此也就不會更進一步地激怒早已生氣不已的阿布瑞爾。

威克渥克此行還帶了兩位海軍高級軍官——他們將分別負責拉潘和布雷沙灘外海的撤退行動，以及由軍官和士兵所組成的一個小隊——他們將協助維持沙灘上的待撤退部隊之紀律。雖然紀律不佳還是個令人頭痛的難題，而且，直到撤退行動結束之前都仍將是個難題，但是，他們遭到的難題將比早已在海岸附近工作的海軍人員較易解決。原先群集在沙灘上雜亂毫無組織的部隊如今大多數要不是已被載運離去，就是已變得井然有序。不久前才剛從內陸地區抵達的部隊絕大多數都屬於紀律嚴整的戰鬥部隊和其相關單位。更重要的是，軍官們也逐漸展現其原有的威信。

正當我們自以爲已輪到我們登上下一艘返回來載運的划艇時，有一位軍官拿著已拔出槍套的左輪手槍，跳到水裡，然後命令我們這一組人員退到隊伍的最後面，他大聲地斥責我們，說我們不應插隊在別人面前……我們這一組人對於此種不平的待遇感到不滿，因而激烈地和他爭論。那位軍官威脅著要射殺我們。我認爲他和其他的軍官們都不是說著玩的。我們在極爲沮喪的情形之下，不得不離開水面，然後，又拖著沉重的步伐往人群集中的沙灘上走。

更小型的船隻開始抵達並從事載運人員的工作，其中包括起先曾焦慮不安地等待的登陸小艇。雖然當時只有八艘，但發電機作戰總部應允將派遣更多的船隻。至於在倫敦的海軍總部則在爲了因應來自海峽對岸的苦苦懇求，因而命令小型船隻聯盟協會徵用更多「合適的動力船隻」，以便能立即從英格蘭的更南端和東面的海岸（也就是從樸資茅斯到雅穆斯〔Yarmouth〕）加入服役的陣容。

由於有希望能載運更多數量的部隊，使得海軍總部在當天就決定讓這些希望能夠落實。在參與此一撤退行動的各型船艦中，驅逐艦所載運返抵英格蘭的撤退人員最多。此外，在參與的所有船隻中，當匆忙地航行於多佛和敦克爾克之間時，驅逐艦也是配備最精良而且最能擊退德軍來自空中和海面攻擊行動的船艦。不過，在當天將要結束時，海軍總部卻下令此一撤退行動中最現代化的驅逐艦停止執行任務。

在當天黃昏之前，總計共有十艘驅逐艦沉沒或無法再服役，因而令人擔憂英國本土的防衛能力。假如這種損毀的速率持續進行，那英國的現代化驅逐艦隊將遭到毀滅的命運。同樣的推理也限制了英國皇家空軍在敦克爾克上空作戰的戰機數量。英國必須擁有足夠強大的海軍軍力以便擊退敵軍的入侵行動和防衛海上航道，假如海上航道無法保持順暢，那整個國家將無法存活。

雷姆賽中將被告知他將能繼續地運用他那剩下來的十五艘較舊型驅逐艦以及其他任何一艘他能徵集的船艦。不過，卻禁止讓現代化的驅逐艦不斷地穿梭在危險區域，當然更不能將它們靜止不動地停泊在敦克爾克港內載運撤退人員，因為，這麼一來無異將成為敵軍最佳攻擊目標。海軍總部表示，這雖然令人感到遺憾，卻不得不這麼做。

海軍總部之所以如此輕易地下達此一命令，是因為遭受極大壓力的登船控制軍官對於危險的錯估。當天傍晚有一位海岸工作小組的軍官曾經從位於拉潘的英國遠征軍部傳送「曾遭到當天數起事件的影響」之電文到位於英格蘭的國防部和海軍總部。該則電文事實上所要說的是，由於遭到敵軍猛烈的空中轟炸，使得敦克爾克港因而遭到阻塞。換句話說，從港內的防波堤根本無法從事更進一步的登船活動。

可是事實卻並非如此。雖然港區內四處散置了燃燒船隻的殘骸，可是並未嚴重阻塞。防波堤和先前一樣都一直那麼好用。不過，多佛港和敦克爾克港的登船工作人員之間的通訊則極不理想。和敦克爾克那一端的無線電聯繫只能在驅逐艦停靠在防波堤時才能進行。由於無法從敦克爾克或其他管道獲得證實或否認，而且也未曾想像如此一個重要的電文竟然會出差錯（尤其還是經由國防部和海軍總部的傳送），使得發電機作戰總部毫無選擇地只能命令船隻不得再進入港區。他們又再度被受限於只能使用較不具效率且更耗時的方式——停泊船艦在外海，然後派遣小型船隻前往沙灘載運人員。結果，在當天其餘的時間以及次日夜晚期間，只有五艘小型船隻進入港區撤退了數百名人員，而不像先前藉由大型船隻停泊在防波堤般，能運送數千名待撤退人員。

在早晨時從港區的登船速度加快的情形看來，使人會充滿希望地認為當天將可運送五萬至六萬名待撤退人員。不過，由於錯誤的報告，當天只有四七、三一○名運送返抵英格蘭——其中三三、五五八名從港區，一三、七五二名則是從海灘出發。這使得自從展開撤退行動以來，總計撤退了七二、七八三名人員，這雖然比原先所期望的要多出許多，但是，在敵軍的軍事行動終結了此一撤退行動之前，雖然時間已經極為有限，還是可以有所作為。

只要能生還，這些被援救的人員在回到英格蘭的海岸時，都受到英雄般的歡迎。當他們興高采烈地在多佛、蘭斯蓋特、希爾尼斯（Sheerness），以及其他英格蘭東南部的港口登陸的時候，在收到三明治、茶、啤酒，以及香煙等食品之後，就匆忙進入了等候在旁的火車裡。在前往聚集中心途中，每當在車站停下時，就受到當地居民的歡呼喝采。他們在抵達英國各地的聚集中心之後，將換發新的衣物並且充分就食，接著又將被送往各地的營區重新整編。

邱吉爾傳話給雷諾德：「一旦我們重新組織我們的撤退部隊，並且事先安排一些必要的部隊來防衛我們的生命，使不致於遭到敵軍的威脅，或甚至入侵，那麼我們將建立一支嶄新的英國遠征軍，並將其派遣到法國作戰。」不過，此一過程所花費的時間遠比這位英國領袖所估計的還要長——需要四年多。

第五天　迷你大艦隊

在那裡的船隻正在下沉。敵機又以俯衝的方式投擲炸彈。士兵們接二連三地掉落到水裡。有兩位士兵抬著一個擔架走過來，但是，躺在擔架上的則是一位士兵的屍體，他們在沙丘和沙灘交界的地方停下來，把擔架垂下來放在地面，然後用槍托挖了一個墳墓。接著他們就埋葬了那位死去的袍澤。沒有人知道他們抬著他的屍體走了幾英里遠的路，但他們已盡最大的力量使他能較爲接近英格蘭。他們在用沙子覆蓋了他的屍體之後又同他道別，接著又在立正後向他行禮。然後，他們沿著沙灘走到排隊的地方。

英國大衆對於英吉利海峽對岸的戰況並非極爲清楚。一份法國方面的報導指出，自從開戰以來，已經有兩千架德軍戰機被擊落，而這使得英國大衆還覺得頗爲欣慰。後來在英國各地街角書報攤所公布的皇家空軍擊落敵機數量（其實是頗爲誇大的數量），更加使其確信有那麼多的敵機曾被擊落。不過事實上，戰況已經極爲吃緊——布倫和加萊已落入敵軍手中，比利時已經投降，而皇家海軍的戰艦也有數艘已沉沒海底。雖然大衆並不瞭解英國遠征軍正被趕到海裡——英國國家廣播公司只說有許多「並沒有直接參與作戰的部隊」已經從法國撤離——但是，卻有不少人都已經知道，英國遠征軍已撤退到法國的海岸，而坊間也謠傳抵達多佛港以及英格蘭南部海岸的許多港口之爲數龐大的士兵其衣衫極爲襤褸。

雖然新聞檢查使得援救行動能不被流傳，不過，發電機作戰結束而新聞檢查的措施也立即較爲放寬，這使得地區性的報社得以刊登別人所描述挫敗部隊在從敦克爾克載運返抵國門之後那段期間的所見所聞。那些疲憊骯髒的部隊拖著沉重的步伐前往（在多佛港區內）等候的巴士，以便載往火車站搭乘在那裡等候的火車……」。佛羅以德(Florid)的散文有時更能清晰地呈現整個景象。

在身上沾染了海水、臉上留有戰爭煙火味，以及因飢餓和口渴而造成的難以用言語來形容的疲憊情況下，他們拖著疲累的身體緩慢地走到這塊土地上可庇護他的處所。他們爲了保護這塊土地，曾經付出了許多心血。由於腦部因敵軍不停的轟炸而麻木，神經因現代戰爭裡恐怖的吵雜聲而遭損害，再加上各種感官因曾經歷過可怖的景象而失去知覺，因此使得他們那時只渴望兩樣事物——安慰和休養。

對新聞媒體的管制已較爲寬鬆，因而使得美國的媒體用不著透過其在多佛港的記者和其他許多人的報導就已經能夠知道眞相——「疲憊不堪、遭受創傷，而且又穿著邋遢的同盟國部隊在從法蘭德斯突圍且一路遭到轟炸的威脅之下，睡眼惺忪去搭船返抵家園」，以及「英國遠征軍的殘餘部隊——身上沾染了血跡和泥土，走路時好像快睡著——已經陸續地抵達英國的港口。」

英國大衆大多已知道，當德軍突破周邊防禦陣地之後，絕大部分的英國遠征軍很可能還留在敦克爾克地區的沙灘上。不過，哈洛德・尼古森新聞局長的議會祕書（他在數天前才建議他的妻子應該和他一樣，身邊隨時帶著自殺用的毒藥）在曼徹斯特《守護神報》（*Manchester Guardian*）的專欄裡呼籲英國民衆不要心灰意冷：

> 所接獲的是壞消息。在未來的幾天當中，我們可望獲得更壞的消息……讓我們不要垂頭喪氣……難過是無可避免的，但希望也是無可避免的。我們大英帝國所能掌握的資源遠勝過德國……德軍藉著運用在前幾次戰爭所未曾使用過的方法，或許可以讓他們的幾千名士兵在大不列顛登陸……但是，英國整個國家將會像個男子漢一樣地挺直腰桿來抵抗這樣的入侵行動，而且，不論突然間將發生任何混亂或破壞的事件，無庸置疑地最後將會達成目標。

合衆國際社的特派員在向美國提出報導時很可能已享有新聞的自由：「英國的領導人士今晚已把德軍入侵英國視爲極度迫近。」雖然他們不可能向記者說出那樣的話，但那句話的內容卻也正是英國的領導階層們所擔心的。德軍的可能入侵早已成爲政府和軍方高層人士的夢魘。情報單位的報告也指出，德國海軍不但已經在挪威的海岸強化其海軍的活動力，而且也在北海的港口聚集了一個動力船的船隊。雖然他們一直非常忙碌地在英國的海域埋設水雷，但根據報告指出，他們保持著使英國海岸的某一水域完全找不到任何一顆水雷。皇家海軍元帥杜德萊·龐德爵士(Sir Dudley Pound)的戰時內閣報告中指出，雖然他深信皇家海軍必定能在德軍所發動的主要海軍攻擊中與之抗衡而不落敗，但是，他卻也認為某些敵軍的入侵船隻很可能將偷偷地逃過皇家海軍的防衛網。他們很可能將必須在陸上與敵軍對抗，但是，卻又無法說出敵軍將在何處的海岸登陸。

英國直到那個時候還未能在其沙灘上埋設反戰車地雷，因此許多人都極為擔憂，一旦德軍對海岸地區展開攻擊，將造成極大的驚惶。必須等到下星期才能生產那種地雷。戰時內閣和參謀本部都對於海岸防衛軍力的不足而苦惱。在苦無對策之下，邱吉爾竟然建議，假如敵軍眞的在英國的海岸登陸，那就用毒氣來對付他們。雖然國際法明令不得使用毒氣，但他覺得英國人「在自己的領土上有權做自己想做的事。」

大約二萬五千名從倫敦和其他城市撤離的小孩認為德軍轟炸機的主要目標又將改變。原先他們是被送到英格蘭東岸和南岸地區的庇難處所，可是現在這些地區已被認為是德軍最可能攻擊的目標。這些小孩將被遷移到其他地方——也就是英格蘭內陸和威爾斯地區。

擔心第五縱隊將採取陰謀顚覆活動，因此對於未曾被拘留且年齡在十六歲以上的外國人實行了戒嚴的措施。此外，除非獲得警方的允許，任何一位外國人將不得使用腳踏車或足以協助其從事顚覆行動的動力交通工具。

民間的防衛措施也極為嚴謹。政府開始對沒有在家中設置小型的波狀鐵皮防空避難屋的人民加以取締——政府已經免費供應兩百多萬這種防空避難屋供民衆設置在其家中或後院。政府已訂定一條法規要求每一位獲得防空避難屋的民眾正確設置，否則必須向有關單位解釋原因。

在敦克爾克的泰納特上校於這一天（第五天）開始發覺，竟然不知道早已應抵達敦克爾克港區載運撤退人員的船隻究竟在何處。他還不瞭解發電機作戰總部已經接獲「敦克爾克港遭封鎖」的錯誤報告，因此他在破曉之前就已經安排將從防波堤撤離數千名士兵。在附近道路和沙灘上的部隊已經準備迅速前往碼頭，以便一旦船隻停泊在防波堤附近時，能登上航向家鄉的船隻。

船隻未能出現，更加深了在防波堤的海軍工作人員以及等待撤退的士兵們之夢魘。泰納特和他的部屬擔心，要是那些船隻在途中沉沒或拋錨，那前一天那種重大的傷亡損失將會再度出現。他們並不知道，發電機作戰總部在獲得敦克爾克港區入口處已遭封鎖的錯誤報告之後，就已經指示船隻在夜色的掩護之下，從多佛港出發，沒有往敦克爾克港的方向航行，而朝著海岸外的陣地前進，以便能接運小型船隻從海灘上所載運的撤退人員。

對於威克渥克少將（在前一天晚上的夜色中抵達外海以便瞭解外海的作業情形）來說，他對自己在第一天白晝所應擔任的工作並不樂觀。比德弗特號史魯普型砲艦（Sloop HMS Bideford）在其船尾被炸掉四十英呎之後，已經擱淺在附近。冠毛鷹號拍槳式汽船（Paddle Steaner Crested Eagle）在起火燃燒後已擱淺在不遠處的沙灘上。其他各種不同的大小船隻也都遭到不同情況的毀壞，有些被棄置在淺灘上而且還繼續地燃燒著。接近海水的沙灘上擠滿了成群的士兵，他們當中有些涉水想要援救他人。距離海水不遠的沙灘上則已經站立著許多規模較大群的部隊，其他部隊則還是在沙丘附近。雖然有些船隻已經不航向敦克爾克而駛抵外海處，但是，只可看見少許船隻，航行於沙灘和外海船隻間的小型船隻似乎也很少。

一組海軍訊號人員應該在岸上用手提訊號燈示意派遣船隻並準備載運人員，可是，當天早晨以及在當天的整個撤退行動期間，完全看不見任何一位海軍訊號組的成員。此外，敦克爾克和布雷以及沿著沙灘的其他任何地方也都沒有建立相互通訊的設施。結果，在沙灘上的巡視人員爲了加速撤退行動，根本就不知道是否適合指示等候撤退的人員沿著海岸往前行進數英里抵達港區並登上停泊在防波堤旁的船隻。

沿著海岸的許多地方，登船的控制程序還是無法貫徹施行。有位海軍軍官後來在報告中指出，每當組織好搭乘下一艘船隻的小隊之後，經常會有一些殘兵出現在沙灘接近海面的地方而破壞了原有的組織……殘兵們持續不斷地抵達，造成爭先恐後的現象。

高特位於拉潘的總部不斷地請求派遣更多的船隻，因爲，等待撤退的船隻正遭受來自空中的攻擊，因而必須立即援救。倫敦當局又再度接到報告，周邊防禦陣地的守勢再也無法支撐多久的時間，而且，當德軍突破防線的時候，將損失大量的部隊。諸如此類的警示字眼現在已經常地出現在拉潘和國防部的通訊之間。擠滿了許多疲憊且飢餓士兵的多處沙灘不斷遭到來自空中的攻擊，至於遭到包圍的敦克爾克地區之危機意識則未曾稍減。德軍大砲在這一天的白晝期間終於可以將那些沙灘置於射程範圍之內。這些沙灘和敦克爾克港區正遭到敵軍大砲的轟擊，雖然砲火並不十分準確，而且所造成的效果也有限，但有些人已遭到創傷甚至殺害，而且，沙灘上橫陳的屍體數量越來越多，有些覆蓋東西，有些則沒有。

更糟糕的是此時又傳來不利的消息——德軍似乎沒有遭到補給困難的現象，但是，防禦著德軍的周邊陣地中有些部隊軍火已經極爲短缺。守軍已沒有足夠的砲彈和子彈來和敵軍作戰，那些陣地很可能將遭到敵軍的蹂躪。

高特希望在周邊防禦陣地遭敵軍突破之前，在沙灘上等待撤退的大多數人員都能載離。然後周邊防禦陣地的兵力將遭到縮減，而且部隊也將從防線撤走，只留下足夠的人員和敵軍周旋。留下來防衛的最後一批後衛部隊將在夜色的掩護下撤退，並且搭乘一艘事先準備好的船隻離去。雖然計劃頗爲周詳，但只要看一看仍然群集在沙灘上的士兵就可以知道這似乎只是痴人說夢。

當天早晨在多佛的雷姆賽中將和高特一樣，對未來並不抱持太大的希望。根據報導，敦克爾克已遭封鎖，再加上在前一天新型驅逐艦就已被下令不得從事救援行動，民間客輪也因敵軍集中軍事活動而被限制只能在夜間行動，而且，數艘大型船隻要不是已沉沒就是無法服役，因此，除非發現敦克爾克港還未被封鎖，而且防波堤也還可供使用，否則似乎沒有任何有所做爲的機會了。若防波堤喪失了作用，那將會是一個嚴重的打擊。根據泰納特的估算：「一艘驅逐艦在外海接運來自沙灘的小型船隻所載運的人員，必須花費十二個小時才能滿載六百名，但是，若在防波堤臨時碼頭直接載運，則只需二十分鐘就能完成。」這不僅關係著船隻及上面的工作人員之安危，而且也和撤退的速度有關。

敦克爾克和多佛之間仍然無法直接通訊，因此雷姆賽派遣一艘名爲征服者號(Vanquisher)的驅逐艦在太陽下山不久，立即前往敦克爾克附近實地探查。根據那艘驅逐艦所傳送回來的報告指出，雖然敦克爾克港遭到嚴重的破壞，但事實上並沒有遭到封鎖。船隻可望在毫無困難的狀況下進出，而事實上雷姆賽從五艘小型船隻那裡早就可以獲得此一消息。當那五艘小型船隻於夜晚在英格蘭沿岸的港口登陸後，從走下船來的撤退人員口中，不難瞭解此一事實。

威克渥克在對敦克爾克港區一番巡視之後，證實雖然防波堤曾遭到德軍的轟擊，但還是可供使用。若和沙灘相比，防波堤更適合用來當做快速登上船艦的據點。海軍的船艦——不包括民間的客輪——又接到指示航向敦克爾克港的防波堤臨時碼頭以便開始工作。當每一艘船艦航抵防波堤附近時，等待撤退的人員都爭先恐後地登船。他們原先以爲早已遭到遺棄，因此，當一艘載運著將供給周邊防禦陣地守軍使用的補給品的貨輪抵達防波堤附近時，卸貨工作只完成一半，就因待撤退人員迫不及待地想登船而不得不被迫中止。

沙灘上也發生了前所未有的密集撤退行動。由許多小型船隻(其數量遠比任何一次撤退行動都還要多)所組成的一個大型船隊在外海出現了。海軍總部的小型船隻聯盟，以及雷姆賽所徵用的船隊井然有序地執行任務證明了所付出的代價是值得的。那是一個頗爲壯觀的景象。各式各樣中型和小型的船隻都出現了——平底船、運送火車的渡船、運送汽車的渡船、運送乘客的渡船、皇家空軍的小型汽艇、海釣船、拖曳船、動力救生艇、划槳式救生艇、擺渡船、輕舟、捕鰻船、巡邏船、水上飛機供應艦。也有各種的遊艇和休閒艇，有些是非常昂貴的船隻，有些則是由船上救生艇所改裝的小艇。此外，還有原本是用來遊覽泰晤士河的觀光船（頂端有遮陽棚），甚至還有一艘泰晤士河救火艇。

這些船來自樸資茅斯、新哈芬（Newhaven）、希爾尼斯、提爾貝瑞（Tilbury）、葛瑞夫珊德（Gravesend）、藍斯蓋特，以及英格蘭南岸和東南岸的各個大小港口以及各種遊艇港和造船港。有些來自河川，因而從未在大海中航行。這些船隻上的工作人員都是志願的，他們並不知道詳細的情形爲何，只被告知，他們的船隻將立即航抵法國以便載運士兵返抵英格蘭。其中大多數是經驗豐富的水手——有些是職業的，有些則是業餘的——不過，也有不少是對於海上險阻完全一無所知的生手。若是天候狀況不佳，其中有些甚至不敢冒險航行，他們的經驗和船隻都將無法勝任在惡劣天候下的航行。有些水手在被說服之後竟然相信，在未來十天當中，通往敦克爾克的海面將出奇平靜，也因而將使撤退行動得以進行——「海水將像蓄水池內的水般平靜」——而這是上帝所賞賜的，因爲「上帝賦予英國這個國家重大的任務」。

被徵用的船隻當中，有一些是由直接從訓練學校所派來的海軍中尉來擔任航行的任務。雖然在出發時都有航海圖可供指引以便閃避英吉利海峽裡的淺灘和沙洲，但由於使用的羅盤當中，有一些不甚準確，使得一些船隻被誤導進入加萊外海德軍大砲射程內的危險水域。有位水手在一個極爲荒涼的地點登陸後，才知道自己身在何處。後來他又撞見了兩個驚訝的德國士兵，在用手槍將他們射殺之後，他立即逃之夭夭。

這些倉促成軍的船上工作人員事先並不知道敦克爾克附近的詳情，當他們抵達敦克爾克附近的海灘時，對於舉目所見的景象感到極爲震驚——由全身滿是污泥的士兵形成大排長龍的隊伍延伸在沙灘和接近水域的地區，他們看起來相當焦慮，充滿期盼地望著海面。已經站在水中達很長一段時間以便防衛自己在隊伍中的前面地位的士兵幾乎已不能移動，因爲，他們雙腳所穿的靴子早已因浸滿海水而變得極爲沉重。

微風間歇地吹著，使得小型船隻因搖晃而很難（或甚至不可能）抵達岸上。當這種現象發生的時候，有些部隊開始憂心如焚，因爲，雖然援救的船隻和自己的距離是那麼近，但卻可能永遠不會靠岸。在馬洛地區的一個據點，有一組士兵竟然從沙灘上的隊伍裡衝出來，蜂湧地朝著海面行走。他們之所以做出此種突如其來的舉動，是因爲他們誤以爲，雖然海面興起波浪，但那些船隻還是會儘可能地航向海岸，以便能搭載於岸上等待撤退的士兵。在發覺船隻於外海處距離海岸太遠，因而根本無法讓他們登船的時候，他們只好悶悶不樂地帶著沮喪的心情重新回到其原先的隊伍。

當風勢的影響不大時，最小型的船隻實際上已在沙灘上登陸，使得待撤退士兵只需雙腳沾到海水就能登船。不過，由於大多數的船隻都無法航行到距離沙灘那麼近的地方，待撤退人員必須涉水朝著較深的海面走，希望能在接近船隻時被拉到船上。一艘救援船隻的船長事後曾回憶說：「當我們把一條繩索丟給一名士兵時，卻遭到些許的障礙。大約有六名士兵同時緊抓著那條繩索，海水已經漲到他們的肩部而他們只是茫然地抬頭看著我們。說服他們不要同時緊抓著繩索以方便其他人能被拉上船可眞是件艱困的工作。」

其中有些等待被撤退的士兵似乎無法理解，當太多人同時想登船的時候，船隻將會翻覆。那些後來上船的士兵只得下船涉水或游泳回到岸上，等待下次的載運。有些士兵則緊抓著木板或殘骸等任何可漂浮的東西，然後猛踢著雙腳，希望能因而把自己推送到向其航行而來的船隻前面。其他有一些人臨時拼湊成木筏，也有一些人則脫下衣服向外海方向游去，以便能被拉到船上。有些人則在發現可摺式小艇後將其吹氣，接著使用步槍當做划槳，試圖划向外海的船隻。一艘才剛抵達外海不久的遊艇上之工作人員在看見一個全身裸體的男子游向他們時，爲之驚訝不已。也有其他的部隊試圖以不脫掉身上衣服的方式向外海方向游去。

這些從英格蘭航行而剛抵達敦克爾克海岸的工作人員很快就瞭解他們所必須面對的最主要危險是什麼。天空不久即將放晴，而幾秒鐘之後，梅塞斯密特一〇九型戰機將從遠處一路發出巨響地飛來，機關槍將開始向下掃射。或者，斯圖卡俯衝式轟炸機也將長嘯直下地投擲可致人於死地的炸彈。除此之外，也有其他必須擔心的事項。待撤退士兵所丟棄的衣服、繩索，以及有時甚至屍體因捲入船舵和船槳糾結在一起，這使得船上的工作人員必須將被捲入的東西移走。許多船隻從來不曾如此過度地使用，更有一些船隻在從事此一撤退行動之前被閒置了很長的一段時間，因而造成機械和其他方面發生故障，而這也使得在英國南方的港口裡必須安置船舶工程師小組在旁待命，以便隨時修護。在採取撤退行動期間，僅在藍斯蓋特港一處，就必須修護高達一百七十艘的船隻。它們都是引擎、電機設備，或是船身發生問題，沒有任何一艘是因爲遭到敵軍的攻擊而必須修護的。

將沙灘上的待撤退人員運往停泊在外海的大型船隻一直是項艱困的工作，而且也未曾令人滿意地解決過。船隻根本不夠使用。最後終於運用了動力船隻，它們不但彌補了划艇被用後棄置的缺失，而且也能航到和沙灘頗爲接近的淺灘上。雖然如此，船隻還是極度缺乏，而且，由於許多船隻惟恐擱淺在沙灘，因而無法停靠在海岸，這使得撤退人員不得不冒險涉水，寄望能被小型船隻救起。

沿著海岸的許多地方，工兵部隊（爲當時在沙灘上的部隊中少數最爲忙碌者）搭起了臨時碼頭——大多是由重型交通運輸工具建造而成——使得無法靠近海岸的船隻能較爲接近海岸，以方便士兵們登船。他們在構造臨時碼頭時運用了高度的才智和許多肌力。

當潮水退去時，由十五輛或甚至更多的卡車在鬆軟的沙地上組成大約一百五十碼長的臨時碼頭，以便使得划艇和其他小型船隻能在此一臨時碼頭的左右兩側載運待撤退人員。爲了使此一突出海岸的臨時碼頭能穩固些，所有的輪胎都必須打洞使氣體外洩，通常都是用子彈來穿破——而當此一工作完成時，大卡車的車斗又塡滿沙石……此一「走道」是由取自大卡車平台的木板，以及向一座木材工廠所借用的三公噸木板所排組而成的……憲兵掌控登船的士兵數量，通常每梯次五十名……在我們長時間的執行任務（維持該座臨時碼頭）期間，通常我們大半的時間都是遭海水淹沒到肩部，而且，全身也沾滿了卡車所滲透出來的油漬。

英格蘭方面，仍舊努力地試圖找到更多的小型船隻並且將其派遣到敦克爾克地區。南都爵士號(Lord Southborough)瑪格特型救生船(Margate lifeboat)船團在當天早晨志願一同前往敦克爾克地區的海灘。他們在只配予頭盔的情形下，於「精神抖擻的狀態中出發」。明辨號(Prudential)藍斯蓋特型救生船(Ramsgate lifeboat)以和其他八艘小型船隻一同拖曳的方式橫渡英吉利海峽。總計共有十九艘海岸救生船前往敦克爾克，但並非所有的船上人員都同意前往。其中三艘救生船的舵手們不但被徵召來參與發電機作戰，而且也被告知將必須把船隻航向沙灘並在該處接運待撤退的人員。不過，他們卻認爲，由於他們太重無法從事那種軍事活動，因此拒絕前往。海軍於是強徵他們的船隻，並且安置了自己的人員在那些船隻上。另外七艘救生船那時也被強徵，不過，其中有些人員卻極爲憤怒，因爲，他們早已準備參加此一軍事行動，不過，海軍卻不知道他們具有這種意圖。其中有一艘救生船的工作人員爲了從事此一軍事行動，甚至都已經購買了鋼盔。雖然海軍方面最後終於瞭解這些人並不像他們先前所遇見的那些人般，都是反抗者，由於早已指派人員操作該艘救生船隻，因而只能挑選當中的機械人員前往敦克爾克。但是，該艘救生船上的工作人員憤怒地答道，假如他們當中有任何一位無法參與此一行動，他們就都全部退出。結果他們當中沒有任何一位參與。海軍在遭到極大壓力和負擔過重的情況之下，根本就沒有時間來向他們好言規勸，甚至也未能用心瞭解眞實的情形，最後的結果是，一些極爲可用的海事人員竟然被排除而無法參與此一撤退行動。

找尋小型船隻的工作依舊毫無間斷地持續。海軍向小型船隻聯盟裡的每個人展開接觸的行動。對於我的遠征號(My Quest)遊艇的船主查爾斯・杭特(Charles Hunt)來說，兩位海軍軍官探訪了他那位於普特尼(Putney)的家。

在那兩位海軍軍官向他說明大致情形以及希望他能加以保密之後，他又被要求由海軍方面來指揮他和他的船隻。海軍方面希望他能愈早進行愈好。他把此一事情告訴他的朋友泰德·艾佛利(Ted Avery)。泰德立即志願前往……海軍人員於是在希爾尼斯港接管那艘船隻和船上的工作人員。

當撤退行動展開時，小型船隻的工作表現比原先預期的還要好。現在由於他們的數量頗多，因而具有從海岸運送數千名待撤退士兵的能力。不過，整個撤退的步驟還是顯得相當繁雜和沒有效率。除非更多大型船隻能立即從防波堤載運大量的部隊，否則，此一撤退行動——雖然直到目前為止已獲致一些成就——將遭到挫敗的命運，而大排長龍且全身溼透的英國部隊將成為敵軍的階下囚。

雷姆賽中將於前一天和海軍總部取得連繫，請求立即下令新型驅逐艦，使其執行撤退行動的責任。雖然他很清楚，那些戰艦是英國防衛其本國生命線(即運輸補給線)時，所不可或缺的，但是，他也強調，整個國家的安危還是取決於英國遠征軍能否從敦克爾克安全地返抵英國。假如發電機作戰失敗，那整個國家的未來將會黯淡無光。雷姆賽說服了對方，於數小時之內，派遣六艘新型驅逐艦——收穫者號(Harvester)、哈溫特號(Havant)、艾凡荷號(Ivanhoe)、推進號(Impulsive)、依克洛斯號(Icarus)，以及無畏號(Intrepid)——重新擔任救援的任務——也就是閃避炸彈、協助待撤退人員從防波堤登船，以及將其載運返抵英格蘭。

高特的參謀長包諾爾將軍在一夜之間突然從敦克爾克返回英格蘭向邱吉爾、各軍種部長，以及參謀總部的人員報告。他指出，根據他的粗略推算，大約還有六萬名英國士兵仍然亟待救援，因此他強烈建議應強化整個撤退行動，以便儘可能將其運返家園。邱吉爾又再度重申，他認爲讓英國部隊登船固然重要，但讓法國部隊能登船也是同等重要。包諾爾告訴邱吉爾，他認爲法國政府本身應擔負起完全的責任。他對於法軍指揮部所犯的諸多錯誤仍是耿耿於懷——他認爲英國遠征軍之所以陷入今天這種困境，法軍指揮部必須負起完全的責任。由於包諾爾並不知道法軍船艦早已加入撤退行動——雖然船隻的數量並不多——因此他竟然還再度向邱吉爾說，只要法方無法提供船隻來載運其士兵抵達安全的地方，那麼，「每當有一位法國士兵登上（英國船隻）時，就意謂著將損失一位英國士兵。」這個時候對邱吉爾道出這種「眞相」，在時機上頗不恰當，因爲，邱吉爾對於英國被法國指控「逃跑」一事極感困擾，所以並不高興聽到包諾爾的那一席話。雖然邱吉爾本人也承認，讓法國士兵登船將可能導致許多英國士兵無法被救，但是，他卻又堅稱，「基於共同的目標起見，我們必須接受讓法國士兵也登船的事實。」

包諾爾認爲邱吉爾還不瞭解遠在英吉利海峽彼端所曾發生，以及仍然正在發生的事件，因此他還是努力嘗試地想讓邱吉爾瞭解，高特在敦克爾克周邊防衛陣地所必須面對的戰況是如何地緊急。他又繼續說，除了英國部隊之外，整個敦克爾克地區已成爲「由毫無組織的法國士兵、難民，以及比利時士兵所形成的擁塞團。」在如此惡劣的情況下，根本無法解決紀律。他認爲，這就好像大約一萬五千名法國士兵正要蜂湧登上沙灘上的船隻，而不是排成隊伍等候上船。當英軍把馬洛的一處海灘分配給法軍使用之後，海岸地區的混亂情形才得以消失。不過，還有一些難題仍持續地存在著，而且，周邊防衛陣地的防禦線依舊處於極大的壓力之下。

英軍當時並不知道德軍正把攻擊敦克爾克周邊防衛區域的戰車撤走。他們之所以這麼做，是因爲擔心一旦戰車部隊衝破防衛陣線而抵達擠滿了部隊的海岸時，將會造成一幅可怕的景象。當時參加會議的人當中，沒有人相信，「假如德軍的裝甲部隊在德國空軍的支援下往前推進和攻擊」，應該還能載運待撤退的士兵返抵家園。包諾爾認爲：「一旦周邊防衛陣地的兵力日益薄弱，那防線必將遭突破，最後在海岸地區一定會發生大屠殺。」這對於才擔任首相職務不久的人來說，確實是一個既恐怖又棘手的情景，果眞發生，那他很可能必須向國會以及英國民衆解釋，爲何損失了那麼多陸軍健兒。

魏剛將軍又再度懇求那些從敦克爾克地區撤走的英國士兵能直接運回協助法國部隊擊退可能前來攻打巴黎的德國部隊。但是，即使英國國內的部隊比英國遠征軍的數量還多且訓練更爲精良，也絕不會同意魏剛的要求。被載運返抵家園的士兵既沒有大砲，也沒有戰車和運輸工具。他們只保有步槍而已，有些士兵甚至連步槍也沒有。英國再也沒有舉足輕重的戰鬥部隊。英國的部隊必須整編、重新武裝，以及重新增強。除此之外，沒有人知道最後將會援救多少人。位於倫敦的國防部認爲將能如同包諾爾所估計，再撤離六萬名士兵，而且，也希望當天晚上周邊防衛陣線有四萬五千名士兵能卸下防衛任務並且撤走，至於剩下來的守軍也能如願地在次日被援。事實上，在敦克爾克附近地區還有高達十幾萬名英軍。

包諾爾在當天稍後與雷姆賽商談時，曾建議他考慮將後天清晨，也就是六月一日星期天凌晨天還未亮的時候，訂爲撤退的「最後合理期限」，因爲，在這期限之前，後衛部隊應該還能抵擋敵軍的攻勢。不過，這也並不意謂著德軍絕對不可能這這個期限之前突破周邊防衛陣線。不過，到了星期六凌晨一時三十分的時候，則又希望能將最後的防衛部隊減到只剩四千名士兵，而且，其他的士兵不但已卸下防衛的任務，還能撤退到海灘或碼頭並且順利地運返英格蘭。英方將特別注意，務必將早已準備妥當的大小船隻和拖曳船加以群集，整個撤退行動將在星期六清晨一時三十分到三時三十分之間將最後那四千名守軍撤走時達到高潮。雖然先前早已從大多數的單位中挑選出資深士官以及經驗豐富的軍官，並將他們運回英格蘭以便開始重建英國部隊，但是，這批最後的守軍是精銳的作戰部隊，必須將他們運回英國！

英國將在次日下午——也就是五月三十一日星期五的下午——檢視結束發電機作戰的最後計策，希望到了那個時候情況還是頗爲有利。不過，包諾爾卻認爲，到了那個時候，皇家海軍還是不足以將所有軍隊運抵英國。雖然他極爲嘉許皇家海軍的努力和成果，但他也懷疑海軍總部是否能完全理解其所被指派的任務是多麼重要。事實上，他所要指出的是，皇家海軍還未能跟得上局勢的演變——也就是仍然必須派遣更多的大小船艦立即前往敦克爾克。

邱吉爾基於整個軍事行動以及士氣起見，稍早曾在並非心甘情願的情形之下，告訴高特，當敦克爾克地區最後的時刻來臨時將要怎麼做。不過，現在他卻認爲，必須對高特這位英國遠征軍的指揮官下達明確的指示。高特這位勇者對於其所領導的部隊竟然遭到被趕到海岸的命運覺得頗爲懊惱，因此他早就表明，他有意和他的部隊待到撤退行動結束。不過，這麼一來，他要是被俘，那將會被德軍用來當做宣傳戰的工具。因此，邱吉爾不但要求他必須揚棄率領英國遠征軍戰至最後一兵一卒的英雄式想法，而且也命令他必須準備返回英格蘭。

繼續極力防衛目前的周邊防禦陣地，以便能掩護正進行中的撤退行動，撤走更多的士兵。每三個小時從拉潘發出最新情勢的報告。當我們認爲你的指揮部所能指揮的人員已減少許多時，假如那時還能和你取得通訊，那我們將會命令你挑選合適的軍官一同返回英格蘭，而且，到時候我們也會把指揮權交給一位軍長。你現在應該提名這位軍長人選。而假如通訊中斷無法取得通訊時，那麼，當你的有效作戰部隊不超過三個師的規模時，你就必須將指揮權交出並且立即返國。這完全是根據正確的軍事程序而做出的決定，因此，你不能擁有自由裁決的權利。基於政治方面的考量，當你因指揮少數部隊而遭敵軍捕獲時，將使敵軍更得意。你應該命令你所挑選的軍長必須和敦克爾克港區或海灘地區的法軍同時撤退。不過，當他在判斷後認爲根本不可能再進行有組織的撤退行動，而且，再也無法承受敵軍更進一步的攻擊時，他將有權可以和法軍的高級指揮官商討正式投降的事宜，以便避免發生不必要的屠殺事件。

英國遠征軍的第三軍幾乎已經全數撤退,而第二軍也開始登上船隻。這兩個軍的指揮官——布羅克將軍和亞當將軍——在將指揮權交給部屬之後,於當天正準備動身前往英格蘭。這使得麥可・巴克將軍(General Michael Barker)成爲法國境內唯一的英國遠征軍軍長。高特告訴巴克——他將命他停留在後方以便監督敦克爾周邊防線以及撤退行動的最後一幕。他將是可犧牲的。他的任務就在於儘可能地拖延敵軍,以便延後其突破的日期。而當再也沒有其他法子可行的時候,他可以向敵軍投降。

此項任命巴克擔任監督撤退行動最後一幕的命令卻遭到蒙哥馬利將軍的反對。不久後將接替布羅克而擔任第三軍軍長的蒙哥馬利將軍當時自己也正在撤退的行列中。這位從來不把自己對他人的看法加以隱藏的將軍告訴高特,由於巴克在不斷焦慮之下極易緊張,因此,任命他擔任此一職務實在是嚴重的錯誤。他認爲,由於巴克的情緒狀態並不適合擔任最後階段的指揮工作,而第一師的師長哈洛德・亞歷山大少將(Major General Harold Alexander)雖然資歷比巴克淺,但將是個較爲適任的人選,至於巴克則應被撤退返回英格蘭。由於亞歷山大在解決難題時不但極爲沉穩而且還極爲有條不紊,因此頗受敬重。蒙哥馬利認爲——亞歷山大或許還能奇蹟地阻擋敵軍的攻勢而讓每一位都能撤離敦克爾克地區。

高特和許多曾與蒙哥馬利接觸過的人一樣,都覺得蒙哥馬利的自大傲慢令人十分反感。不過,他自己倒也非常清楚,蒙哥馬利對於巴克的看法確實頗爲正確——他已經是一位再也無法承受戰鬥壓力的老兵。事實上,高特自己也同意蒙哥馬利的看法——應該由亞歷山大來擔任最後一批防衛部隊的指揮官。當亞歷山大在次日告知巴克此一消息時，巴克先是崩潰，然後開始哭泣。

戰爭局勢的演變，使得長久以來介於英國和愛爾蘭之間脆弱的關係更形惡化。倫敦當局認爲，德軍將樂於把愛爾蘭當成進入英國的後門。一般都認爲德國的情報單位早已在愛爾蘭設置了間諜網。根據反暴動專家查爾斯・提格特爵士(Sir Charles Tegart)的報告指出，愛爾蘭境內不但到處都是德國的情報人員，而且，德國早就擬定出一個拿下該國的詳細計劃。一星期以前，都柏林警方還曾經突襲一位德裔愛爾蘭商人的家裡，不但查出擁有愛爾蘭空軍基地、港口、橋樑，以及軍事設施的詳細資料，而且也找出一台無線電收發機。德軍潛艇在愛爾蘭的水域相當活躍，而且，一般也都認爲，那些潛艇不但可用來和岸上的情報人員相互連絡，更是提供間諜活動各種設備的來源。

雖然一個疑似爲法西斯主義者的愛爾蘭藍衫軍(Blue Shirts)運動在戰爭才剛開始的時候曾經迅速地出現，但其信徒卻並不多。不過，行事激烈而且反英國人的愛爾蘭共和軍(Irish Republican Army)不但被倫敦當局視爲事實上已經比過去的威脅還要大，而且，其法西斯主義的成份也似乎更爲濃烈。前一年的聖誕節期間，愛爾蘭共和軍已展現出其大膽採取行動的能力——在制服了愛爾蘭部隊位於都柏林附近武器儲藏庫的警衛和守軍之後，帶著百萬發軍火離去。愛爾蘭共和軍與德國情報單位之間早已建立了接觸的管道，事實上，這些管道甚至早在第一次世界大戰時就建立了。毫無疑問地，愛爾蘭共和軍這個組織早已準備而且也願意協助德軍征服不列顛。倫敦當局極爲擔憂，在愛爾蘭共和軍的協助之下，德軍將以先行在愛爾蘭登陸的軍事行動來做爲攻打北愛爾蘭的前奏。北愛爾蘭不論在過去或是現在，都一直是聯合王國的一個省份。若北愛爾蘭被德軍佔領，那接下來必將是對英國本土的攻擊。

邱吉爾在一天前曾經接獲情報單位的報告——「德軍和愛爾蘭共和軍早已共同擬定周詳的計劃，而今已準備對英國加以直接襲擊。」張伯倫認爲愛爾蘭共和軍的實力已強大到足以推翻只有七千五百名正規軍的愛爾蘭部隊。這位英國前任首相呼籲應準備派遣英國部隊前往愛爾蘭，以便協助鎮壓該國內部的叛亂活動並且擊退德軍的侵略行爲。事實上，駐守在北愛爾蘭的一支英國部隊在接獲命令時早已極具警戒地祕密跨越邊界進入愛爾蘭境內。不過，除非德軍眞的對愛爾蘭展開攻擊行動，否則，此舉很可能會造成反效果。

數以千計的愛爾蘭人早已被徵召進入英國部隊，其中許多甚至還在敦克爾克。但是，由於反英的情緒依舊深植在愛爾蘭境內，使得這些在英國部隊裡服役的愛爾蘭人在返家休假時，都被事先規勸應穿著平民服裝。除非德軍眞的對愛爾蘭發動攻擊，否則，都柏林當局是不會允許在愛爾蘭的土地上部署英國部隊。依爾曼・狄・瓦勒拉總理(Prime Minister Eamon De Valera)曾告知英國，假如愛爾蘭遭到德軍攻擊，將會極力與之對抗，而且，假如必要的話，將請求英軍前來援助。但假如英國部隊不請自來，那愛爾蘭政府將不保證絕不會造成任何嚴重的後果。

倫敦當局還被告知，都柏林政府信心十足地認爲能在沒有外國兵力的援助之下，獨自處理愛爾蘭共和軍的叛亂行爲。不過，由愛爾蘭外交部的約瑟夫・華許(Joseph Walshe)以及愛爾蘭軍情報局長李安・阿奇上校(Colonel Liam Archer)兩人祕密特使團在幾天前曾前往英國，希望請教英國軍事專家如何準備對抗可能來襲的德軍。當他們返回都柏林時，同行的還有一位穿著便服的英國軍事防衛專家，他的任務是臨場提供防衛措施方面的建議。有關他出現在愛爾蘭一事則受到極度的保密。

不過，參謀總部的人員還是對於愛爾蘭的局勢感到憂心。他們認爲，「非得等到（愛爾蘭）放棄其中立的態度，否則，根本就無法抵抗敵軍的入侵，也無法獲得我們部隊的全力合作以便抵抗外國的攻擊。而且，除非愛爾蘭的安定能獲得保障，否則該國將仍是我們在防衛英倫三島時的一個重大的漏洞。」邱吉爾本身也對於上述的情形擔憂，但是，他還是一貫地試圖從逆境中找尋有利的事項。他認爲，假如德軍試圖攻打愛爾蘭，那英國將「會使絕大多數的愛爾蘭民衆有史以來首次站在我們這一方。」此外，他也堅稱，假如德軍眞的意圖藉著經由愛爾蘭的方式而從英國的後門入侵，那對於英國來說並不必然是件壞事。他指出，到時英國皇家空軍「將在對我方尤其有利而對於對方極爲不利的狀況下」，在愛爾蘭上方的空戰中痛擊德國空軍。邱吉爾這一番話必定會使戰鬥機司令部的總司令道丁極感震驚，因爲，他的飛行中隊一方面必須掩護敦克爾克，而另一方面又得準備迎戰德國空軍從新近奪取的歐洲空軍基地起飛戰機的情形之下，所剩下的戰機數已極爲稀少。

英國的陸海空三軍都積極地投入撤退行動，因而無可避免地造成各軍種之間的對立和反脣相識。對於皇家空軍提供有限空中掩護之批評從未間斷。至於皇家海軍，雖然在其所被指派的任務中獲致了頗爲顯著的成就，而且也遭受慘重的損失，但卻還是無法因而免除苛責。當威克渥克海軍少將於當天傍晚在拉潘和高特相遇，以便審視戰局，竟然被要求回答海軍的表現如何？他一直認爲，海軍的表現應是極受讚揚才對。他認爲，顯然陸軍認爲自己已經做好把英國遠征軍帶到海岸地區的工作，而現在，一切就靠皇家海軍將這些人員從海岸載運返抵英格蘭。但是，若從沙灘上一直都發生阻塞的情形看來，皇家海軍似乎做得不夠好。威克渥克在極度驚訝之餘，並沒有質疑陸軍爲何作戰計劃失敗？爲何無法在沙灘上建立井然有序的撤退程序？以及爲何無法維持軍隊的紀律？他向高特解釋，海軍的各項作業多半必須視氣候狀況而定（但是氣候一直沒有原先所想像那麼有利）。此外，也必須視敵軍攻擊的強度而定。不過，令他極爲氣憤的是，他一直無法驅散「愚蠢的海軍」的怨言。

德軍將領對於自己部隊未能封閉敦克爾克灘頭堡一事也發出了抱怨。哈爾德抱怨爲何部隊呆站在一旁看著「數千名敵軍在面前逃回英格蘭？」布勞齊區也抱怨地說：「最高統帥部所犯下的錯誤之效應……現在已開始可以感受得到了。由於，我們喪失了時機，因此延誤了早日將遭到圍攻的英法部隊加以封鎖的機會。要是當初我們的裝甲部隊沒有停下來，那早已將被包圍的地區封鎖了。」每個人都忙著責怪別人或某事——德國空軍被責怪未能炸毀灘頭堡；命令德軍裝甲部隊停止前進，因而造成未能炸毀灘頭堡的指示也遭責怪；而未能調派一些部隊和裝備來徹底擊垮法國，使其退出戰爭，同樣也遭到無情的指責。

曾經從色當一路趕到敦克爾克的A集團軍在當天（第五天）從敦克爾克地區撤離，不再參與圍攻英法部隊的作戰行動。該集團軍的裝甲部隊在遭受法軍開放運河閘門之後，在到處可見運河的地形中顯得毫無作用可言，因而必須加以重整、修護，以及調養，以便向南面進攻以屈服法國。雖然在司令部的作戰官一再地堅持必須加重兵力，以便瓦解撤退行動，但是，卻也心知肚明地抱怨：「現在，再也沒有任何一個人對敦克爾克感興趣了。」

不過，事實並非如此。對於被指派摧毀灘頭堡的指揮官來說，該灘頭堡的存在實在是頗令其難堪。這些指揮官對於無法摧毀灘頭堡一事感到極爲苦惱，因而曾經考慮藉由從海面登陸的部隊來完成此一任務。這些指揮官也曾考慮撤離其部署在周邊防禦陣地外圍的部隊，以便使德國空軍能毫無忌憚地轟炸該防禦陣地的英國守軍。不過，最後還是由直接面對著英國守軍的地面部隊負責突破該防禦陣線的任務。但是，這些地面部隊後來卻發現，英國守軍的「抵抗意志極爲堅定」。

德軍和同盟國部隊一樣，不但面臨了軍火補給的難題，而且也很難協調各個攻擊行動。他們的指揮官都極爲擔心，各部隊之間很可能會互相發射砲火。更令他們感到挫折的是，從所截收到的英國無線電通訊中，似乎顯現出，雖然高特不斷地緊急呼籲派遣更多的船隻，但是，整個撤退行動不但進行得極爲順利，而且甚至還加快地進行著。

到了午夜時刻，總計當天共有五三、八二三名士兵被送返英格蘭，其中絕大多數都是從沙灘上登船的。一旦港區已被封鎖的錯誤報告被證實是不正確時就立即從防波堤重新展開登船的行動，那將會有更多士兵被載運抵達英格蘭。自從發電機作戰展開到目前（第五天）爲止，總計共達一二六、六〇六名士兵被運抵英格蘭。

位於倫敦的軍事指揮部開始抱持希望地認爲，令人難以置信的情形正在發生。從整個情勢看來，在敦克爾克將被德國所俘虜的部隊人數似乎遠比前一天所預估的要少很多。不過，此一突如其來的審愼樂觀之看法卻被一股逐漸流傳在一般大衆之間極具打擊士氣的謠傳所抵消。根據謠言指出，英國各地都捕捉了德籍陰謀破壞分子，而這正意謂著德軍正準備在英國本土從事一場大規模的攻擊行動。另外一則謠言又指出，愛爾蘭政府已經和德國簽署一項祕密的同盟條約，這使得英國將遭受德軍在橫渡愛爾蘭海(Irish Sea)之後展開攻擊行動的威脅。其中一則最具打擊士氣效果也因而最令人擔憂的謠傳則是——對於發生在英吉利海峽對岸的情形，國防部只提供極爲有限的情報，這是因爲英國部隊在那裡的損失極爲慘重的緣故。英國大衆最後將會知道實際發生的情形究竟如何。

第六天 發佈消息

五月三十一日早晨，英國民衆終於從英國國家廣播公司的廣播以及報紙上得知，英國軍方正用盡各種方法，企圖從法國將英國遠征軍運返家園。倫敦《每日快報》(*London Daily Express*)的報導中就曾指出：「在同盟國海軍大砲以及皇家空軍機群的掩護之下，絕大部分的英國遠征軍(他們之前曾經且戰且走達三天之久才抵達法蘭德斯海岸)現在已經安全運抵英格蘭。」倫敦《每日鏡報》(*London Daily Mirror*)則報導指出：「雙眼因缺乏睡眠而下陷，下巴的鬍子因數天未刮而濃密，有些還四十八個小時未曾進食，當他們蹣跚地走進一列又一列的火車車廂內時，神情都極爲疲憊。」一家報社的漫畫將英國遠征軍描繪成不屈不撓的勇者。

不過，卻沒有提及固守周邊防禦陣地幾達一星期，使撤退路線不致被封鎖的守軍之傷亡人數，也沒有提及在敦克爾克沙灘上遭殺害或殺傷的人數，更沒有提及用船隻運回英格蘭途中究竟有多少人遭敵機攻擊而喪生。包諾爾在粗略估計之後，曾在第五天向邱吉爾報告，傷亡的人數極高——大約在六萬名到八萬名之間。不過，由於擔心流傳在英國民間的謠言造成不良的影響，因而在當天(即第六天)早晨由新聞局所發佈的新聞當中，就將英國遠征軍的命運加以稍加「修正」，以便能使英國大衆的情緒不因謠傳而低落。英國民衆聽到有那麼多英國士兵已於橫渡英吉利海峽之後安全返抵家園，而且，其他的士兵也將隨之抵達。

當天夜晚，返回英格蘭的人潮仍然極爲穩定。不過，淸晨時刻從西北方向曾經吹著高達三級的強風。雖然根據教科書的定義，還不算是極爲強烈的大風，但卻是自從發電機作戰展開以來最爲強烈的，其強度已經足以使得岸邊的登船行動爲之中斷。許多小型船隻要不是翻覆就是沉沒。所有的船隻，不論是大型或小型，都遭到浪潮的推擠而難以航行。曾試圖將船隻駛近海岸的南都爵士號救生船船長把這種浪潮稱爲「狂暴的海浪」。

士兵從四面八方朝著我們而來，但卻在我們船隻的附近溺死，而我們根本就無法靠近他們……我個人覺得，讓他們離開海岸衝向我們，對他們造成了極大的傷害。由於他們穿著厚重的衣物，因而當海浪打到他們的時候，他們就再也無法浮出海面了。

有些士兵雖然遭到海浪的拍打，還是被救起，因而覺得自己相當幸運。可是，當船隻翻覆時，他們則又再度落入水中。他們必須涉水或游泳回到岸上。放眼整個海岸，擱淺著被吹上岸或當浪潮退去時無法快速離去而擱淺在岸上的船隻。

如同指揮海神號(Triton)動力船的一位海軍後備軍官不久之後所回憶的，對於那些被安置在小型船隻上的人員來說，忍耐已經變成困難的一件事。

我的工作人員和我自己已因筋疲力盡而變得神魂顚倒和愚不可及。我不但全身刺痛，而且也一度希望能被擊昏，以便忘卻疲憊。負責引擎修護的那個少年正在睡夢中，舵手則是盡其所能地操控著船身……由於使勁地將士兵拉到船上，使得我雙臂感覺好像已脫離我的腋窩……當我的手下因筋疲力盡而放聲哭泣時，我把他們趕到一旁。我的上帝請原諒我，因爲我眞的不該讓他們遭受那段如地獄般的經歷。

沒有人知道這些風還要吹多久。可能要數小時之後風勢才會減弱，不過，也可能要更久的時間。岸邊若持續地激起大浪達數天之久而沒有中止，那將是件極不尋常的事。威克渥克從外海的一艘驅逐艦上沮喪地向發電機作戰總部報告，必須再度改變撤退行動的過程：「大多數的船隻因爲受到風浪的拍打而必須將舷側轉，也因此無法載運人員……幾經考量之下，使得在敦克爾克港內搭載待撤退人員成了唯一的希望。」威克渥克擔心此一電文無法被完全瞭解，於是在不久之後，又打了另一封電文：「敦克爾克是我們唯一眞正的希望。」不過，由於發電機作戰位於多佛的總部認爲周邊防禦陣線隨時都可能遭到敵軍的摧毀，因而堅持必須儘可能地使用沙灘和敦克爾克港內防波堤來搭載待撤退人員。威克渥克只是簡短地回覆：「敦克爾克是我們唯一的希望」，然後就依照自己的想法，指揮抵達的船隻轉而航向敦克爾克港。

至於在沙灘上等待撤退的士兵也被排成隊，然後在接到指示之後，沿著沙灘往西前進，目標則是敦克爾克港區的防波堤。他們當中有些還能以井然有序的隊形前進，有些則成群成簇地零散前進，有些自己獨行，儘管如此，拖著沉重步伐是他們所共有的特點，他們只希望能在敦克爾克港區內的防波堤搭乘救援船隻。如同敦克爾克大撤退十天期間所時常發生的現象，這也是一個極為壯觀的景象，而對於那些參與此一撤退行動的人來說，則總是一個難忘的經驗。

由士兵所組成三或四排的長龍隊伍，像巨大的蟒蛇般四處鑽動——有時候隱隱約約地會令人想起在荒郊野外的以色列子民！……此一往敦克爾克港區前進的行動其危險性是我們所未曾經歷過的。剛開始我們移動的速度相當快，平均每前進三百碼才休息不到十分鐘。可是，當我們抵達敦克爾克港區時，速度就愈來愈緩慢。我們每次只能移動二十碼，但休息的時間卻高達半小時！……每個人都必須保持清醒而不能睡覺，以免在下一次的移動中和自己所屬的那個單位失散了，而且，也可以在萬一眞的失散了，還能被另一個單位所收容。

事實上，敦克爾克一直都是一個非常危險的地方。德軍從駐守在敦克爾克城西面的陣地向英軍展開猛烈的砲火攻擊，而德國空軍則一直密切地注意著港區的情勢。泰納特在當天早晨九點的時候向多佛報告：「我們一直不斷地遭到猛烈的轟炸，而且，德軍也正在找尋我們裝載人員的船隻停泊處。」事實上，防波堤上早已經有不少人傷亡了。

沿著防波堤走還不到一半的地方，有一具身著卡其色制服的屍體橫躺在木製的踏板上。他的身上覆蓋著一件厚重大衣，因此我們無法看見他的臉孔，若在平常時刻，這種景象可能會使人誤以爲他是矇住雙眼在睡覺。附近有一個被砲彈碎片穿透的鋼盔，而在此一鋼盔不遠處，有一個被砲彈炸成的大洞，從殘破的木板和底下的混凝土，可以看見海水正拍打著這一座防波堤。可憐的士兵！運氣多麼背！那麼地接近，他幾乎快要成功地搭上船了。我們沒有停下來也沒有多說話，只是繼續往前走。

砲彈落在碼頭上形成的破洞迅速地擴大，使得鋪在上面的木板鬆動，不過，部隊還是可以藉由跳躍坑洞的方式而通過。威克渥克向多佛發出數則電文，請求將敵軍的大砲加以炸毀，使其無法再發射砲火，而那些電文也果眞被傳抵多佛。不過，雖然皇家空軍極盡所能地轟炸，但是，當天幾乎每個時刻都還是遭到敵軍砲彈的攻擊。如此一來，對於待撤退士兵以及在防波堤協助掌控撤退行動的海軍碼頭工作人員都造成極大的壓力。這些海軍碼頭工作人員不但必須在船隻停泊之後催促待撤退人員迅速朝著船隻的方向移動，而且，也必須讓他們能儘快登上船隻，然後，船隻才得以立即地轉頭駛離港區。

（有位碼頭工作人員說）我想，我大概永遠無法理解，爲什麼防波堤還沒有被炸毀？只要準確地朝著靠近海岸的那一端投下一顆炸彈，就能使登船的行動完全遭到遏阻。當我們最後終於撤走半數的士兵之後，還一直不能相信竟然能讓那麼多人撤離。

高特在當天早晨從拉潘以電話向國防部所提出的報告中指出，德軍似乎已經準備發動一場大規模的攻擊行動，以便突破周邊防禦陣線，並突襲港區和沙灘地區。有鑒於此，如何處理法軍待撤退人員的問題又再度浮現。邱吉爾在前一天半夜曾打一通特別電話命令高特加快撤離法國部隊的速度。現在，這位英國遠征軍的指揮官希望能獲得明確的指示。

高特在稍早前曾被告知，將最後一批守軍載運返抵家園是件極爲重要的事，因爲，他們是英國精銳的作戰部隊。事實上，發電機作戰總部的人員正擬定特別計劃以便使他們能脫逃回到英國。現在，高特想要從倫敦當局那裡得知，要是情況已形成再拖延就不安全的時候，他是否應命令最後一批守軍迅速撤退，而完全用不著考慮此舉是否會使大量的法軍因暴露在敵軍的攻擊之下而遭俘虜。可供英國最後一批守軍採行的另外一個方法就是儘可能地堅守陣地直到無法再防守爲止，這雖然將使他們自己比原先面臨更大的危險，但是，這卻也能掩護更多法國部隊，使他們都被撤離。若採行這個方法，那將會使倫敦當局沒有任何選擇可言。陸軍大臣艾登告訴高特，假如英國後衛部隊將遭到更大的危險，那麼到時他最主要的任務將在於確保英國後衛部隊的安全。

高特自己返回英國的行程已安排妥當。他請求能被允許和他的部隊待到最後一刻，但這和他前一天所接獲的命令相反，因而遭到拒絕。於是，他請求駐守在港區附近巴斯狄恩(Bastion)的阿布瑞爾海軍上將參與最後的撤退過程。此外，他還告訴阿布瑞爾，當天稍晚的時刻他將離開敦克爾克，而亞歷山大將軍會繼任而成爲留在該地區的英國遠征軍指揮官。他建議他和一些法軍高級將領返回英格蘭，但卻遭到拒絕。由於表面上英國遠征軍還是應該在阿布瑞爾的指揮之下，因而高特此一告辭的舉動倒不算太突兀。雖然被撤離的法軍人數正日漸增加，但阿布瑞爾還是認爲，英國人為了讓自己的部隊能全身而退，將會突如其來地拋棄法軍。

在巴黎，從整個局勢看來，未來的命運似乎是將遭到浩劫。雷諾德還是努力不斷地再度懇求邱吉爾，希望能派遣部隊來協助阻擋德軍即將到來的攻勢，使德軍無法攻下法國的首都。此外，這位法國總理不但再度請求能增加英國皇家空軍在歐洲大陸的參與，而且也請求美國派遣空軍從事諸如此類的軍事行動，但顯然將遭華府拒絕。喬治國王知道邱吉爾有親法傾向，覺得必須提醒邱吉爾，讓他明瞭，他是英國首相，並非法國總理。但這是不必要的，邱吉爾對於雷諾德的請求是根本沒有應允的意願。

不過，邱吉爾也相當擔心，若斷然拒絕雷諾德的請求，將使巴黎的失敗主義者趁機抓住理由來逼迫巴黎當局立即和德國簽訂停戰協定。邱吉爾為了提振法國的士氣，還在當天早晨飛往法國首都參與戰爭委員會所召開的一場會議。雖然他的座機以及護送的戰機群必須採取迂迴的路線以避免德軍的戰機，但他在抵達巴黎時不但看起來神采奕奕，而且身上還散發出信心十足的韻味。

相形之下，法國的領導階層可就無法像邱吉爾那般地偽裝了。由於國家的大災難已然逼近，他們頗為難受。他們對於英國在戰爭中的微不足道貢獻公開地表達了不滿。此外，他們也對於敦克爾克大撤退的進行感到憤怒。當邱吉爾大肆地吹噓整個撤退行動正要變成歷史上成功的撤退典範，而且，被撤離的人員也遠超過原先所想像的數目時，魏剛只是忿忿地問：「可是，被撤退的法軍有多少人。」邱吉爾不客氣地以命令的口吻回答：「法軍現今正在英軍後面準備撤離。」許多人都認爲，假如邱吉爾這一番答話讓法國大衆聽到的話，那將造成極大的反感。邱吉爾曾試圖減輕法國領導階層的難受程度。他說：「我們兩國是患難之交。因此，對於我們所共同遭到的不幸而反唇相譏，事實上也根本無法從中獲得任何好處。」

不過，魏剛並非輕易就能被安撫。至於邱吉爾所期望，將具有儘可能地使法軍持續作戰能力的雷諾德，對於被撤退人員的統計數目也頗多怨言。他從邱吉爾的估計數字中列舉出令他極不愉快的統計——在二十二萬英軍部隊中，目前已撤離了十五萬名士兵，但是，在二十萬名法國士兵當中，卻只有一萬五千名被撤離。邱吉爾堅稱，造成此一數量上的極不平均，法方應擔負最大的責任。他指出，直到目前爲止，位於北部的法國部隊竟然還沒有接獲撤退的命令。因此，他還建議魏剛必須立即扭轉此一情形。

在以沉重的語氣說出了英法兩國所承擔的相同苦難之後，這位英國領導者接著又宣稱，他的部隊在整個撤退行動中將不會受到待別的待遇，相反地，兩國部隊將「手牽著手」撤離敦克爾克。此外，他還說，雖然無可避免地將遭到嚴重的人員傷亡，但英國將會安置一個後衛部隊以便協助最後一批撤退部隊離去。如此，將使法國部隊不但能迅速地解散成小部隊，而且也能首先被撤離。這位英國領導者冠冕堂皇地指出：「我將不容許法軍部隊遭到更進一步的犧牲。」

邱吉爾華麗和令人振奮的誇張言辭或多或少地減緩了法國領導階層的情緒，但是，並非每一位參與此一會議的人士都滿意他的表現。例如，史皮爾斯就反對邱吉爾此一寬大爲懷的談話。

我認爲，他的情緒已經把他帶到一個他所難以完全掌控的地步。他顯得太慷慨了。畢竟，假如我們處於如此危急的狀態，而且，這又歸咎於法國方面的無能，再加上我個人在法國居住的時間頗爲長久，我知道，在法國人的眼中，我們之所以必須出場，是因爲他們需要我們的協助。這或許也是極爲自然的舉動，但相反地對於我們來說，不應該爲了援救法軍而犧牲了我們生存的機會，畢竟，若主客易位，相信法國人也不會爲了我們而甘願犧牲他們的生存機會。有人認爲，由於我們並沒有部隊可用來抵擋敵軍的登陸行動（卽使登陸行動的規模不大），因此我們很可能會遭到敵軍的入侵。對於此種看法，我覺得實在難以令人接受。

邱吉爾本人似乎沒有這種疑慮。他熱淚盈眶地告訴群集在該會議中的法國領導階層，對於法國北部的法軍傷亡和其所遭到的苦難，他感到極爲難過。他宣稱，英國已經決定奮戰到底。他指出：「英國不但並不害怕德國的入侵，反而還將在每一個村落裡對敵軍展開最爲頑強的抵抗。卽使讓西歐文明所有的成就在悲慘但壯烈的情形下遭到毀滅，也總比其中兩大民主國家（在納粹的統治之下）苟延殘喘地存在著，喪失了生存價値的下場要好得多。」

邱吉爾在受到情緒的影響而聲音數度中斷的情形下還表示，爲了確保能將更多尙可投入戰場的士兵從敦克爾克運返英格蘭，並立卽地整編爲新的戰鬥單位，以便繼續和敵軍作戰，他早已經下令將英國的傷兵留到最後才運送，而這很可能意謂著那些傷兵將成爲敵軍的俘虜。到時候，標榜中立的美國人將被要求試圖瞭解被留下來駐守的最後一批英國部隊之傷亡情形及其可能的動向。邱吉爾宣稱，他絕不允許他的國家被奴隸，而且，「假如在戰爭期間兩個同盟國當中有一個受傷而倒下來，那另外一個同盟國會等到受傷的同盟國已康復之後才會放下武器而稍作休息。」

此一對於不朽友誼的再度宣示並沒有達到預期的效果。有些人甚至覺得此一宣示根本不具鼓舞作用。戰爭委員會祕書包德恩覺得這個宣示似乎暗示「英國早已經很冷靜地認爲法國在此一戰爭中將會向敵軍屈服……英國已經準備向我們法國表達哀悼之意了。」包德恩不止一次地質疑，法國是否眞的應該繼續從事幾可說是難逃失敗命運的戰爭，因爲，如同邱吉爾似乎所想要指涉的，若繼續作戰，人員和財物的損失將非同小可。

而且，當邱吉爾拒絕在希特勒的部隊轉向巴黎攻打時立即派遣援軍協助法軍作戰的時候，包德恩的質疑又再度地獲得強化了。邱吉爾首相解釋，從敦克爾克撤退返抵英國的部隊無法在一夜之間就重新加入整裝，而他又沒有其他的部隊可供立即派遣前往援助。除此之外，當時在英國全國各地的重砲總數還不及五百門。這些重砲的數量並不足以在德軍發動入侵時從事全國性的防禦，因此就更不可能武裝成一支遠征軍。

邱吉爾一再強調，英國在和法國共同對抗德國的戰爭中也曾竭盡心力地力求貢獻。他指出，在英國珍貴的戰鬥機中隊裡，有十個中隊曾被派往法國，其中絕大多數都在戰鬥中遭到損毀。至於僅存的二十九個中隊則幾乎已不足以在德軍展開攻擊時防禦英國的城市和飛機製造廠。

當史皮爾斯於巴黎召開的會議中激烈地回應法國一位官員的看法——接連在軍事上的挫敗很可能會迫使法國修正其外交政策時，曾一度造成緊張。法國方面似乎暗示，可能將發覺與希特勒談和是突破僵局唯一適切之道。史皮爾斯瞭解雷諾德的一些閣員正準備建議採行這種行動，因而警告說，假如法國的外交政策眞的如同他所想像般地發生變化，那英國也只得被迫對法國封鎖，並且將轟炸法國境內被德軍所掌控的地區。如此一來，英法兩國事實上將成爲敵對的交戰國。

與會的英法兩國人士在觀點和所強調的項目上仍然有許多歧見，但是，對於英國的代表團來說，邱吉爾強烈意志的展現在最後階段似乎顯出神奇的效果。到了會議結束的時候，與會的法方高級人員似乎已同意英國首相的看法——毫無畏縮地繼續和敵軍作戰到底將能獲致最後的勝利。

不過，此一剛注入的一股新希望假若眞的發生作用，事後證明卻也只不過如曇花一現。邱吉爾不久之後卽發現，一旦英法雙方都已相互保證將繼續作戰以便獲取最後的勝利之後，那法國又必須再度面對其在戰場上屢遭挫敗的殘酷事實。他在巴黎過夜，而晚餐則在英國大使館享用。雷諾德和其他的法國賓客似乎比由戰爭委員會所召開的會議結束時情緒上和緩了些。邱吉爾在賓客離去之後，「終於瞭解，在雷諾德的心中，法國已遭重挫，而其他法國賓客也都知道，他們對於是否會被打敗，已抱著聽天由命的態度。」

對邱吉爾來說，應允將使英軍和法軍「手牽著手」從敦克爾克撤退實在是件容易的事。但是，對於準備離開敦克爾克而返抵英格蘭的高特來說，他非常清楚，各種事件所帶來的壓力，根本就無法使他——或者是當他離去後而接任的亞歷山大將軍——能那麼慷慨地和法軍「手牽著手」一同撤退（卽使英國部隊同意的話）。逐漸地，愈來愈多的法國部隊已接獲撤退的命令而且也正湧進敦克爾克港區和附近的沙灘地帶。雖然敦克爾克和多佛之間可靠的訊號通信終於建立了，但不論是在海岸的泰納特，或是在外海從事協調工作的威克渥克，都不知道將會湧入多少法軍。因此，他們兩個人根本就不可能提供給發電機作戰總部所需的救援船隻數量等情報。而有鑒於各種危機持續出現，救援船隻的規模將是項極為重大的考量項目。此外，也無法獲得有幾艘法籍船隻來參與此一撤退行動的情報。

當天早晨由於天候不佳，曾經使得小型船隻難以執行載運人員的任務。不過，到了下午，天氣已有顯著改善。風勢已經減弱，而先前遭擱淺在岸上的船隻也由於一陣漲潮而再度浮在水面。威克渥克又能夠指揮船隻停泊在外海的陣地，而小型的渡輪也重新展開從海灘將人員運送到停泊在外海的船隻上面。但是，許多船隻一旦發現沙灘上成群的隊伍被渡輪載運而航向外海之後，都顧不得所在的位置是否就是威克渥克指定的，就放下了船錨，因而使得原本必須航行相當長遠距離而抵達布雷與拉潘的船隻無法航行那麼遠。在距離敦克爾克地區較為遙遠的沙灘地帶上之部隊一直苦等，直到德軍的砲彈落下來時，才使他們匆匆逃向接近港區的較安全地帶。

結果，有些眞的如同指示地沿著海岸而航行很遠之後才抵達的船隻卻憤怒地發現，只有少數的士兵在該處等待接運。威克渥克開始接獲來自船上令人困惑的電文——海岸上沒有部隊。事實上，士兵的人數高達數千名。同時，他也接獲來自海岸的電文——前來載運士兵的船隻數量不足。但事實上，更遠的地方，許多從沙灘調頭航行返回的船隻卻沒有載送任何士兵。由於船隻和海岸地區無法直接通訊，這也意謂著當天許多的努力都白費了。

船上工作人員過於疲累、時斷時續的擁擠狀況、下沉的船隻和漂流在海面的殘骸，以及在外海水域必須經常地轉向等，使得海上事故的數量因而增加。中午時分，伊克洛斯號和史基米塔號(Scimitar)驅逐艦發生互撞事件，使得史基米塔號驅逐艦必須返回多佛港維修。不過，其他互撞的船隻——不論是發生在港區或沙灘的外海，則沒有那麼幸運。有些必須拖回英格蘭，有些則下沉而使得海底殘骸船隻的數量又增多了。

當小型船隻以及從海灘上載運的人員突然遭到來自空中的攻擊時，所造成的威脅極大，因此必須派遣較大型的船隻以便採取快速的脫逃行動。

我們的動力遊艇航行到一艘驅逐艦的旁邊。該艘驅逐艦的側面散置著許多攀登網。當我們船上的士兵正準備攀登的時候，那艘驅逐艦突然快速地往前航行。由於我們的動力遊艇和那艘驅逐艦綁在一起，只得被拖著走。許多士兵從網上掉落海裡。雖然他們大聲求救，但我們卻一點也幫不上忙。我們的動力遊艇正被拖著走。幾秒鐘之後我們知道爲什麼了。那艘驅逐艦看見一架俯衝式轟炸機正向下俯衝而來。許多炸彈被投擲在那艘驅逐艦的船尾。至此之後，我們就再也沒有看見那些掉落到海裡的士兵了。

在白天，拉潘地區沙灘上的局勢改變使人不得不關切。德軍已經把他們的大砲移動到逼近尼佑港附近。而且，又設立了一種雖然頗爲原始，但卻相當有效的裝置——在一個熱汽球上安置了人員，以便隨時觀察並且指示大砲的射擊方向和角度。威克渥克曾經請求多佛方面派遣飛機將那顆熱汽球射下，不過，德軍不但時常讓該顆熱汽球忽而在上方、忽而下降，而且，在白晝期間又不斷出現，使得德軍的砲手能更準確地對拉潘地區的目標加以砲擊。拉潘地區的沙灘上群集了許多士兵，使其成爲英國一個嚴重的負擔。許多士兵被砲彈擊中，然而，沙灘上只倖存極少數可用來照顧受傷人員的設施，至於適切埋葬死者的設施則已不復存在。

沙灘上到處都可聞到由血漬和被轟炸而破裂的屍體所形成的惡臭。即使躲到任何一個地方，都還是無從躲避此一惡臭味。陣陣吹來的海風也都無法驅散由那些橫躺在沙灘上已數日而未遭埋葬的屍體所發出的臭味。我們那天眞可說是走在充滿惡臭的一座屠宰場。

根據英國情報當局對國防部所提出的報告中指出，當時德國正製造能夠從海面直接開往英格蘭海灘上的水陸兩棲戰車。倫敦當局原本就極爲擔憂，由於在敦克爾克大撤退中不斷地損失戰艦和戰機，一旦德軍對英國本土發動入侵時，很可能將無法擊退。情報單位此一報告更加深了倫敦當局的憂慮。不久前才完全認淸戰局極爲可怖的一些資深人士對於有關德國境內已發生危機的報告都覺得還是無法令其安心。這些報告指出——由於消費性物品和原料的缺乏，已經造成廣大群衆的怨懟；在西部戰線的重大傷亡也令德國民衆感到恐慌；納粹當局相當緊張，因爲，若是無法實現其對德國民衆所做的承諾，那麼戰爭將很快被迫終止。雖然這些報告聽起來都頗具鼓舞士氣的作用，但是，在開戰之前，同盟國不也曾對自己的軍力信心十足嗎？

事實上，有位在柏林的觀察家認爲，德國民衆似乎沒有因爲戰爭而感到極度的不安。威廉·

希爾這位報社特派員在日記中就曾如此記載：「在科夫爾斯特坦大道(Kurfuerstendamm)到處可以看見悠閒地漫步的人們。此一寬濶三線大道行人道旁的咖啡店裡坐滿了許多一面喝著代用咖啡或吃著冰淇淋，一面輕聲聊天的民衆……對柏林的民衆來說，國外的戰爭似乎沒有對他們造成太大的影響。」

不過，看著救援船隻遭攻擊而後沉沒的威克渥克以悲傷的口吻向位於多佛的發電機作戰總部懇求，希望能派遣更多的船隻，以便讓他能夠有條不紊地處理因混亂而造成的許多問題。

對我來說，如何妥善處理當前的局勢一直是那麼遙不可及。我不知道什麼樣的船隻將在什麼時候抵達……多佛方面似乎也不可能給我太多的情報。船隻回到英格蘭讓人員上岸之後，又再度啓航。雖然陸續地有船隻到來，但時間上卻顯得不甚確定，因而實在不可能事先擬定計劃。

當高特於當天傍晚動身返回英格蘭的時候，亞歷山大將軍就接管了依然待在周邊防禦陣地部隊的指揮權。亞歷山大和前任的高特一樣，在職務上還是直接地聽命於阿布瑞爾海軍上將的指揮。但是，假如阿布瑞爾所下達的命令在他看來是「足以使英國部隊的安全受到威脅」時，那他和當時的高特一樣，可以向倫敦請求採行不予理會的策略。不論邱吉爾對法國當局做了什麼承諾，亞歷山大的主要任務就在於讓還留在法國境內的英國遠征軍能儘速地撤退返抵家園。不過，他也獲得授權，若是一切顯示，「根本不可能再從事更進一步的撤退行動，而且也不能對敵軍造成任何可觀的傷害」，那他可以和阿布瑞爾商談，共同向德軍投降，以避免無謂的大屠殺。

亞歷山大接掌高特的職務不久，英法兩國對於撤退程序的歧見又再度浮現。現在大家都已經認知，原先規劃將次日清晨訂爲英國遠征軍完成撤退的截止日期如今已不可能如願完成。沙灘上和沙丘背後還有許多部隊，而且，令人驚訝的是，居然還可以守得住防衛陣線。不過，亞歷山大告訴阿布瑞爾，他認爲此一撤退行動不可能再持續任何一天一夜了。他呼籲英法兩國部隊在即將到來的前半夜，應共同致力於將早已等待登船的部隊撤走，而在即將到來的後半夜，則應將部隊解散並撤走後衛部隊。他現在的構想是，在六月二日天亮之前——也就是比原先所計劃的還要早二十四小時——使發電機作戰落幕。

阿布瑞爾並不同意亞歷山大的構想。他認爲亞歷山大所定的最後期限完全是錯誤估算之下的產物。他並不認爲防守著後方陣地的法國部隊能夠很快解散。他堅持，直到所有的部隊都登船之後，才能放棄敦克爾克橋頭堡。

（亞歷山大的參謀長威廉．摩根上校〔Colonel William Morgan〕事後回憶說）阿布瑞爾認爲……部隊應該繼續待下來，而且，就目前所瞭解的，應該待下來一些時間。當然，我們知道這是不可能的。英國部隊已完全被打敗。他們再也支撐不了多久。

阿布瑞爾對於英國急於放棄法國一事感到極爲憤怒，因此他語帶威脅地說，他將使用身爲指揮官的權力來關閉敦克爾克港區。不過，他這句威脅話當然不可能是說眞的。他指責亞歷山大說：

「將軍，你必須待下來。這攸關著英國的榮譽。法國士兵為了保護英國部隊，使其能安然登船，已犧牲了不少性命。你們英國最後的一批部隊必須參與防衛敦克爾克的工作，以便使得我們法國大多數的部隊也能安然地撤離。」

事實上，他所要求的，遠比當天稍早邱吉爾在巴黎所應允提供給法國的援助還要少。他只不過是要求英國分擔最後的後衛防禦責任。他並沒有要求必須承擔所有的防衛責任。雖然他並不知道邱吉爾允諾將提供法國何種援助，但是，他卻清楚地記得，當高特向他告別的時候——在他出發的時候已呈現出混亂的狀態——曾向他保證，英國的後衛部隊將繼續地守住其周邊防衛陣線的區域，以便法國部隊的撤退行動能持續下去。

不過，亞歷山大卻沒有聽過那樣的允諾。高特一時疏忽忘了告訴他。這位新任的英軍指揮官只專注於所接獲的命令中提及的主要任務——絕對不能做出任何危及他的部隊安危的事。要是因而使法國部隊大失所望，那也是無可奈何。他告訴阿布瑞爾，他個人認為，要是企圖將最後的撤退行動之最後日期延長到六月二日清晨之後，「那一定是沒有眞正地考量陸軍和海軍情勢的緣故。」阿布瑞爾並不認為周邊防禦陣線不可能守住。他建議將該陣線往後退一或二英里，以便更接近海岸（事實上，該防禦陣線原本和海岸相距不到四英里），然後在該處整頓並堅強抵抗敵軍的攻勢。

亞歷山大認為這根本毫無道理可言。他抗議地說，若是建立了這樣接近海岸的防衛線將使敵軍砲火的範圍因而縮小，如此，將更無法進行撤退行動。這並不單純只是意見不合而已。這位英軍指揮官對於阿布瑞爾的任何判斷都不具信心。他認爲，阿布瑞爾一直不願意從他那位於地下的碉堡總部探出頭來看看究竟戰況已演變到何種地步，因此無法眞正理解何者可爲以及何者不可爲。當阿布瑞爾堅持必須按照他所擬定的方式時，亞歷山大認爲他只好採行所接獲的命令中之逃離條款，向倫敦當局提及此事。

亞歷山大很快地回到設立在拉潘的英國遠征軍總部。雖然敵軍投擲了許多炸彈，不過，他卻如釋重負地發現，和倫敦之間的電話通訊絲毫沒有遭到破壞。他立即以電話和陸軍大臣艾登連繫——而這也是最後一通能接通的電話。他告訴艾登，若依照阿布瑞爾的計劃而將最後撤退期限延長，將使得部份英國最精良的作戰部隊遭到殺害。邱吉爾在巴黎時曾允諾由英軍擔任最後的防禦任務，以便在敦克爾大撤退的最後一個階段當中名流千古。但艾登並不知道邱吉爾對法國的允諾，因而同意亞歷山大的看法。他授權給亞歷山大，使亞歷山大得以進行自己所提議的計劃——於六月二日清晨之前將英國部隊撤走。

雖然如此，實施準則卻並不是那麼簡單。亞歷山大根據所接獲的指示，必須在敦克爾克讓英國剩下來的部隊登船，但是準則裡也指出：「不但愈快愈好，而且還必須和法軍以各一半人數的方式撤退。」所謂「各一半人數」可以有兩種解釋——只提現在或是溯及既往。但是，就亞歷山大所瞭解，「愈快愈好」卻只有一種意思。他的意圖是，不論如何，一定要把英國的部隊撤走。他返回阿布瑞爾的總部將此一意圖告知阿布瑞爾。他指出，他希望阿布瑞爾這位法軍指揮官能讓自己的部隊也把六月二日清晨視爲最後的撤退期限，如此，最後的撤退行動將會大公無私而不會只偏重於英國部隊。不過，他也明白表示，即使法軍不把六月二日清晨視爲撤退的最後期限，那個時候一到，最後一批英軍還是會離去。

阿布瑞爾原本就極爲厭惡被人用最後通牒相逼，更何況這次還是出自屬下。不過，他也只能向巴黎當局抱怨而已。而更加使兩人交惡的是，由於當時已是夜晚，亞歷山大不想在黑暗中冒險回到新總部（當時已經遷移到距離敦克爾克市區較近的地方）。他和他的副官在阿布瑞爾的碉堡裡冰冷的混凝土地板上過夜。

當初預期將會有四十八小時，到目前爲止，發電機作戰執行的時間已經幾乎是四十八小時的三倍了。不過，一向擔心周邊防禦陣線將無法阻擋德軍攻勢的夢魘如今已到了證實的地步。現在必須一方面加快撤退行動，而另一方面也必須開始進行縮短周邊防禦陣線的艱困任務。

根據擬定的計劃，是把防禦陣線的左面，也就是在比利時境內靠近海岸的地區加以縮短，並且在法國和比利時邊界接近敦克爾克的地區派遣一支後衛部隊重新建立一條防線。拉潘附近的沙灘地區將成爲部隊撤退的處所。位於比利時境內防線的部隊將在清晨撤退到拉潘的沙灘。他們早被通知，將從此處的沙灘撤離。由於德軍很快將會瞭解，此一地區卽將成爲無人之境，因此撤退時的速度極爲重要。

雖然有夜色掩護，但是，從拉潘跋涉到沙灘地帶是一項頗爲危險的挑戰。拉潘曾經是個繁華的現代化城市，主要的街道當時都林立著由混凝土和玻璃所建造而成的新式建築物，如今絕大多數的建築物卻都已成爲廢墟。對於任何一支已經疲憊不堪的殘餘部隊來說，拖著沉重的步伐穿過該座城市，也著實是一個非常奇特的經驗。

拉潘街道的景觀令人驚異。道路幾乎都被任何一種所能想像的交通工具所阻塞……房屋遭到摧毀，散落的電車纜線和支柱到處可見。居民都躲藏在地下室。

德軍的觀測飛機投擲照明彈以便將拉潘市點亮。不久之後，遠處的大砲發出了轟隆響聲，隨之而來的則是砲彈飛來的呼嘯聲。置身在空曠之處似乎是件極危險的事，因而部隊的軍官大聲喝令士兵找尋掩蔽。

「離開街道！躲到商店裡！」街上可清楚地聽到這些喝令聲，每一位士兵只消被喝令一次，就已經知道必須迅速地躲到可供藏身的地方。我們所處這條街由品質良好的厚玻璃板所製成的窗户雖然原先還完好沒有遭到破壞，但是，在受到步槍槍托的撞擊之下，厚重的玻璃板也應聲掉落在人行道上。士兵們快速往前衝……不久之後，在一家餐館的玻璃窗後面，突然出現了一位餐館的老板。他急忙示意部隊停下來。由於尊重他人財物是一種與生俱來的天性，因此好幾位士兵都暫停下來，手上槍托也不再敲打玻璃窗。而這個時候，那位餐館老板匆忙地把他的玻璃門打開，而士兵們也魚貫地躲進餐館裡，厚玻璃板才幸運地沒有遭到破壞。

對於那些士兵，以及其他數千名士兵來說，當第六天即將結束的時候，受到救援而返回英格蘭仍是遙不可及。不過，雖然執行撤退行動相當艱難而且遭到許多耽擱，此外，傷亡的慘重也令人感到苦惱，但是，到了五月三十日午夜爲止（也就是敦克爾克大撤退行動的第六天），當天總計共有六八、〇一四位人員運抵英格蘭——四五、〇七二位從敦克爾克港區撤退，二二、九四二位則是從沙灘上撤退——這個數量直到目前爲止，是撤退人數最多的一天。大多數的英國遠征軍也被運抵英格蘭。自從發電機作戰展開到第六天截止，總計援救了將近二十萬名部隊。

雖然倫敦的唐寧街十號首相官邸對此感到極爲滿意，但是，當國防部瞭解到，還有數萬名仍然等待救援，而且救援的機會越來越渺茫時，原先的滿意度急劇滑落。一些曾遭英方逮捕而後逃脫或被釋放的德國士兵述說曾遭英方嚴刑毒打，此一傳聞經由德國媒體報導之後，使得德國民衆極度不滿。如今有數萬名滯留在法國境內的英軍很可能將淪爲德軍的階下囚，更使得國防部對這些英軍的未來感到擔憂。德國的報章雜誌都指控英國官員的行爲就好像是把德國的戰俘都看成是「食人族或殺人犯」。

他們不但遭到卑劣的侮辱和毒打，而且還被威脅將在被剝奪私人的財物之後失去性命。他們要不是手腳被鐵鍊綁住丟到角落，就是被留置街上暴露於無情砲火之中。至於在和英軍一同前進的時候，那些因爲受傷或疲憊而無法跟得上步伐的（德軍），則被有虐待狂的（英國）軍官以棍棒敲打。當他們被質問有關於軍事方面的祕密時，雙眼都被矇住，以便減弱其反抗力。德國絕對不會忘記，也絕對不會容許施加此種暴行的人逍遙法外而不受懲罰。

英吉利海峽對岸大約還有六萬名英軍仍然深陷法國境內，面臨著不是被俘虜就是被殺害的威脅，因而上述德國報紙的指控和威脅聽起來就特別地令人心驚。那些英軍不但將可能成為人質，而且還可能成爲談判的籌碼，因而對戰時內閣來說，尤其令人毛骨悚然。

第七天 來自空中的致命攻擊

自從撤退行動剛展開時就全力參與的船上工作人員，其身心的疲累度已達極點。在敵軍砲火攻擊下而依舊能夠執行撤退任務的驅逐艦上有許多人連續五天（或甚至五天以上）除了短暫的睡眠之外，一直處於執行勤務的狀態中，至今已經再也無法承受了。對那些因所屬船隻進廠從事維修而得以短暫地休息的人員來說，一想到將要重新再執行發電機作戰的勤務，心中就感到懊惱。而對於所有的船上工作人員來說，回到敦克爾克意謂著必須再度冒險進入人間煉獄，屆時，不僅他們的神經將緊繃到極點，而且，他們還很可能永無返回英格蘭的機會。

船隻每次橫渡英吉利海峽時，其所面臨的危險絲毫未曾減緩——如砲擊、轟炸、機槍掃射、德軍潛艇和魚雷艇的伺機而動等。至於船隻若是已停泊等待來自防波堤或沙灘的士兵登船時，則又必須長時期地暴露在敵軍的空中攻擊之下。上述種種的威脅和壓力在每一次搭載了許多擠進船上各個角落和空間的待撤退人員返回英國的途中，都未曾絲毫減緩。

船上的工作人員愈來愈感到焦慮和不安，其中有些還因為過度疲累和數度危險的經歷而遭受神祕的病痛。戰前航行於海峽的聖希瑞爾號(St. Seriol)蒸汽船的大副，當他在附屬於該艘蒸汽船的救生艇上援救一艘正下沉中的船隻上將溺水的乘客時，由於他幾近瘋狂地急於將生還者拉到救生艇，突然從腰部以下發生了神經麻痺的情形，使他自此之後有很長的一段時間無法站立。

有關船上工作人員失控的報告陸續出現。從載運人員往英國港口航行的船隻當中，可以發現幾乎每一位船上的工作人員（包括大多數的大副、輪機長等幹部在內）都睡著了。至於戰艦上的軍官，在他們的船艦要橫渡海峽前往執行工作之前舉起酒杯靠近嘴巴時，手臂顯現出發抖的跡象。兩個曾經是「性喜嬉笑怒罵且身強體健」的水手在登上懷特希德號（Whitshed）驅逐艦之後據說就變得「悶悶不樂、愁眉苦臉、沮喪，和悶不吭聲。」有時候，他們還會悲痛地扭絞他們的雙手。他們說，寧願跳到海裡也不願在敦克爾克再度上一夜。當哈薩號（Hussar）掃雷艇的船上工作人員突然放聲大哭的時候，曾使得該掃雷艇被迫暫停參與救援行動。赫伯號（Hebe）掃雷艇上包括軍官在內的三十名工作人員在集體迸發出歇斯底里的癲癇症之後，都被送到岸上接受治療。發電機作戰總部早已料到將會遭遇難題，預備了一些海軍人員以便一旦必要時，迅速前往多佛接替無法繼續執行任務的人員。

對於被召徵到客輪上執行任務的民間工作人員來說，其所遭遇到的危險似乎較小。他們現在是在夜晚橫渡海峽，因而沒有遭到敵軍的攻擊。然而，這些民間工作人士沒有受過作戰訓練，也沒有必須返回戰區的義務。他們的船隻就像戰艦一樣，當停泊在敦克爾克港區的防波堤時，必須冒著可能被敵軍砲火擊中的危險。此外，當他們的船隻在橫渡海峽時，也必須冒著被魚雷擊沉的危險。而在夜晚，船隻尤其可能相撞。雖然雷姆賽中將的掃雷艇執行任務的成效不錯，但是，卻無法將德國戰機每天夜晚持續不斷地在英吉利海峽和英國海岸所布設的水雷完全消除。小型且防禦能力極低的客輪從未航行到距離英國海岸很遠的地區，因而他們在橫渡海峽的時候，心裡的緊張程度實不亞於武裝戰艦上的人員。馬林斯號(Malines)的船長就曾解釋爲何要他的船隻退出此一撤退行動。

> 顯然，我的工作人員已經快要鬧革命了……我認爲，讓我的船隻再冒險執行一次救援之旅，不但成功的機率很低，而且，其所產生的效益也不大。不但我的手下不允許我把船隻航向敦克爾克地區的沙灘，而且，碼頭也似乎快守不住了。

對於小型船隻來說，情況也是令人緊張。大多數的小型船隻對此一撤退行動都頗爲陌生。沒錯，雷姆賽的一些部隊仍然在英格蘭的南岸地區徵召更多可被派遣橫渡海峽的小型船隻。但是，對於那些在沙灘上工作的人員來說，其所遭受的壓力卻愈來愈加高漲。此外，在海峽航行經常會發生阻塞的情形，因而更加容易遭到敵軍的攻擊。當敵機對較大型且較快速的船隻進行大規模的攻擊行動時，小型船隻同樣也是暴露在敵機的攻擊砲火之中，也因而必須不斷地迅速轉向，以避免遭擊中而沉沒。

> 敵機對於其下方部隊的俯衝攻擊而造成所有的港口關閉，這是不難想像的。可憐的英軍事實上就像有關沙丁魚的諺語般被擁擠地塞在某處——有些甚至躲藏在浴室或廁所；因此，那

些可憐的英軍所能做的就只是坐著靜觀其變。

有些船隻上的民間人士，他們有些是志願，有些則是被徵召而服役。如今，他們的船隻引擎在執行撤退行動的重大壓力之下發出了異常的響聲，而他們自己的神經也緊繃得再也無法承受，因此，當他們讓所搭載的待撤退人員登上英格蘭的陸地之後，就不動聲色地將船隻駛回母港。一些船隻的船長也在宣稱他們不但累得像條狗，而且也盡到應盡的任務，因此將再也不橫渡海峽了。從許多個案中都顯示，海軍艦艇曾被指示「強迫他們回到自己的工作崗位上執行任務」。許多從其他指揮部抽調的海軍軍官和士兵被安排到民用的船隻上。他們要不是擔任指揮民間人士的工作，就是提振那些從敦克爾克歷劫歸來的民間人士之士氣。

有些船隻的船長和工作人員錯誤地以為撤退行動已告結束，因而當天夜晚他們就空著船從法國返抵家園。

我們駕駛著這一艘原屬英國皇家空軍的汽艇進出沙灘。不捨晝夜。有一天傍晚，各種事物似乎已寂靜下來。不知怎麼一回事地，喧鬧和鏘然作響的聲音都已停止。這使我們以為已經到了路的盡頭。我們極為疲倦。我們認為我們已經盡了自己的本分。看起來似乎再也沒有什麼事可做。於是我們就想：「回家吧！」不過，我們並沒有討論這一件事。只不過很湊巧地，我們三個人都有這種想法。我們實在是過於疲倦，因此並沒有意識到要多載運一些待撤退人員和我們一同返回英格蘭。事實上，我們甚至不知道是否能夠返回。天色逐漸地暗了下來。

我們沒有羅盤、沒有航海圖、沒有武器、沒有探照燈、沒有食物，我們什麼都沒有。我們甚至都不知道是否有足夠的燃油可以返回家園。

海岸邊的浪潮繼續詭異地流動著，對於不熟悉其速進速出奇特方式的水手來說，著實造成極大的危險。許多小型船隻上面都是經驗不足的水手，使得爲數衆多的船隻在每次退潮的時候都擱淺在沙灘上。極需具有拖曳能力的拖船和其他船隻來將它們拖離沙灘。威克渥克在發現一艘載著待撤退人員正準備航向多佛港的拖船之後，立即示意該艘拖船轉頭前往布雷地區將一艘陷在泥濘中的掃雷艇拖離困境。該艘拖船的船長並沒有注意到威克渥克的示意，因此還是繼續地將船隻開往英格蘭。那位船長志願駕著自己的船隻擔任運送待撤退部隊返家的任務，因此，他執意地要執行該項任務。不過，由於仍然有許多部隊等待撤離，因而使得威克渥克下定決心將盡其所能地控制整個局勢。他命令將一門大砲對準那艘拖船，並且還指示一位備役海軍中尉在登上那艘拖船之後將其接管，然後就能將那艘拖船開往掃雷艇擱淺的沙灘附近協助其脫離困境。雖然那艘拖船的船長對於遭到如此的待遇極爲憤怒，不過，他和一些參與此一行動的船員都發覺，在敦克爾克大撤退這幾天當中，他所必須擔任的事務比他原先所想像的還要多。

前方的部隊在前一天夜晚夜幕低垂之後就朝著拉潘的方向撤退，然而，在比利時境內的周邊防禦陣線已遭縮短，因而使他們回家的路上充滿了不少的困難。他們發現，他們的前方並沒有等著載運他們迅速撤離的船隻。他們以及經由拉潘滿是殘骸的街道而抵達沙灘的其他部隊發現，沙灘上只有令人感到毫無希望可言的混亂狀態。那裡早已群聚了許多部隊，但是，在該地區的海岸從事救援行動的船隻並沒有載運多少待撤退人員——每小時不超過三百名。在該地區等待撤退的部隊早已充滿了沮喪和恐懼的情緒；再加上德軍不時發射的砲彈，以及沒有海灘工作人員和海灘巡邏人員向他們解釋該怎麼做，因而使他們更加地沮喪和恐懼。

在海岸上的海軍工作人員早已接獲命令，無論如何，自己絕對不能被敵軍所俘虜。因此，大多數的海軍工作人員已經撤走，只有少數還留下來，因為他們想瞭解是否還有其他事情可做。當新近抵達的部隊沿著海岸行走，希望能找到船隻時，使得情況更為混亂——砲彈落在他們的附近，造成他們的傷亡，其中有許多被擊中者還一直都乏人照料。縱使在這些慘劇發生後很久，其中許多身歷其境的人還可依稀記得那些慘狀。

我的左右兩邊躺著三具動也不動的軀體；另外有一具軀體則用一隻手支撐著，然後還說著話。他的聲音帶著一種夾雜著懇求和沮喪的語調：「救救我吧！救救我吧！」他一再說著這個句子。在黑暗中他的面貌無法辨識，只能約略地看見輪廓。我一直拖著沉重的步伐行走而沒有停下來。後來我又聽到一位陌生人的咒罵聲，雖然這些咒罵聲含有命令的語氣，但其主要目的還是在於自保，至於他後來是否活著被醫務兵所發現，那就不得而知了。

當時在現場的高級軍官認為除了沿著沙灘朝著敦克爾克的方向前進之外，已經沒有別的方法了，或許在前往布雷途中或是抵達布雷附近的沙灘時，他們可以發現運送他們返抵英格蘭的運輸工具，可是，根據清晨時刻接連不斷地在海峽兩岸之間傳送的電文顯示，沿著整個海岸線，船隻的供應量似乎已經用盡了：

凌晨二時四十三分　由葛薩米爾掃雷艇傳送給雷姆賽的電文：「我們在拉潘以西的地方應該會有較多的船隻。」

凌晨三時二十四分　由雷姆賽傳送給葛薩米爾掃雷艇的電文：「現在派遣更多的船隻已經不實際了。你必須竭盡所能地用你的船隻來運送待撤退人員。」

凌晨三時四十一分　由尼格號(Niger)運油船傳送給雷姆賽和威克渥克的電文：「沙灘上的情況相當危急……急需派遣更多的船隻。」

凌晨三時五十八分　由葛薩米爾掃雷艇傳送給雷姆賽的電文：「眞的還有數千艘船隻正由拉潘往西面的方向移動嗎？沒有看見任何船隻。」

凌晨四時三十分　由近衛軍第七旅的威特可將軍(General Whitaker)傳送給國防部的狄爾將軍之電文：「絕對必須提供更多的小型船隻和動力船隻，以便在必要的時候能避免遭到慘重的損失，而剩餘的英國遠征軍也得以全數運走。情況極爲迫切。」

凌晨六時十一分　由威克渥克傳送給雷姆賽的電文：「所有被用來當做拖船的船隻都已經在夜晚朝著家園的方向航行。務必將這些船隻遣返回國。」

前一天夜晚聚集在拉潘附近沙灘上的部隊——大多數是紀律嚴謹的步兵——在剩下來的軍官指揮之下，已經組成隊伍而沿著鬆軟的沙灘朝敦克爾克的方向前進。他們沿途還收容了一些其他部隊的殘兵。和自己單位失散的士兵在黑暗中大叫，試圖想要再度地找到他們：「一連，格林・霍爾斯！」「C連，東約克！」雖然有些在破曉之前就在沙灘上被整夜都在執行任務的小型船隻所救援，但大多數還是在敦克爾克港區的防波堤載離。

我看見一座通往海面大約八英呎寬的棧橋，因此我的船隻就駛往該座棧橋，希望能在其末端發現一些待撤退的人。當我發現原來是由站立的士兵排列而成的筆直隊伍——好像是參加遊行的禁衛軍，我驚訝得簡直無法想像！當我接近他們的時候，有一位士官走到我的面前說：「報告長官，總共有六十名待撤退人員。」他走回到那一列筆直而不怎麼移動的隊伍……然後告訴那六十位人員跟在我的後面。

在極度沮喪和失望的情形之下，其中有些把武器丟掉偷偷離去，他們試著想要游到外海的船隻。有些成功了，有些運氣實在不錯，他們被航向沙灘的船隻所載運而離去。可是，也有許多人從此就再也沒有消息。有三十名原本沿著沙灘前進的士兵，當和他們同行的一位軍官告訴他們——任何一位自認爲能游泳抵達外海船隻的士兵都不妨試試看——時，就一窩蜂地向一艘戰艦游去。那時才微微地出現些許曙光——清晨四時三十分——而在那些士兵開始朝著外海的戰艦而游後不久，德軍戰機就從地平面突然地向著他們以及那艘他們想游抵的海克揚號(HMS Halcyon)

掃雷艦突擊而來。雖然海克揚號掃雷艦總算沒有遭到重大毀損，但那三十位游泳的士兵當中，只有四位獲救，而且其中兩位曾在海裡受傷。

當天凌晨，士兵們一直陸續不斷地登上早已停泊在敦克爾克港區防波堤附近的船隻。夜晚期間曾經在某一時刻有一萬名英軍和二萬名法軍在碼頭等候船隻的載運。這些英法部隊不但擠在碼頭和極易通往碼頭的地方，而且還延綿兩英里而達沙灘。他們當中有一些在前一天的白晝就開始等候；有些則是在前一天的夜晚開始等候。德軍同樣也在這個地方持續著其一貫的砲擊。除了由這些砲彈所造成的傷亡、破壞和恐懼感之外，仍然發出熊熊大火的敦克爾克儲油槽，以及有時候德軍所發射的燃燒彈，更加烘托出這些疲憊不堪士兵在進行大規模的登船行動時是多麼地膽怯害怕。

法軍大量抵達，基於文化和語言等方面的緣故，使得撤退行動更加橫生枝節。不論就經驗或天性來說，法軍當中有許多士兵是出身於內陸地區的農民，對他們而言，海洋和航行的船隻是祕不可測的。許多法軍在抵達海岸地區之後，就拒絕再往前進。即使當他們被告知，只不過提供一個渡海的機會，若不願渡海，也可在附近四處走動，但他們還是拒絕前進，這使得海岸地區更擁塞。其他的法軍則和大多數的英軍一樣，在淺灘處陸續地爬到船上，根本就不去注意載重和容量等問題。有些船隻因而深陷泥沼動彈不得。船隻可說是某種避難所，因而那些早已登船的待撤退人員就安穩地坐在船裡靜候。他們打算等到漲潮時船隻再度漂浮之後，就能載離。

至於在還未聚集大量部隊的地區，自敦克爾克以北的海岸線從幾天前開始，就已經再也不是整潔的海邊遊樂區。

海灘上散置的丟棄物簡直不是言語所能形容：步槍、輕機槍、軍用背包等，散置在每個角落。驅逐艦和各式各樣的大小型船隻其船底都擱淺在接近海岸的淺灘，桅柱、艦橋，以及煙囪都突出在水面上。其中有一艘驅逐艦不但遭到擱淺，而且船身也被炸成兩半。

六月一日清晨——也就是敦克爾克大撤退的第七天——天方破曉曙光乍現之際，德軍已經展開了當天的首次轟炸。大約一個小時之後，第二波轟炸攻勢再度發動，再經過一個小時，第三波轟炸行動也出現了。當天一整天，每當救援的船隻從英吉利海峽對岸駛抵敦克爾克地區，或是在搭載待撤退人員時，或者是甲板和船艙已擠滿待撤退人員並準備返回英格蘭時，成群的德軍轟炸機、俯衝式轟炸機，以及戰鬥機總是會一次又一次地從高空朝著那些救援船隻攻擊。德國空軍又再度將其最主要的注意力轉移到轟炸船隻和瓦解留守在周邊防禦地區的同盟國部隊這兩個任務上。現在，該防禦區域大約有十萬名法軍和四萬名英軍。事實上，假如當初一開始就有系統地追擊同盟國部隊，那將可望提前數日就粉碎了整個發電機作戰計劃。其中有些英法部隊看見那些他們認爲可以從沙灘附近載運人員的船隻——事先排成隊伍的士兵已登上那些船隻——先是被擊中，而後著火，最後沉入海底。

（有一位志願參與撤退行動的民間遊艇水手回憶）在岸上等候的部隊親眼看見海軍遭到轟

炸……最令人感到驚訝的是，那些部隊的身上沒有（或似乎沒有）發生什麼事。我認爲這是德軍一種非常高妙的心理戰手法……對海軍加以轟炸，讓岸上的部隊親眼看見德國空軍的威力，使他們不得不確切地認爲，這就是想要搭船返回英格蘭的人所將遭到的後果。

對於那些在沙灘上等待撤退的人員來說，這事實上已像極了將出海的哈米吉多頓(Armageddon，善與惡之決戰場，《啓示錄》十六章十六節)，其間邪惡的勢力已佔上風。對於許多英國水手來說，似乎也有相似的感受。艾凡荷號驅逐艦的艦長在該艘驅逐艦遭攻擊和損毀，似乎要走向滅絕的時候，大聲地對著有意駛近前來援救的哈溫特號驅逐艦說：「趕快離開這裡，否則你們的下場將會和我們一樣！」不久之後，哈溫特號驅逐艦也被擊中，而且在港區入口附近沉入海底。在一切都失控的情形之下，艾凡荷號驅逐艦不但被拖離現場，而且還被拖回英格蘭。

巴西里斯克號(Basilisk)驅逐艦在拉潘外海被擊中，而且，在試圖逃回英格蘭的時候沉沒了。飛魚號(Skipjack)掃雷艇在拉潘外海搭載了大約二百五十至三百名人員之後，船身卻遭一枚炸彈擊中。在棄船的命令下達之前，它已經因翻覆而下沉了。該艘掃雷艇上所搭載的人員都在底部的船艙裡，因而大多命喪海底。那些跳到海裡或掉落在船身旁邊的，則遭到敵軍機關槍的掃射。

法國的凡德羅依恩特號(Foudroyant)驅逐艦以及莫斯基多號(Mosquito)砲艇也都相繼沉沒。船隻一艘接著一艘地下沉、故障，或是遭到損毀。在此一種可能使人致命的混亂中，數百名人員被一些船隻援救，因而倖免於難。這些船隻不畏任何艱難險阻地駛近受重擊的船隻，以便將待撤退人員及船上的工作人員載離。

德軍來自於空中的攻擊行動在當天接連不斷。於是，只得利用攻擊行動和另一攻擊行動之間的空檔匆忙地對遭受損壞的船隻加以修護，將人員從遭損壞的船隻中載離，生還者從水中救起，而受傷者也受到醫治。那些空檔事實上也是早已料想到的恐怖期，因爲，大家都相信，斯圖卡戰機、多尼爾轟炸機、亨克爾戰機，以及梅塞斯密特一〇九型戰機等不久之後都將飛回來再度地發動攻擊。敦克爾克外海的水域已經變成一個海中冥府，其間有著火或遭燒毀的船隻，有遭擱淺的船隻，有船身已沉沒一半的船隻，船首朝著天空，船身和殘骸則隨著潮水流進流出。

如同先前，還是對於皇家空軍未能提供足夠的空中掩護而發出抱怨之聲。事實上，皇家空軍的戰鬥機司令部也處於不利的狀態。德軍能自由挑選時間和地點來對英軍展開兇猛的空中攻擊。英國戰鬥機藉著儘可能使各巡邏之間的空檔縮短並且靠著在挑選時間上的幸運，尚能和敵軍的某些攻擊行動加以抗衡甚至將其切斷。不過，雖然皇家空軍當天損失了三十一架戰鬥機（德軍相對地損失了二十九架），但是，非常明顯，皇家空軍不只一次地缺席，這使得敵機能夠在毫無任何阻撓的情形之下，完全掌控敦克爾克的上空。

當德軍戰機未遭到英軍戰機的挑戰時，只消應付絕大部分是來自於英軍驅逐艦上的防空砲火。這些德國軍機飛行得相當快速且低空，過快的速度使得英軍的砲手無法分辨來機究竟是英軍的噴火式戰機或是德軍的梅塞斯密特一〇九型戰機。他們對著飛來的戰機（不論屬英軍或德軍）都加以射擊，雖然效果不佳，但他們還是繼續射擊。當他們知道自己已經暴露於敵機的轟炸之下時，都非常清楚，不但沒有後退的機會，也無從節約資源。皇家海軍船艦凱斯號(Keith)和其他服役中的驅逐艦一樣，在將所載運的待撤退人員送上岸之後，又快速地轉頭朝著敦克爾克的方向駛去，以便能再度從事撤退的任務，但也正因爲如地快速，使得當其抵達敦克爾克時，只剩下最後三十發防空砲彈。在遭到來自空中的攻擊時，雖然曾快速地轉向，但還是在被擊中之後，終於沉沒。這數天已成爲皇家海軍史上最悲慘的日子。

當高特於當天早晨返回倫敦並參加由戰時內閣所舉辦的會議時，怨恨和羞辱必定大爲影響高特的情緒。他有充分的理由可以相信，過去那兩個星期以來，他從國防部和邱吉爾本人所接獲的指揮和指示不僅失眞而且也令人困惑。此外，撇開局勢不談，高特就身爲一個軍隊的指揮官來說，並不能因爲他所率領的軍隊大多只是一再撤退而且又被逼到海邊，就因而認定他沒有擔任指揮官的能力。雖然有很多人員仍然被德軍困在法國的西北海岸，但整個撤退行動到目前爲止已經大大地超乎原先的期望，因而高特在會議上還是受到熱烈的歡迎。要不是國家的安危面臨了吃緊的局面，他很可能會受到英雄式的歡迎，因爲這樣將有助於提升大衆的士氣。

戰時內閣急於想知道在敦克爾克周邊防禦區域的最新狀況，以及依然在該處作戰的部隊其繼續撤退的展望如何。高特告訴與會的內閣官員和軍事首長，雖然防禦陣線可望守到次日早晨，但到時候的撤退行動將充滿危險。因此，在當天夜晚就應該運用各種方法，以便完成撤退行動。雖然邱吉爾一再堅持，縱使英軍必須遭受重大的損失，也必須竭盡所能盡量援救愈多的法軍。不過，這種看法似乎並不怎麼被高特認同。高特並不知道法軍後衛部隊——現正擔任防衛著敦克爾克地區的防線之任務，以阻撓德軍的前進——已展現出豪情壯志和堅定的決心，因此還懷疑，仍留守在該地區的法軍當中，究竟有多少部隊還具有作戰的能力。因爲他還是認爲法軍指揮部應該爲英國遠征軍後來所遭遇到的困境負完全的責任，所以，法軍並不值得皇家海軍冒著生命的危險來援救。

高特認爲發電機作戰在當天晚上必須終止。此一看法獲得了與會軍事首長的認同。海軍參謀長杜德萊・龐德爵士對於皇家海軍繼續遭受敵軍的痛擊感同身受，因而他認爲，在次日破曉之後，待撤退人員登船的機會將非常渺茫。龐德指出，根據報告，參與此一撤退行動的所有驅逐艦至少都遭到某種程度的破損。更爲嚴重的是，德軍現在已將其大砲就定位，對原先可供船隻安全行駛於海峽而抵達敦克爾克的最後一條水道加以砲擊。法方原先允諾將派出一百艘海釣船參與此一撤退行動，但是只有少數幾艘出現。而原先參與撤退行動的一些法國船隻現在也載著所搭乘的待撤退人員朝著海岸以南的哈佛爾 (Le Havre) 駛去，預計在該處而非原先所預定的英格蘭地區上岸。

因損失的數量不斷增多而暈頭轉向的皇家空軍也極力支持海軍的看法——整個撤退行動必須迅速告一段落。英國戰鬥機的力量據說「已經大量地銳減到維持該國空防最低極限以下」。戰時內閣也被告知，在過去的三個星期當中，戰鬥機司令部於執行任務中所損失的飛行員和戰鬥機的速率之快，已遠超過所能補充的數量。除此之外，在將噴火式戰鬥機和颶風式戰鬥機送上高空之後不久就立即證明是一項徒勞無益的舉動。戰鬥機所損耗的機關槍彈藥數量之快，使得地面所供應的彈藥不敷使用。嚴重短缺的陰影正隱隱迫近。

邱吉爾於當天早晨從巴黎返抵英國，他於前一天在巴黎向法國的領導階層保證英國永不止息的同志愛。因此，雖然軍事首長一再地辯論和提出警告，但邱吉爾還是把「撤離法軍」視爲一極爲重要的任務。他堅持，即使是必須損失大量的海軍船艦和陸軍部隊，也都必須儘可能地守住敦克爾克，因爲這樣才能使法方揚棄「遭到英國遺棄」的想法。不過，在經過一番勸說之後，這位英國首相也認爲，亞歷山大將軍這位在現場的英軍指揮官是最知曉未來將可能發生什麼的人，因此，究竟撤退行動何時中止，應該由他一個人來決定才對。

亞歷山大對於撤退告一段落的時間顯得胸有成竹。當天早晨，他曾經在阿布瑞爾的碉堡和阿布瑞爾會面，並且告訴他，人數已經減少的英國後衛部隊將繼續地防禦著剩餘的防線直到夜暮低垂，之後，防線的防禦工作將完全交到法軍手中。在巴黎的高級官員獲知此一決定時，都不約而同地勃然大怒。這更加使他們堅信，背信的英國人在援救了自己的部隊之後，根本就不會在乎其同盟的安危了。邱吉爾爲了軟化此一打擊所造成的傷害，致電給雷諾德和魏剛，向他們解釋影響英軍決定的因素。

撤退的重要關頭現在已經來臨了。五個戰鬥機中隊事實上一直在參與行動。這是爲了掩護撤退，我們所能提供的最大量之機隊。唯一可供通行的海峽航道已暴露在敵軍的砲火火網之下。六艘船隻——其中大多數都滿載著待撤退的人員——在今天早晨已經沉沒。敵軍對於戰局的掌控愈來愈加緊密，而且，橋頭堡也愈加縮小。若是試圖固守到明天，那我們很可能將遭到最爲嚴重的損失。假如我們在今天晚上就停止撤退行動，雖然還是會遭到極大的損失，但必然也將避免許多不必要的損失。整個局勢無法被獨自待在堡壘的阿布瑞爾海軍上將，或是被你，或是被在這裡的我們所評判。因此，我們命令指揮著橋頭堡區域的亞歷山大將軍和阿布瑞爾海軍上將共同審視戰局，以期能擬定出可供遵循的最佳策略。我們希望獲得您們的同意。

在邱吉爾寄給雷諾德和魏剛的電文之原始稿件中，說明了已命令亞歷山大「自己判斷」要如何進行。但是，即使稿件經修改後語氣變得較爲溫和，該則電文根本就沒有產生安撫雷諾德的效果。這位法國總理冷淡地告訴史皮爾斯將軍，看來邱吉爾在前一天所信誓旦旦的話——英國絕不會單方面地採取行動——早已快速且明顯地消逝了。而當他接獲了「法國軍官在敦克爾克遭英軍虐待的報告」時，就更加憤怒。他曾聽說有一位法國將軍和他的副官不但從一艘救援船上被粗暴地拉下來，而且還被告知，假如再登船的話，那就意謂著將少載運了兩個英國士兵，而這是英軍所無法容忍的。

到了這個時候，史皮爾斯已經不再千方百計地設法撫平巴黎和倫敦之間的摩擦。同盟國之間早已存在著根本上的間隙。雖然敦克爾克似乎將成爲某一個值得英國人感到驕傲的地方，但是，對於法國來說，卻是一個挫敗和羞辱的象徵。史皮爾斯不但沒有試著將事情解釋清楚，反而還揚言將對於法國的指控展開反擊。有位法國將領據聞在敦克爾克遭到不良的待遇，因此他就指控說，由於那位將領利用自己的職位之便，只想安然獨自逃離法國，根本就沒有想到由自己所指揮的部屬們之安危，而這是極爲錯誤的。至於雷諾德對高特這位英國遠征軍指揮官的表現之批評也狠狠地遭到史皮爾斯的駁斥。他堅稱，高特的失敗（假如他有任何失敗的話），是在於沒有抱怨「法軍參謀人員和將領的頹喪」。

阿布瑞爾海軍上將的那種看法和判斷依然是個頗爲微妙的課題。英方人士——先前是高特，而現在則是亞歷山大和代表皇家海軍的泰納特——在著手計劃結束敦克爾克大撤退在陸上的行動時，早就已經不斷地徵詢阿布瑞爾的意思。不過，那些接連不斷的徵詢大多只是認知阿布瑞爾爲敦克爾克地區最高指揮官的一些象徵性舉動而已。阿布瑞爾和法國方面一般來說都認爲那些徵詢大多只是形式，並不具有多大的實質意義，因此他們對於那些徵詢根本就不具好感。但是，對於英方來說——如同邱吉爾在傳送給巴黎當局的電文中所明白指出的——卻深信，假如阿布瑞爾還是選擇將自己隔絕在自己的碉堡裡，那他根本就無法處理任何事件。無庸置疑，這也是一個很好的藉口，因爲這能夠使他們繼續根據英國方面自己的需求而行動，而那些行動在當時被認爲事關整個國家的生存。

對那些仍然據守著後衞陣地的英國部隊來說，末路似乎很快即將抵達。除了知道所剩的軍火已不多之外，他們還知道，不但部隊的數量已被削減了許多，而且，再也無法阻擋德軍多少時候了。有時候，命令和指示不但頗不清楚，而且也頗不一致。有些軍官在敵軍強大的壓力之下，因而認爲整個局勢看起來似乎已沒有多大希望了，因此，部隊將在他們謹愼的帶領之下，撤退到海岸地區。也有一些軍官則認爲，在接獲明確的撤退命令之前，無論戰況如何發展，他們都必須堅守到底。第五邊境師(the 5th Borders)的一位軍官在一位冷泉近衛軍的少校一聲喝令之下，遭射殺死亡，因爲，他在聽從其上級長官的命令之後，違反那位少校的命令，沒有將他所指揮的那個單位從防線上撤退下來。不過，這其實是個徒勞無益的舉動，因爲，不久之後，該單位終究還是要撤走的。

在這一天，後衛部隊被迫從幾個先前頗爲安全的陣地撤退，然而，在撤退的過程中，卻遭到了極大的傷亡。德軍在周邊防禦區域東緣，也就是接近比法邊境地區的重大突破，有效地切斷了在沙灘上登船的機會。最東面的沙灘必須棄守，而直接從海岸展開的撤退行動也被局限在防波堤北面延伸僅一・五英里長的沙灘地帶。除此而外，在前幾天能夠讓數千名待撤退人員登船而離去的沙灘如今已成無人之境。極爲少數的一些可用預備隊也投入戰場，以便遏阻德軍的突破行動。到了傍晚，敵軍的前進已遭遏止。而這也就意謂著即將在當天夜晚所展開的登船計劃，雖然無法像先前所想的那般容易，但卻也還是能夠進行的。此一脫逃的計劃正仍在進行當中。不過，仍然據守著防線的部隊則對於自己能否脫逃根本不具任何信心。

許多不幸的事件傳回到他們當中——數百具屍體橫躺在沙灘上；滿載著待撤退人員的船隻在海上遭到攻擊而爆炸。他們所處的陣地距離海岸之近，使他們能聽到發生在外海的爆炸聲和砲火聲。有些人甚至已經開始懷疑是否有登船的機會。根據經驗，以及發生在陣線其他地方的有限消息，再加早就已根深柢固的偏見，使得他們對於防守著日益吃緊的周邊防禦陣地之法國士兵能否肩負起更大的防禦責任不具信心。

但是，法軍卻展現出不屈不撓的作戰精神和堅定的決心。雖然亞歷山大將軍對於法軍意圖在剩餘的可撤退地區附近建立新的防禦陣線——距離海岸只有三英里多——還是抱持嘲笑的態度，但是，每當敵軍對其陣地施壓時，都迅速地遭到法軍的阻擋。雖然剩餘的英國後衛部隊在夜暮低垂之後將會經由那道防線而撤退到沙灘上，但是，亞歷山大認爲，在德軍第一次的猛烈攻擊（很可能是在次日凌晨）之後，那道防線將會瓦解。而後，敦克爾克將很快地淪陷——城區、港區，和沙灘地區都將落入德軍的手中。

雖然如此，亞歷山大這位英軍指揮官在當天傍晚還是接獲了來自倫敦當局的指示——「儘可能地據守，以便能讓愈多的英法部隊撤走。顯然，從倫敦這裡根本不可能判斷敦克爾克當地的局勢演變。雖然必須一方面和阿布瑞爾海軍上將密切合作，但另一方面你也必須自己做判斷。」雖然在破曉時刻之前，應該把最後的一批英軍撤走，但是，顯然地，倫敦當局所打的算盤是——假如還有援救更多法國部隊的機會，那就應儘可能地延長發電機作戰的時間。果眞如此，那麼，亞歷山大所設定的新期限日期——在即將到來的日出之前終止撤退行動——也將再也不具任何效力了。現在，該是由法軍來證實亞歷山大是錯的，他不該懷疑法軍阻擋德軍的能力。

有關當天海軍和海岸上的待撤退人員傷亡的報告不斷地湧入位於多佛的發電機作戰總部時，

雷姆賽非常清楚，撤退行動不可能像先前般沿著防線展開。撤退的步伐並沒有減緩。橫渡英吉利海峽的航道中，唯一僅剩的一條仍可供救援船隻使用的航道還是相當地忙碌。

那條航道就好像是一條供船隻來回航行的高速道路，有不同的線道供較快速和較慢速的船隻各自航行其中。而這正是由噴火式戰鬥機所掩護而成的一條航道（轉述自一位之前很少見過此類戰鬥機的一位待撤退人員）。

不過，代價卻愈來愈驚人。在黃昏之前，三十一艘救援船隻（其中包括六艘驅逐艦），要不是沉沒就是遭損壞而無法繼續執行任務。

根據雷姆賽事後的報告指出，處在這些狀況之下，顯然地，假如在白晝期間持續地進行撤退行動，那麼，所損失的船隻以及人員和所被救援撤退的人員數根本就不成比例；而且，假若持續地進行撤退行動的話，整個撤退的原動力將自然且快速地銳減。

雷姆賽已下定決心，從次日早晨開始，在白晝期間，較大型的船隻（包括戰艦）將不會出現在撤退行動當中。而在發電機作戰終止之前，大型船隻載運待撤退人員的行動將只局限於夜晚期間。至於小型船隻，由於它們的損失既不會造成大量待撤退人員的傷亡而且也不會減低英國本土的防禦能力，因此，在白晝期間仍然可望在沙灘旁繼續執行載運待撤退人員的任務。

當夜色再度降臨敦克爾克地區時，船隻也開始進入港區，在停泊之後載運待撤退人員。同一時段有高達七艘船隻進入港區。由於當天白晝期間港區內又增加了許多殘骸，因此船隻必須小心翼翼地航行。碼頭上並沒有怠惰的人。當船隻停泊下來的時候，等待撤退的部隊沿著碼頭快速移動，然後就爬上船裡。這些船隻就再度啓航，以便空出停泊的空間給其他船隻。船隻在碼頭邊停泊成二或三排。許多待撤退的人員運用那些緊靠著防波堤的船隻，以及被燒毀的殘骸和浮橋而攀登上那些將載運他們抵達英格蘭的船隻。

午夜時刻，高達六四、四二九名——幾乎有一半是法國部隊——在當天之內被載抵英格蘭；其中四七、〇八一名由港區出發，一七、三四八名則由沙灘出發。總計自從大撤退行動展開以來，共載運了二五九、〇四九名待撤退人員。而還有不少正在航向英格蘭的途中。此一成就非凡的撤退行動很快地傳到世界其他角落。在大西洋的對岸，紐約《前鋒論壇報》對其大加讚賞。

> 過去也曾經發生過被圍困的部隊、可怕的撤退、危急的登船，以及後衛部隊的英勇事蹟等情形，但卻從來沒有將上述情形結合成如此大規模的軍事行動。在被打敗之後仍能如此堅忍不拔地挺立著，這並不算是大災難……這些是文明的軍人，他們堅強地忍受痛苦，這不但使他們永垂不朽，而且也爲文明社會增添不少價值。

《紐約時報》則以邱吉爾式的誇大用語來盛讚此一撤退行動。

> 只要英文這個語言沒有從這個世上消失，敦克爾克這個名詞從此以後將被以崇敬的心情談

及。因爲，在那個港區裡，出現了地球上從未有過的煉獄，在一場被打敗的戰爭末期，原先已遭玷辱的民主靈魂如今又再度地清明。在敦克爾克，被打敗的部隊非但未遭征服，還散發出傲人的光芒來面對敵軍。

第八天　遭挫的希望

在周邊防衛區域有一些雖然受傷但卻幸運地受到醫療照顧的士兵，他們的去向必須在此時做一決定。他們大多數是在距離馬洛不遠處的內陸地區——羅森達爾。在羅森達爾的橋頭堡裡，有一座傷兵處理站。邱吉爾曾向法方保證，受傷的英軍人員將不會被撤離，只有那些在返回英國後能立即投入戰場的士兵才會被援。不過，卻一直都沒有下達相關的命令，因此，很多受傷的士兵不但在防波堤附近搭上船隻，而且，當他們所搭乘的船隻抵達英格蘭之後，又被迅速地送往醫院治療。不過，德軍對港區的轟炸過於密集，因而最後不得不做成一個決定——爲了使撤退行動能在快速且沒有遭到困難的情形之下進行，只能載運那些還能行走的傷兵。

但是，現在又努力地嘗試想要在德軍拿下這個地區之前，將受傷更爲嚴重的士兵運抵家園。兩艘英國的醫護船在清楚瞭解所擔負的任務之後，在大白天送往海峽的對岸。但是，由於一則無線電報中途遭截，並譯知該兩艘醫護船的任務，因此，雙雙遭到敵軍攻擊。其中一艘沉沒，另一艘則因損壞極大因而必須調頭返回英格蘭。在羅森達爾的二百三十位躺在擔架上的傷患只好繼續待在該處的傷兵處理站。

不過，他們將不會遭到遺棄。平均每一百位無法行動的傷患將由一位軍官和十名士兵所組成的醫療小組留下來照料。在抽籤決定去留時，從帽子中首先被抽到的名單將經由防波堤而返回家園。三個軍官和三十名士兵則必須留下來照料傷患並等待德軍的俘虜。

那些留在拉潘的傷患在遭到遺棄而遭德軍虜獲時，似乎並不怎麼幸運。當天較早時刻，有四位駐守在柏林擔任中立國軍事武官的四名美國陸軍軍官正和德軍一同巡視拉潘地區。根據他們後來向華府的報告指出，由於在該地區被棄守之前的數個小時間，曾經發生過一陣混亂，使得被遺留在該地區的傷患必須聽天由命。

在英國部隊完成了從海上撤退的企圖數小時之後，我們進入拉潘這座城鎮……德國部隊……仍然還是處於肅清整座城鎮的階段。英軍留下了一些尚未埋葬的屍首（我們在海灘以及通往海灘的大道上看見大約一百具屍體），而且，傷患也沒有醫護人員在一旁照料。根據德軍的報告指出，總計共有七百名傷患，其中五十名在該座城鎮被佔領之後幾乎就立即死亡，而且，英軍竟然沒有留下任何一位醫官。

從那些巡察拉潘的美國軍官報告中顯示，他們所看見的戰後景象只有死亡和毀滅。

英軍之所以能頑強地作戰，其實是受到德軍的容許才有以致之。大多數的英軍屍體都是散置在卡車或是大砲旁……我們也看見一些溺斃的屍體。他們的身上都穿著外套大衣，因而可以斷定是從運輸工具的殘骸中所漂流而來的。不論是在沙灘上或是在城鎮裡，都可以看見凌亂散落的爲數衆多之英軍運輸工具，一些各種口徑的防空砲，以及被棄置的設備和軍火……有一艘英國驅逐艦舷側向地擱淺在沙灘上。根據德軍的說法，該艘驅逐艦是在當天稍早時被一架斯圖卡所攻擊，因而喪失了作戰的能力……德軍的大砲正從我們的頭頂上飛過，它們的目標是敦克爾契(Dunkirchen)方向。德軍在白晝結合了大砲射擊和戰機空中轟炸的雙重攻勢，使得該城鎮變得滿目瘡痍……當時德軍一直維持著與每分鐘一百次爆炸的頻率。

天還未亮之前，從港區內的防波堤登岸很容易。英軍和法軍似乎都川流不息地湧入。在破曉之前，救援船隻接連不斷地大量進入港區，直到天亮方休。成群的士兵排成四列地沿著碼頭移動，其中兩列是英軍，兩列是法軍。他們上船時的秩序相當良好。雖然來來往往的人員和船隻的數量頗多，再加上船隻又必須在匆忙之間載運著超過限制數量的人員，卻沒有發出巨大的嘈雜聲，因爲，這些人員一方面是太疲憊了，所以無法閒話家常，另一方面則又因爲在黑暗的環境中，將可望安全地返抵家園，所以相當喜悅，因此根本聽不到任何的牢騷抱怨。船隻滿載了待撤退人員，因而在航向大海時，引擎發出了巨大的響聲。船上的警笛數次大響，不過其頻率並沒有像處於繁忙的交通下那麼頻繁。夜晚期間在港區內砲彈零散地爆炸，現在已成爲敦克爾克地區的景觀之一。除非引爆的地區在防波堤或船隻附近，否則根本不會引發特別的注意。通常來說，每次爆炸之後，就很快地被當做從來沒有發生的樣子。

由於通訊設施的不足，使得從港區所傳達出去的話無法有效地傳抵那些在沙灘上等候多時，希望在德軍進佔之前被載離的部隊當中。當天夜晚停泊在碼頭附近的驅逐艇上之軍官在附近的沙灘與沙丘到處找尋，希望能發現一些待撤退人員，但卻沒有獲致多大的成果。馬爾孔號(Malcolm)驅逐艦的航海長也在敦克爾克市區的街道上到處走動，並且還吹著風笛，以便能吸引那些爲了求得生命安全而躲藏在地窖的部隊，但卻也同樣地沒有什麼成效。

雖然英國後衛部隊最後的四千名士兵在前一天天黑之後就已經從防線上解散，但是，在抵達可供登船的地區之前，必須跋涉數英里的距離，而其中又大多必須以步行爲之。當他們又飢又累地朝著海岸的地區行走時，必須穿越法軍所新建立的一條防線。根據阿布瑞爾的構想，當次日清晨地面作戰重新展開的時候，該道新防線應該具有遏阻德軍攻勢的能力。對於他們大多數的人來說，能否被救，似乎也只能靠著偶然的機會了。

還是一個暗夜，只有從敦克爾克那裡持續地發出的亮光，才使得不致於一片漆黑……間歇地，天空也出現了法軍大砲發射的閃光。法軍的哨兵在黑暗中曾經不斷地向我們盤問，當我們一面走一面又懷疑是否走對路時，突然間已經抵達沙灘地帶，於是，我們在左轉之後就朝著莫爾(Mole)的方向前進。雖然我們終於走在最後一段路上，但最終的終點站莫爾，從大約一英里處的地方望去，卻是一個看起來最令人感到不悅的地方。顯然，由於其背後有儲油槽，燃燒的熊熊大火就像是座煉獄，加上海岸附近的轟然巨響和大砲聲告訴了我們，莫爾一直都遭到炸彈和砲彈的攻擊。弟兄們，提起腳步來——一、二、一、二。突然地，有一位年輕的參謀軍官走上前來：「把你這一隊的人馬帶到下面的沙灘上，然後搭著船離去；很多船隻正駛向沙灘。」士兵們都乾脆俐落地服從此一命令。有人涉水走在淺灘上，其他人也跟著涉水，但卻沒有船隻駛進來，沒有人知道怎麼一回事，這種感覺實在不太好受。不過，就好像交通阻塞般地，此一混亂的狀況最後還是自己解決了，而且，在破曉之前，皇家砲兵第十八野戰團大多數的成員都登上了一或兩艘小型船隻。

那些仍然擁有運輸工具，或是能夠徵收被丟置的交通工具之部隊當然能倖免於步行之苦。雖然曾經努力嘗試想避免周邊防禦區造成交通大阻塞，但是，非但敦克爾克和馬洛擠滿了許多交通工具，就連沙丘和海灘上也到處散置著無數的運輸工具。清晨一點的時候，四十六師的團部所剩餘的極少數戰車和車輛在馬洛的海灘集結。戰車人員走到外面，把大砲的火門塞住，然後將所有車輛的引擎摧毀。「自此以後，每一個人都能夠涉水走在淺灘，而且，最後也都能被一艘船隻所搭載。」

皇家砲兵第二十七野戰團有二十四位人員和他們自己那一個單位所剩餘的人員失散，而那些人員正準備從防波堤登上船隻。當人潮極爲擁擠的時候，這二十四位人員根本無法一路擠到碼頭，因此只好涉水走到一艘原來航行在泰晤士河上的駁船。那艘駁船在被其原來的人員棄置之後，就一直擱淺在附近的沙灘上，而那些原來的人員，應該早已選擇搭乘其他的運輸工具而返回家園。當潮水將那艘駁船的船身抬起時，那二十四位人員就升起一片帆，然後一路航行，企圖橫渡英吉利海峽。

但是，對於大多數經指示之後朝著防波堤方向前進以便得以在該處登船的後備部隊來說，可就沒有那麼幸運。命令終於傳到那些即將撤離的人員之中——碼頭正是登船之處，但突然間，通往該座臨時碼頭的道路又擠滿了人潮，他們都非常希望能在登船之後被載離。他們當中有一大群法國部隊，而這些法軍是後來才知道在防波堤登船的消息。他們蜂湧而至混入英國後衛部隊之中，對於那些英國後衛部隊來說，原先所擬定的優先登船計劃如今已宣告失敗。

當早晨的曙光開始出現在地平線上的時候，在港區裡搭乘著一艘動力船的威克渥克凝視著那道曙光。他在等候最後的中止時刻。而當夜幕再度低垂時，也並不保證就能重新展開登船的行動。

從海岸這邊看去，整座城市和港區被頂端的一陣煙幕籠罩。此一煙幕是內陸許多地區大火的閃光所造成的。在此一閃光的對照之下，碼頭、港區和城鎮的輪廓極爲明顯，而在碼頭和埠頭上，重疊羅列著由戴著頭盔的士兵所組成的一排永無止境的隊伍，它有時會移動，有時卻又靜止。船隻上面的煙鹵和桅桿不論停泊在碼頭旁或是進出港區時都顯得相當醒目，至於那些船隻的船體則在夜色的掩護之下不易看見。

當天空悄悄地出現亮光，而最後一艘船隻在滿載著撤退人員準備出發時，有些人在看見該艘救援船隻之後，就沿著碼頭一直跟著跑。防波堤上的待撤退人員都接獲指示——由於德國戰機很可能不久之後從遠處向防波堤俯衝而來，他們不但用機關槍掃射，而且也會投擲炸彈，因此，防波堤上的人員必須立即撤走。由於位碼頭最遠處的待撤退人員是處於最暴露的地區，因而在接獲指示之後，就試圖調頭離開防波堤。但是，那些位於碼頭和海岸交界處最近地方的待撤退人員則不相信登船的行動已經中止。他們可是等待許久才離開地面站立在碼頭。在碼頭變成空無一人之前，必定會發生許多的衝撞和擠壓。

被困得動彈不得的英軍後衛部隊得知一旦太陽升起，那登船行動將會中止，而且，必須等到夜暮低垂時才會再度展開，因此，他們只好返回在沙丘附近所挖掘的戰壕裡，並四處找尋食物和飲水。他們期盼著，法軍在未來的白晝期間，能守得住新成立的那道防線。他們原先並沒有想到會被耽擱下來，因此都感到頗爲難受。

有位冷泉近衛軍的上校告訴我們，只要英國遠征軍還沒有完成撤退，或是敵軍的行動還不至於使撤退無法進行，那麼，登船的行動將會持續。雖然如此，但是，只要一想到必須等候十八個小時，心中就覺得前景黯淡無光。我們對於法軍堅守防線的能力並沒有多大的信心，我們只有步槍和輕機槍可與敵軍作戰……一位士官長走向前來請求我下達命令，但是，除了在必要時應解散之外，我實在沒有什麼指示了。那眞是令人羞愧的一件事。

由於登船行動中止，英軍的後衛部隊希望在白天期間能躲在沙丘附近的戰壕裡養精蓄銳。但是，其中有些卻被從沙丘附近的戰壕裡召喚出來並且安置成附近防線的緊急支援部隊，完全不理會他們不但疲憊不堪，而且所擁有的火力也極爲薄弱。若是德軍突破了法軍的防線，到時候那支緊急支援部隊將保護通往港區的道路。

拉潘已經淪陷，因此德軍很可能沿著海岸繼續推進。英軍已將所剩餘的十幾門反戰車砲架射完畢，以便一旦德軍眞的以上述的方式推進，那就可以將其阻擋。然而事實上，和敵軍所擁有可供運用的資源相較，那十幾門反戰車砲顯得微不足道。此外，英軍也將其所殘留的七具防空砲部署在沙灘上，不過，其所需的軍火卻顯得極度缺乏。因此，當敵軍戰機在黎明時刻再度空襲時，那七具防空砲根本無法發生太大的作用。有位英國的軍中牧師在太陽升起不久之後曾在敦克爾克以東的沙丘上舉行聖餐儀式，但是，他和參與此一儀式的人卻在敵軍戰機突然從空中俯衝攻擊當中被炸得粉身碎骨。在白晝期間海面和港區裡都沒有大型船隻，因而德國空軍只能將其攻擊的目標集中在法軍的防線和等待救援的部隊。這使得沙灘上屍體的總數不斷增加。

雷姆賽對仍然參與此一撤退行動的戰艦發出訊號——最後的撤退行動預計在今夜展開，而且，國家寄望海軍能將此一任務執行完畢。我（雷姆賽）要求每一艘船隻能儘快地告知是否適任並且已準備要擔任此一非具備勇氣和毅力無法執行的任務。

被徵召擔任此一任務的許多人當中，不但已筋疲力盡，而且也曾經冒著生命的危險不斷穿梭於敦克爾克地區，因此，他們眞的寧願下台一鞠躬而不去執行撤退行動。不過，所有的船隻要不是告知「適任且已準備妥當」，就是「其工作人員已準備盡一己最大能力來效忠國家」。許多被徵召或志願參與此一撤退任務的民間人士，他們雖然用不著聽從命令，而且也不用善盡軍事方面的義務，但是，他們同樣願意參與此一任務。事實上，當海軍人員在白晝等待著黑夜降臨的時候，有些民間人士還自願自發在沙灘外海執行撤退的相關任務。不過，像先前曾發生過的一樣，也有些民間人士覺得所做的已經足夠了，因此自我卸下任務。在英格蘭東南部港口的一些船隻上面部署了一些武裝部隊，以防止船上的工作人員在海軍人員取代他們之前就棄船而去。此外，這些武裝人員也可以確保一旦這些船隻在黑夜之後抵達敦克爾克時，不會因爲害怕遭到德軍砲火的轟擊，而猶豫不決地未能進入港區。

自從全面性的撤退行動展開以來，當晚的撤退程序比其他任何時刻都還要來得更爲謹慎小心。白晝期間中止大型船隻的航行，使得雷姆賽和發電機作戰總部的人員能夠清楚地審視整個局勢。仍然可供雷姆賽支配運用的十一艘驅逐艦預計在晚上九點開始，以每半小時爲間隔的方式抵達敦克爾克。其他船隻——包括十二艘客輪、兩艘貨輪、十四艘掃雷艇，以及各式各樣的船隻——的抵達時間則也是遠比從前抵達船隻的時間還要來得更爲精心規劃。海軍和動力船隻將在敦克爾克的港區裡就定位，以便引導船隻前往停泊的地點。此外，也製造了許多特殊的梯子，以便加速部隊的登船行動。而且，也要求皇家空軍的戰鬥機司令部在夜暮低垂的一個小時之前能加強在撤退地區上空的巡邏。至於一向擁有優良傳統的皇家海軍，則必須在破曉之前，沉穩謹愼且有效率地完成撤退行動。

無可避免地，必定會對於究竟還要撤退多少人員產生困惑。一般都認爲大約還有四千名到六千名的英國部隊仍然留在法國境內，其中還包括來自英國遠征軍各單位的殘兵。當天，幾乎所有的英軍都已做好迅速撤離的準備，而且，只要法軍仍能守住防線，應不致於造成太大的救援問題。至於德軍能否突破防線，那完全就要取決於法國部隊了。法國部隊的人數大約在二萬五千名和六萬名之間。雖然曾經謹愼地計算，但其中還是包含了極大的猜測在內。

當天早晨在防波堤的行動中止，使得敦克爾克周邊防衛區的指揮官克勞斯頓（曾經監督從港區撤退的行動達五天之久）能夠離開該地區幾個小時。他搭乘一艘動力船快速抵達多佛港，除了可參加當晚撤退行動的行前規劃之外，另一方面，也可小睡一會、洗個澡，以及吃一頓飯。在增強了些許的精神和體力之後，他在當天下午回到敦克爾克，以便監督當天夜晚將在防波堤進行的撤退行動。在返回敦克爾克途中，他的動力船——原先可用來在當天夜晚於港區裡協助帶領其他船隻——在遭到德軍俯衝式轟炸機的攻擊之後沉沒。克勞斯頓和隨行的人員落入水中。雖然另一艘同行的動力船曾經前往援救，但是，克勞斯頓相當清楚，敵軍戰機一直在旁虎視眈眈，任何船隻要是停在附近，將非常危險，因此他示意那艘動力船離去。他和隨行的人員則開始朝著有一些距離的船隻殘骸游去。後來，他的屍體被發現漂浮在海面。他的殉職對於當天晚上敦克爾克地區的行動有重大的影響。

現在對於敦克爾克大撤退的新聞已無限制，因此，英國的報紙到處都可看見對於參與救援行動人員、英軍事蹟，以及許多待撤退人員被運離法國等活動之報導。但是，在海峽對岸遭到慘重傷亡的謠傳卻繼續在英國的許多地區流傳。愈來愈多的家庭接獲由國防部所發出有關其家人在法國境內殉職或受傷的慰問信函。雖然有許多對於待撤退人員大規模地從歐洲大陸撤回英國的報導，但卻有許多苦苦等候的人後來失望地發現，其親人無法安全地返抵祖國的懷抱。陸軍大臣艾登在電台發表談話，除了鼓舞士氣之外，也再度向國人保證，英國還是一個極爲強盛的國家。

英國遠征軍依然屹立不搖地生存著，他們並不是一群殘兵敗將，而是已變成經驗豐富的老兵。……我們的士兵通過了嚴格的考驗。現在，英國遠征軍已經是一支士氣高昂的部隊。

雖然首相自己本身並沒有表現出來，但是，首相自己卻是其中一位需要獲得保證的人之一。自從邱吉爾聽聞高特已決定向海岸撤退的時候開始，他的腦海中就時常浮現出大量英軍在敦克爾克「炸彈陷阱」區戰死和受傷，以及被俘虜的英軍「疲憊且大排長龍地走進德國境內的俘虜營並遭受挨餓的不良待遇。」他也非常清楚，假如眞的如他一些顧問所料想的，只有極少數的英國遠征軍被救的話，那他自己的政治處境將變得極爲艱難。雖然這位英國首相現在深深地爲參與此一撤退行動中遭受慘重損失的海軍和空軍感到憂心忡忡，但是，當他談及大多數英軍（指英國遠征軍）的重武器裝備遭到嚴重損失時，也只好語帶諷刺地說，「雖然行李不見了」，但總算有許多人員能返抵家園。

這位英國領袖接著又無情地著手從事他的活動，以防止資深的戰爭顧問群當中瀰漫的挫敗或陰鬱，資深的戰爭顧問群不但容易獲得嚴重損失的情報和細節，而且對於大衆的想像力也知之甚詳。他告訴那些對於情勢較爲瞭解的參謀人員，「英國三軍現在比過去任何時期都還要來得強大」，入侵的德軍所遭遇的將不是「只受過一半訓練的隊伍，而是那些士氣早已接受他們所考驗的部隊。德軍曾經在和他們遭遇過後而退卻，因此，當英國的遠征軍將從敦克爾克出發時，德軍並不敢對其展開猛烈的干擾。」要是將從敦克爾克出發的部隊聽到首相的「猛烈干擾」等話，那很可能會搖頭歎氣。

同時，英國的三軍部隊也增強了英格蘭海岸的警戒。一位從德國報導戰爭的美國記者在其所發出的一則專門探討入侵熱潮的電訊中指出，特派員「早已看見『某種』專業化部隊，卻拒不透露其部隊的種類。」芝加哥一家報紙的頭版新聞故事則是「神祕的納粹人員群集在海峽」，在此一故事中所提及的威脅，也正是國防部早已試圖想要對抗的。在英國境內從肯特到蘇格蘭以及從海岸到內陸的所有道路橋樑也都被做好必要時加以破壞的準備。

國防部同時也考慮組織一個游擊戰的運動，以便在必要的時候，能用來和入侵的德軍作戰。所有的指揮部都獲得製造汽油彈的指示。艾侖賽在日記中提及，奧狄・溫格特將軍(General Orde Wingate)曾建議成立這種組織。在戰爭之前，他曾經被派往巴勒斯坦和當地的英國行政人員從事特別的任務。他將猶太非正規軍加以組成數個小隊，以防衛一條重要的輸油管，使其不致於遭到阿拉伯暴徒的突擊。

當天在愛爾蘭的葛爾威曾經發生一種極爲不同的撤退行動。羅斯福總統號郵輪從美國航抵該處，以便載運拜訪或居住在英國的美國公民，使其不致於遭到戰爭的威脅。該艘郵輪平時的載運量是四百六十位乘客。但是，在此次的航行中，卻載運了七百二十五位乘客，他們的寵物狗，以及三百七十五位船員，所有的乘員都穿上救生帶。有許多乘客從來沒有在非高級客艙裡從事旅遊，但由於當時那艘郵輪擠滿了乘員，因而有些還是不得不被指派到位於行李房或是郵局裡的臨時床位。爲了使人不致於懷疑該艘郵輪的身分，船身的左右兩側都塗上了大幅的美國國旗。整個船身像聖誕樹般地點亮著燈火，而且，也都事先將其所要經過的路程加以告知德國和英國，這樣，這兩個交戰國的潛水艇就不會誤認。柏林當局曾指出，英國可能會攻擊該郵輪，並將其嫁禍於德國，以便能拉攏美國加入同盟國而和德國作戰。

此一緊急撤退的行動公開之後，更加使人確定，當該艘郵輪從葛爾威啓程載著乘客遠離因歐洲戰爭而產生的燈火管制、物資缺乏，以及不確定性時，會出現一大群觀望者。曼徹斯特《守護神報》曾在報導中指出：「船上乘客的友朋當中，只有極少數能夠到葛爾威向那些將返回夜晚有燈光照亮街道國土的美國人道別。」

在敦克爾克地區，當夜晚來臨時，一切都準備就緒等待發電機作戰最後一個階段。第五格林·霍爾德團(the 5th Green Howards)的一組哨兵人員——他們從防禦線撤退之後卻未能在前一天夜晚登船——在沿著臨近沙灘而建造的防波堤起點組成一支隊伍。他們在距離水線五十碼的地方排列成五百碼的橫列，以便在救援船隻開始停泊於碼頭時，能快速地移動而後登上船隻。

這個方法相當奏效。部隊在沒有遭到干擾的情況下先後在海灘踏上了通往防波堤的近路，然後再沿著碼頭前往被指派的船隻，最後都能快速地攀爬到船上。此一登船行動進行得相當平順，在僅僅數小時之內，已很難找到尚未登船的人。除了無法步行的傷患、照顧傷患的人員，以及一些散兵之外，周邊防衛區域的所有英國部隊都已經登船。原先以為不可能的，如今都已完成。泰納特上校在將近午夜之前，曾向發電機作戰總部發出「行動已經完成」的信號。原先被認為其絕大多數部隊都將遭到投降命運的英國遠征軍如今都已安全地撤離了。

當天總計有二六、二五六名順利登船——其中一九、五六一名從港區內，而其他的六、九九五名則從沙灘上。這使得自從八天前所展開的撤退行動迄今為止總計載運了二八五、三〇五名人員返回英格蘭。這的確是一項非凡的成就。不過，雖然救援船隻上的工作人員以為既然發電機作戰已宣告結束，應該可以不用再回到可怕的敦克爾克地區，後來卻證實這種想法是不成熟的。

第九天　援救法軍

撤離英國遠征軍的行動已在前一天的午夜時刻完成，敦克爾克港區籠罩了一股極爲異常的平靜。港區背面的儲油槽依舊在燃燒，而砲彈也仍然斷斷續續地落下。不久之前還擠滿了人潮的地區，如今從表面上看來闃其無人。

清晨零點三十分時，威克渥克向多佛提出一份令人困惑的報告——雖然防波堤附近停靠了救援船隻，但是，原先以爲應該已經準備要登船的數千名法軍卻蹤跡杳然。一個小時之後，他又再度向多佛報告：「很多救援船隻，但卻找不到部隊。」在港區的碼頭、防波堤，以及附近的沙灘上，都看不到等待撤退的部隊。更令人苦惱的是，也無法找出法軍後衛部隊的下落。那些後衛部隊在發電機作戰最後兩天加派人員駐守防線，因而使最後一批的英國部隊得以安全脫離。

讓救援船隻停泊在碼頭等待著沒有出現的待撤退人員，這不但毫無意義，而且也相當危險。征服者號驅逐艦在清晨二時三十分的時候接獲從敦克爾克返回英格蘭的命令。當該艘驅逐艦返回多佛港時，只搭載了三十七名從外港的一艘小型船隻接運的待撤退人員。科德林頓號（Codrington）驅逐艦返回時只載運了四十四名待撤退人員。至於馬爾孔號返回時則甚至連一個人也沒有載運。此次橫渡海峽的航程把所有救援船隻的能源都浪費了，其中還包括雷姆賽的五艘驅逐艦，它們是在六月三日清晨派遣前往敦克爾克地區從事最後一個階段的大撤退的。許多船隻在調頭返回英格蘭之前曾經徒勞無獲地等待了一個小時甚至更久的時間。有一艘船在最後終於決定航向英格蘭之前曾經停泊在防波堤附近長達三個半小時之久，在該艘船隻工作的人員對於非必要地暴露於危險中都頗有抱怨。

所有的英軍部隊都已撤離，而發電機作戰似乎也結束了，因此亞歷山大將軍自己也打算離去。他先是登上港區裡的一艘動力船，然後悄悄地沿著沙灘往東航行大約兩英里，在航行時他儘可能地讓船隻靠近海岸，接著，他透過麥克風不斷地用英文和法文說：「還有人嗎？」不過，都沒有獲得任何回應。他返回港區內，並且在遭受破壞的碼頭上走動，然後還是問著同樣的問題，但是，所得到的結果還是一樣。亞歷山大在得知已沒有等待登船的人之後，就心滿意足地和他的隨從人員登上一艘等候的驅逐艦，然後往英格蘭的方向航行。途中他們還和皇家空軍的一架護送機聯絡上。亞歷山大一行人在破曉時分抵達英國的海岸。

但是，在周邊防衛區域裡，還有六萬名法軍，其中一半以上是還未撤退到港區的後衛部隊。基於戰術上的原因，他們的反擊行動——阻撓德軍突破新防線的企圖——遭到延遲，直到前一天傍晚快結束時才得以展開，因而他們現在仍然處於解散和撤退的階段。至於其他的法軍，由於克勞斯頓指揮官不在——這位碼頭地區的指揮官在前一天從多佛返回敦克爾克的途中遇害——因而感受頗爲強烈。還留在敦克爾克地區執行撤退的英方人員以及代理執行控制登船人數任務的法國軍官之間事實上已無任何聯繫，這不但使數千名法軍徒然地在東防波堤而非西防波堤等候，而且也使得在沙丘附近等候指示的法軍無法朝著港區移動。因此，喪失了在日出之前再撤離數千名人員的大好機會。

諷刺的是，在錯過這個機會之後，整個港區在將要破曉之前又突然地展開了撤退的行動。稍早由於不知情而沒有採行可供通行的通道之法軍如今快速地衝到東防波堤，以便能登上多如過江之鯽的法國小型船隻。除了在東防波堤之外，那些小型船隻也在西防波堤和港區碼頭載運等待撤退的法軍。後衛部隊在這個時候也開始出現了。

由於在港區內的相互擠壓，使得船隻衝入其他船隻的航道並且相互碰撞。其中有些被撞到港區較內部的淺灘上而遭擱淺，因此必須等潮水高漲時才能脫身。沿著東防波堤而前進的一些法軍擔心無法脫離，因而在看見第一艘船隻的時候就試著想要登船，如此一來，卻使得其他部隊被擋在後面，而無法沿著防波堤走到停泊在防波堤較末端處的船隻。當破曉的陽光將要再度衝破黑暗，而船隻也再度將匆匆離去時，很多原本可以被載走的法軍卻被迫還要留下來。他們極不情願地退到沙丘附近，等待敵軍的到來，或是次日夜晚的撤退行動，而究竟何者先到來，他們也不知道。奇特且寂靜的夜晚，再加上斷斷續續的砲彈落下聲音，使得荒涼的感覺又再度地籠罩在敦克爾克港區。

雷姆賽於當天早晨接獲海軍總部要求再度救援受困法軍的指示之後，就在多佛港的發電機作戰總部召集他的主要幹部商討如何進行。不久，他發出了一則幾近是道歉的電文給他指揮之下的船隻：

我原本希望，而且也認爲，昨天晚上應該是最後一次了，但是，由於那些掩護英國後衛部隊撤退的法軍必須抵抗德軍所發動的一次強大的攻擊，無法派遣他們的部隊及時抵達防波堤並登上救援船隻。我們不能拋棄我們的盟友於急難之中，因此，我必須請求所有的官兵只爲今晚更進一步的撤退行動做好詳細的準備工作，好讓世人知道，我們是絕對不會讓盟友失望的。

從敦克爾克返抵英國的亞歷山大將軍在所提出的報告中指出，他並不知道還有多少的法軍留在橋頭堡。也因此，根本不可能決定該派遣多少船隻前去救援。前一天夜晚冒著生命危險前往敦克爾克地區但卻空船而回的工作人員對於又要被任命從事救援任務都極爲憤怒。更何況，現在發電機作戰總部的人員已著手審視整個戰況，以便瞭解到目前爲止，海軍的損失究竟有多嚴重。被指派擔任撤退任務的四十艘驅逐艦當中，只有九艘在仍可服役的情況下返回敦克爾克。不過，邱吉爾早已私自下令必須繼續努力救援更多的法軍。雖然雷姆賽已開始爲即將到來的夜晚所執行的任務安排相關事宜，但是，他還是對海軍總部提出警告，假如發電機作戰不在即將到來的這個夜晚之後結束的話，那將衍生許多難題。

在經過了兩個星期極度的緊張狀態之後，又進行了長達九天完全是史無前例的海上戰爭，不論是指揮的軍官或者是船上的水手都已經是耗盡心力了。因此，我認爲，接受要求而繼續盡力從事撤退行動將可能很使官員因精神過度緊繃而再也無法忍受。假如我不把在我指揮之下的船隻情形報告給閣下知曉，那就是沒有盡到一己之責。我認爲，對於曾面對慘重損失而且對每次的召喚皆有所回應的倖存船隻上之官員，若還要求他們再度接受我認爲是超過他們忍受極限的考驗，那將會是件極爲不幸的事。假如今夜之後還是要繼續從事撤退行動，那我將要竭盡所能地建議，應派遣新的部隊前往，而且，若新的部隊在執行任務時若有所拖延，也應有接受的雅量。

並非只有雷姆賽一人擔心在當晚的行動之後將發生什麼。在一場由戰爭內閣所召開的會議中，法軍後衞部隊堅強地抵抗受到關注和讚揚。魏剛原先想要無限期地據守敦克爾克地區的橋頭堡，而不是讓該座橋頭堡只具有撤退的用途而已。雖然在德軍優勢軍力的壓制之下，但法軍還是可能守住該座橋頭堡。

不過，若是法軍能據守橋頭堡，卻也無法使英國的高級指揮部感到高興。果眞如此，那英國將必須繼續不斷地給予支援，這樣一來，將使英國海軍和空軍的資源不斷地耗損。根據一份報導指出，當天兩百多架德軍轟炸機攻擊巴黎郊區時，法國只派出三架戰鬥機升空，而且，那三架戰鬥機只巡邏其本身的飛機場，從來就不敢對德軍的攻擊行動有所反制。也因此，更加無法激起倫敦當局再派遣英國部隊前往防衛敦克爾克的意願。

由於經常必須處於警戒的狀態，使得皇家空軍戰鬥機司令部總司令道丁又再度呼籲戰時內閣必須防範一旦承諾派遣該指揮部的戰鬥機執行任務，那將招致許多危險。他在報告中指出，他在當天被迫抽調駐守在蘇格蘭的三個從未參與發電機作戰之飛行中隊飛往敦克爾克上空。他所指揮的其他飛行中隊在執行任務中早已損失了寶貴的戰鬥機和飛行員。在前一天夜晚，還必須從八個不同的中隊裡拼湊出足夠使用的戰鬥機，以便在接下來的早晨能於敦克爾克上空組成一支強大的巡邏機隊。英國並不希望打一場像這樣拼拼湊湊的戰爭。道丁警告說，假如德軍決定在那個時候對英國發動一個大規模的空中攻擊，那他實在無法保證英國的空中優勢能否保持四十八小時以上。

從他新近蒐集的詳細統計數字可得知確實頗爲令人擔憂。在德軍發動攻擊的前十天當中，英國已經在法國損失了二百五十架颶風式戰鬥機。這種平均每天就損失二十五架現代戰鬥機的速度和戰鬥機工廠每天僅能提供四架戰鬥機替換的速率相較之下，簡直不成比例。道丁爲了證實他先前反對派遣更多戰鬥機前往法國的看法是對的，因此還指出：「假如這樣的折損速率繼續的話，到了五月底，我們將損失所有的颶風式戰機。」在他向參謀本部的人員所提出的報告中指出，尙可供服役的現代戰鬥機數量在前一天，也就是六月二日時，只剩下二百八十架噴火式戰鬥機和二百四十四架颶風式戰鬥機。不過他還說，事實上，那還是高估的數字，因爲，他的一些飛行員雖然沒有參與其他的飛行任務，但還是要從事第一次的戰鬥機單飛。

道丁早已因爲喜好以沉鬱且誇張的話以達成保護英國本土空防能力的目的而惡名昭彰，由於他一再地反覆述說將招致許多危險，因而也確實引發了眞正的恐慌。英國許多經驗豐富的戰鬥機飛行員原先被寄望在德軍入侵期間或許可以在防衛英國這一方面扮演著重要的角色，但是，他們卻在執行敦克爾克大撤退的行動中陣亡。許多戰鬥機中隊由於損失了許多的戰鬥機和飛行員，再加上沒有獲得補充的飛機和沒有時間得以適切地吸收新進的飛行員，因而遭遇了解散的命運。空軍參謀長尼華爾經常試圖補充道丁反覆述說的警告。他曾說，就英德兩國空軍的軍力之比較來看，英國若想取得空中優勢，那將必須以八比一的速率來摧毀德軍戰機。即使戰鬥機司令部飛行員所誇大的擊落敵機數量是眞實的，也沒有達到那麼高的摧毀率。尼華爾還指出，英國戰鬥機在戰時建立起的防衛系統，其作用在於保護英國，使其不致於遭到德軍轟炸機的攻擊，而不是和受到從鄰近被攻佔的空軍機場起飛的短短戰鬥機所護送的敵軍轟炸機對抗。

上述的說法，再加上海軍總部對於損失過多驅逐艦而發出的警語，其暗示的就是——不論如何，必須儘速地結束發電機作戰。陸軍能返回英國已經足以令人滿意，不管有沒有將武器設備一併運回。但是，假若因爲繼續在敦克爾克地區執行撤退行動，而導致英國的海岸與空中的防禦能力陷於癱瘓，那可就是一項無可原諒的疏失了。

撤退行動必須在當天晚上結束。絕對不可能再延長。邱吉爾將結束撤退行動的消息傳給雷諾德。

為了援救你們的人員，我們今天晚上還是會回到敦克爾克地區。請確保所有的設施都能迅速加以使用。昨天夜晚，許多船隻在極度危險的情況下空等了三個小時之久。

對於魏剛來說，敦克爾克大撤退正象徵著他無法使同盟國部隊避開可恥的挫敗。因此，他對於邱吉爾此一示好的動作並不太在意。他還沉痛地可以回憶起邱吉爾那個未曾實現的承諾——英國將提供在敦克爾克的後衛部隊一切所需，直到結束爲止。這是一個可以毫無忌憚地反唇相譏的時刻。德國征服法國顯然已是無可避免了，因此魏剛這位法國軍事指揮官指控英國的領導者「不但玩著兩面遊戲，而且拋棄法國使其必須獨自面對德軍。」依然可以講述著虛幻的「其實應該可以」的魏剛堅稱，邱吉爾破壞了十天前所下達的命令，使得在北部的部隊無法和在索穆河以南的法國部隊聯合成同一陣線。他認爲，要是英國人「能拒絕所有港口的召喚」而不一直轉頭看著海峽，那麼，那一個行動應該是可以成功的。

類似這樣的牢騷其實也只不過是法國在替自己軍事上的錯誤決策編造一個下台階的理由而已。事實上，在南部的法軍實力薄弱得可憐，因而即使在北部的所有部隊都朝著南部的方向推進——這將使比利時的防線造成缺口，而且也會使英國遠征軍的左翼面臨威脅——可能以較強大的兵力來和德軍作戰，但在極短的時間之後就會被德軍的裝甲部隊完全制伏。這麼一來，將不會有敦克爾克大撤退——沒有救援行動、沒有大規模的逃脫，更無法撤離大批的英國遠征軍。

當天稍早，在敦克爾克法國海軍總部的一位英國連絡官提出一份報告，他指出，等待著登船的法軍其數量還有三萬名（必須再度指出，這只不過是個假設性的數字）。從當天傍晚開始，就接連不斷派遣前往搭載的船隻包括十三艘驅逐艦（四艘爲法軍所有）、九艘英國客輪（其中有一艘的船長拒絕啓航）、十一艘掃雷艇，以及由英國、法國和比利時的船隻與動力船隻所組成的小型船隊。

整個載運的行動能否成功端賴以下三個因素——敦克爾克地區的登船設施、來自德軍前進陣地的大砲之威脅（如今更形嚴重），以及人員登船的速度。在前一天夜晚阻塞了登船地區的一些法國部隊依然拒絕登船，他們當中有的是害怕大海，有的則是不願離開自己的祖國。還有一些則要求除非整個單位能登上同一艘船，否則拒絕離開，甚至有一些已經登船的在明瞭船隻的空間並不足以容納其本身那個單位所有的人員時，還曾嘗試要離開船隻。法國海軍人員和皇家海軍的碼頭工作小組一同從多佛啓程，以便能在撤退行動的最後一個階段協助解決諸如此類的難題。

不過，仍然令人十分擔心的是，據守防線的法軍後衛部隊是否還能挺得住。當天，德軍發動了數次攻擊，企圖突破該道防線。雖然德軍指揮部已經不再把攻佔敦克爾克視爲最優先的項目，但顯然地，該地區防線卽將瓦解，法軍後衛部隊的命運要不是死亡就是被俘。縱使如此，法軍的後衛部隊還是爲了每一寸土地、每一條街道，以及每一間房屋而戰。在很多地方，他們都是戰到最後的一兵一卒，然後，防線依舊存在，只不過又往後退了一些。雖然已經退守到敦克爾克，但是，距離港區還夠遠，因而當日白晝結束而黑夜再度降臨時，仍能按先前計劃進行最後的撤退行動。從這些法軍所展現的決心、膽識，以及純熟的軍事技能，可以使人看出，要是法國的高級指揮人員能具備這些士兵的特質，那麼，開戰以來在法國境內的諸多戰役其結果很可能是完全不同的。

德軍距離勝利只差臨門一腳而已，卻由於法軍的奮勇抵抗、疲於戰爭，以及對於地形不甚熟悉等諸多因素，使他們裹足不前不敢太接近法國守軍。不過，德軍卻信心十足地認為，第二天白天，必定能輕易獲致勝利，因此，當黑夜降臨時，又再度停止往前壓迫的行動。殘餘的法軍後衛部隊把握住此一大好時機，悄悄地解散並朝著停泊船隻的港區前進。這些船隻將會把他們載離敦克爾克，使他們不致戰死或遭俘。

那個時候，已經有許多船隻從英格蘭抵達敦克爾克，並且也已經開始載運法軍待撤退人員。這些船隻上工作人員發現港區裡「到處都是成群的法國漁船和其他種類的船隻」。其中有些停泊在東防波堤。只有在經過好言相勸之後，這些法國小型船隻才答應駛離並且到西防波堤和碼頭載運待撤退人員，這樣，較大型的船隻才有空間得以停泊。這些載運較多待撤退人員的較大型船隻無法在其他的地點停泊。威克渥克注視著整個情景。

阻塞的情形造成一片混亂，向後退的船隻撞到了往前航行的船隻。法軍驅逐艦大聲地發出號笛，小型船隻則到處竄行，使得出口處變成最危險的地帶。

追撞和互撞的情形時有發生。殘骸堆積在港區裡。有些小型船隻擱淺在西防波堤的尾端，必須等到潮水高漲時才能脫困。太擁擠的情形也出現在防波堤附近，現在，只有一位年輕的英國海軍中尉在該處擔任防波堤指揮官，他的任務就是儘可能地讓愈多的法軍登船。

> 上帝請幫助我吧！到了這個夜晚結束時，我將因擔憂而白髮蒼蒼。首先，隨時都會有砲彈飛越上空並且在他們面前落地，而且，必須花費至少三分鐘的時間才能使他們再度往前移動。而當敵軍的砲彈以每兩分鐘齊發的時候，他們就根本不會移動。接著，當他們抵達第一艘船隻的第一道舷門時，都試著想要一同登船。最後因而導致全面的大阻塞——沿著防波堤而航行的所有其他船隻都因進退不得而使得沒有人能登船。假如有人對他們指出此一情形，則會被大聲叫罵地回應：「既然一半以上的同一單位人員都已在這艘船上，其他的成員也應一同登上……」在極端無奈的情形之下，我只好採用半哄半強迫的方式。我把塊頭最大的一位海軍人員安置在停泊於防波堤起點處的那些船隻附近，然後把那些法國士兵一一地「丟」到各船隻裡，如此一來，使得該單位的成員因而被打散了。另外一個方法就是先詢問他們屬於那個單位，然後就藉著一支麥克風大叫：「我是某某單位」，結果就能快速地帶領著他們沿著防波堤走到停泊在防波堤末端的船隻附近，也因而使得整座防波堤都能供人員登船，這種情形也正是我們所樂見其成的。

到了六月三日午夜時刻，雖然德軍從晚上起，就停在距離只有兩英里處，但是，在一片混亂和擁擠以及白晝期間撤退行動須暫停的情形之下，當天還是又撤走了二六、七四六名人員。這使得發電機作戰展開以來，撤走的人數總計高達三一二、〇五一名。而當初原本被認為只能持續四十八小時的撤退行動，如今已將邁入第十天。

第十天 中止

直到六月四日清晨兩點——也就是發電機作戰最後一天——最後一批的後衛部隊於無法再阻止德軍的情形之下，終於從敦克爾克港區和鄰近的地區撤離。從晚上開始，敵軍陣地就不斷發射機關槍和步槍，不過，卻十分零星和毫無特定攻擊目標。從這個跡象可以看出，敵軍的士兵和最後一批後衛部隊都同樣地極爲疲累，只不過，最後一批守軍非常清楚，一旦破曉時刻來臨，所有的撤退行動都將結束。這些法軍部隊不動聲色地在穿越了敦克爾克市區的廢墟之後，又朝著港區的方向撤離。由於在多佛的有關當局曾接獲德軍魚雷艇在奧斯坦德不遠處的海岸附近試圖攻擊救援船隻的報告，因而提高警覺，但是，最後一批法軍後衛部隊對此事卻一無所知。他們只知道，自己將要登上船隻，在不到一個小時當他們穿過敦克爾克市區之後，將會有船隻在港區等候他們登船。

不過，這些曾經守住最後一道防線，而使得最後一批英軍和數千名法軍得以脫離的後衛部隊卻要大失所望了。當他們穿越敦克爾克市區而抵達東防波堤準備要上船時，卻發現通道被先前一大堆人員擋住，這實在令他們難以想像。數以千計曾在敦克爾克和馬洛的地窖和廢墟裡害怕地躲藏了好幾天的法國士兵，得知德軍即將來犯之後，就不由自主地群聚起來，從所藏匿的處所出現，要求能被優先送上救援船隻。他們是來自於各單位的殘兵敗將，其中大多數是屬於非作戰性質的支援性部隊。他們在和自己的單位失散之後，於稍早時刻就已經湧向敦克爾克地區並且在當地尋覓了安全的藏身之處。這些突然出現而且數量龐大的殘兵敗將擠滿了通往防波堤的道路，其所形成如同混凝牆般堅固的人牆阻擋了後衛部隊，使他們無法有效地登上救援船隻。

他們實在沒有別的辦法可想，只能苦悶地眼睜睜看著，並且希望奇蹟出現，在天亮之前讓這一群毫不遵守秩序的士兵們能退讓出足夠的空間，好讓他們能搭上前來救援的船隻。可是，就在清晨的第一道曙光來臨之前，以及大多數的待撤退人員仍舊等待著的時候，最後的幾艘大型船隻——其中還包括頗受尊崇的英國司克利號（Shikari）驅逐艦——在只載運一千名待撤退人員的情形之下，駛離了敦克爾克港區。

黎明乍現之際，一些較小型的船隻繼續地從港區載運數量不多的待撤退人員。不過事實上，大規模的撤退行動已經劃上了休止符。一些殘兵敗將還是阻擋著通路，使得最後一批後衛部隊不得不退到敦克爾克市區以便等候德軍的進攻。至於其他的一些部隊則在其所駐足的地方等候。

阿布瑞爾海軍上將曾接獲來自巴黎當局不能被德軍俘虜的命令，因此，早在破曉之前，就已經連同勞倫斯、法格德，以及巴斯利米（Barthélemy）等諸位將軍一齊動身前往英格蘭。這些將領們在法國北部戰役即將步入尾聲之際曾經率軍進入該戰區，試圖挽救法國軍隊的聲譽。當天早晨，阿布瑞爾在多佛曾和雷姆賽協商是否能夠把撤退行動再延長一個夜晚，以便或許還能援救一些淪落在敦克爾克地區的待撤退人員。不過，阿布瑞爾卻認為這只不過是多浪費時間和精力而已。他指出，依然還在敦克爾克地區等待撤退的人員由於已經沒有軍火可用來阻擋敵軍的前進，因此，若再次地嘗試撤退行動，將使救援船隻陷入不必要的險境。

事實上，在天剛亮不久，敦克爾克的市中心和防波堤以東的沙灘早已受到來自敵軍的小型砲火攻擊。

……（皇家海軍一位最後離去的人員說）到了我們要離去的時刻，德軍已經佔領了敦克爾克城大部份的地區……整座城鎮陷入巨大的火海之中，偶而可看見一些遭砲彈摧毀的建築物矗立其間。

所有的抵抗皆已告終，因而使得德軍能夠迅速進入敦克爾克城。德軍為了確保能掌握城區和港區，建立了許多重要的據點，以便能在必要時採取更進一步的行動。不過，毫無疑問地，敦克爾克終將成為他們的佔領區。當早晨來臨而撤退的最後階段已告中止的時候，有位因忙於從事撤退行動而沒來得及撤走，如今只得等待成為德軍俘虜的英軍救護車司機曾經對遭受摧殘過後的寂靜景象做了如此的描述。

現在一切都顯得那麼地沉靜無聲。受到摧毀的建築物只冒出一些煙幕，而在原本應屬美麗和清新的早晨，卻可看見內港地區到處都是下沉的船隻。至於在外海的情形也一樣，一艘原來航行於泰晤士河的平底駁船因無法找到停泊處而漂浮在海上——碼頭、運河兩側，以及海灘附近都擠滿了各式船隻——許多屍體橫躺在沙灘上，此一淒涼的景象顯然已使人覺得一切都結束了。海軍已經離去。防空砲也已經離去。無線電卡車已匆忙地駛離，我們再也沒有任何希望了。

當天早晨九點，布法羅利將軍(General Beaufrére, 被留下來擔任該地區的法軍指揮官）和法德利克—卡爾・克倫茲中將 (Lieutenant General Friedrich-Carl Kranz, 爲德軍攻擊部隊的指揮官）會面，以便安排還在橋頭堡的三萬至四萬名法軍（沒有人能知道確實的數目）向德軍投降的相關事宜。納粹黨所使用的「卐」旗已在敦克爾克市政府高高升起。令人感到諷刺的是，當德軍已抵達東防波堤開端要展開俘虜並且在該處升起了一面卐旗的時候，還有一些法國士兵仍然在東防波堤上排隊等待著要登船。

整個早晨陸續不斷地有大小船隻抵達英國南部海岸的港口。雖然濃密的大霧使得它們的航行倍增困難，但是，也由於大霧的緣故，使它們在航行於英吉利海峽的水道時較少受到來自空中的攻擊。在船上的乘客一一地登陸之後，雷姆賽於當天早晨十時三十分命令它們解散。其中的戰艦接著就開始準備做好逐退可能來犯敵軍的相關工作，至於其他的民用船隻則航行回到在英格蘭南部各地的母港。急迫、壓力、轟擊、砲擊，再加上航行於滿是殘骸、淺灘、沙丘，和水雷的水域中之緊張情緒如今都已突然地結束了。對於在那些救援船隻上工作的許多人員來說，最後這一趟返抵的行程就如同威克渥克所言：「好像是從一場惡夢中驚醒。」

當天下午二時二十三分，位於倫敦的海軍總部正式宣佈：「發電機作戰現在已經全部完成。」陸軍部所發行的官方公報也指出：「可稱爲有史以來難度最高的發電機作戰之所以能如此成功，主要是歸因於同盟國部隊極爲優異的作戰能力——縱使在最惡劣的環境中也能夠處變不驚和紀律嚴明；以及同盟國海軍的全力搶救與英國皇家空軍的英勇掩護。雖然我們的損失極爲慘重，但是，和幾天前似乎無可避免而將損失的相互比較，卻又顯得渺小而微不足道了。」

在發電機作戰的最後一天，總計有二六、一七五名待撤退人員——其中幾乎全是法軍——從敦克爾克載抵英格蘭。連同發電機作戰展開之前的數天當中所撤離的那些「無用之口」在內，最後所撤退的總人數高達三六四、六二八名——其中二二四、六八六名爲英軍。在幾天過後，許多法國部隊返抵法國，試圖阻止希特勒的軍隊，使他們無法將其祖國全部佔領，不過卻徒勞無益。由於原先幾乎快要被俘虜的英軍都能返抵家園，因而對於邱吉爾本人，位於倫敦的高級指揮部，以及英國民衆來說，都是一件極爲令人寬慰的事。

尾聲

假如一個由各軍種幕僚人員所組成的小組被責令探查將三十萬名人員從敵軍戰機兇殘的攻擊和漸次逼近的困境中撤離必須遭遇那些問題，那麼，他們所獲致的結論很可能是非常悲觀的。根據所有可知的法則，此一撤退行動很可能會被認爲是不可能實現的。

——一九四〇年六月皇家海軍的報告

雖然是被認爲那麼不可能，但卻還是有被完成的可能性。那些從敦克爾克載運返抵家園的英軍在英格蘭所受到的歡迎，就好像把他們當成是勝利返鄉的英雄，而不是一群被逼到死角必須救援的殘兵敗將。英國各地的報紙都熱烈地描述著英軍在成就此一撤退行動當中所展現出的戰鬥技能與勇氣。不過，擺在眼前的事實是——英國才剛遭受一次重大的挫敗。邱吉爾對於此一事實知之甚詳，因而一直不肯授權鑄造勳章給每一位從敦克爾克撤回英國的人。

其實，也有不少的英國人質疑究竟有什麼值得歡呼喝采。六萬八千多名英國遠征軍要不是陣亡，就是被俘、受傷，或是在執行任務時失蹤了，其中包括了在發電機作戰時遭到敵軍攻擊而陣亡或負傷的兩千多名士兵。傷亡人員的家屬早已知道他們陣亡或負傷。有些則因爲一直都沒有接獲他們安全返抵的消息，因此都擔心情況可能極不樂觀。

皇家空軍戰鬥機司令部在發電機作戰執行期間，總共損失了一百零六架戰鬥機和八十名飛行員，因此，迫切地要清點其所能擁有可供運用的資源，以便防範敵軍可能對英國本土的空中攻擊。皇家空軍的轟炸機司令部已經損失了七十七架飛機。在參與發電機作戰的六百七十三艘英國船隻當中，有二百二十六艘已經沉沒，其中還包括了六艘驅逐艦。此外，還有其他十九艘驅逐艦遭毀壞而無法服役。參與此一撤退行動的其他同盟國之一百六十八艘船隻當中，也有十七艘遭到了沉沒的命運。英國陸軍絕大多數的重型武器裝備——包括所有的戰車、反戰車砲和重型大砲，六萬四千輛運輸工具，幾達陸軍一半數量的機關槍，以及五十萬公噸的軍火儲量——都被留在法國境內。

英國遠征軍嘗到了浩劫的經驗。有許多人堅稱，雖然發生了那麼多事件，但在當時的情況之下，官兵們的表現應該是無愧於心，因而不應遭到責備。不過，卻也有人認爲，英軍被趕到海邊以及輕易就把責任推給法軍則是兩大不爭的事實。無可避免，總是會有人在事後放馬後砲地認爲——當初要是如何做就不會有如此下場，以及那些人該擔負起責任。一向心直口快的蒙哥馬利將軍——他認爲高特簡直是個無能的將領——在接受一項私人訪談中曾經堅定地告訴參謀總長狄爾將軍，某些軍官實在不適合擔任指揮官工作。狄爾在隨後對所有的師級指揮官所發出的一則電文中，特別指出，必須對於各種流傳於軍中的誹謗話語加以清除。

我知道，英國遠征軍裡有一些指揮官對於其上司、同級軍官，以及較低層級的軍官在最近於法國和比利時所展開的撤退行動中的表現多所批評。諸如此類的批評很可能會動搖陸軍各級指揮官的信心，在此一時刻，我用不著強調，大家就自然能明白其所將帶來的危險性。我希望各位能制止此種批評，使其不再出現。指揮官或是參謀軍官若有任何過失，都應經由適當的管道祕密提出，絕對不能在沒有經過正式認可的情形之下就加以討論。

在經歷過敦克爾克大撤退恐怖過程的人員當中，有些必須花費一段長久的時間，情緒才能恢復平穩。他們當中有許多曾經親眼目睹同袍遭到殺害，或者是自己也幾乎遭到殺害。很多人員無法輕易忘記遭受到炸彈和砲彈的猛烈攻擊，以及救援船隻爆炸後在水中掙扎的恐怖景象。其中有些人員自此後有好長的一段時間都時常做惡夢。有些人員極力想忘卻在沙灘上撤退時犧牲了自己的同袍而使自己獲救的罪惡感，有的甚至一直都無法原諒自己。他們不僅自己曾親身經歷戰爭，而且也被戰爭所困惑、驚嚇，和凌辱。其中有許多人員在返回英國之後自我退縮達數星期甚至數月之久，他們看起來神情茫然，很少說話。有些不明事理的報紙竟然指稱，那些返抵家園的士兵所最需要的是「在啤酒屋裡狂飲一番」。揑造出此一歪曲事實的人士根本就不知道英國遠征軍曾遭受過那些苦難。

雖然如此，軍隊的士氣整體上來說卻比原先所預期的要好很多。國家正遭到空前的威脅，因而舉國上下都充滿著準備擊退來犯敵軍的氣氛。不可諱言，還是有很多人對未來感到擔憂。不過，雖然英國民衆和領導階層都對卽將發生的感到憂心，但是，受到英國遠征軍順利地救援的高漲士氣影響，使得他們都信心十足地認爲，不論將會遭到什麼樣的難題，最後一切終將迎刃而解。這或許可以稱之爲敦克爾克精神——不論多麼地艱難，也不論所將經歷的蕭瑟道路多麼地可怕，最後終將獲得勝利。其中最具實質效益的是，雖然皇家空軍的戰鬥機司令部已認知自己的司令部遭到重大的損失，但是，該總司令卻也從執行撤退行動的任務當中信誓旦旦地認爲，卽使遭受慘痛的損失，但是，和德軍的空中武力相較，卻一點也不遜色，因此，應該具備了防衛英國領空的能力。

平心靜氣而論，就整體言，英國整個國家的未來並不是全然地那麼充滿了光明的遠景。法國卽將被迫投降，而且，英國人也非常淸楚，到時候他們將獨自對抗擁有較爲精良的裝備以及正在不過二十英里遠的英吉利海峽對岸蓄勢待發的納粹部隊。德國空軍早已經佔據了幾個重要的空軍機場，只消幾分鐘的時間，戰機就能輕易地飛抵英格蘭的海岸。雖然英國對於最後的結局充滿了信心，但卻還是焦慮地等待著來自空中的死亡攻擊以及來自海岸的冷酷摧殘。

假若當時發電機作戰失敗，那邱吉爾的政治生命將就此結束。下議院在發電機作戰結束才幾個小時之後，就群聚一堂開會，此時正是邱吉爾必須向大衆就整個局勢加以概述的時刻。他坦承，有一段時刻曾經認爲「英國部隊的根基、核心，以及中樞卽將在戰場上消逝，或者是，卽將因飢餓而不光榮地遭到俘虜。」他絕對不會讓自己的民衆自欺欺人地認爲，由於英國遠征軍在很可能被全數殲滅的情況下成功地被救援，因而已經獲致了一場勝仗。他公開地指稱：「光是撤退並不能贏得戰爭。」此外，他也絕不容許因爲英國軍隊獲得援救而使得民衆忘卻國家仍需面對極大的威脅。

不過，他倒眞的運用發電機作戰裡所獲致的成就來提升對於贏得最後勝利的信心，使英國大衆因而瞭解，不論將會遭到何種困難險阻，勝利終將屬於英國。邱吉爾在如今已成爲現代史上最令人印象深刻的公開演說中，呼籲英國大衆堅定地抵抗納粹德國。

> 卽使歐洲的大部分地區和許多古老著名的國家已落入或將要落入蓋世太保以及可惡的納粹組織之手中，我們絕對不會退縮，更不會落敗。我們將繼續地奮戰到底。我們將在法國境內作戰，我們將在海上作戰，我們將以日益增強的信心和軍力與敵軍在空中戰鬥，我們將保衛我們的島嶼，不論所需付出的代價如何。我們將在沙灘上作戰，我們將在登陸地點作戰，我們將在曠野和街道上作戰，我們將在山丘上作戰。我們絕對不會投降，而且，卽使這一座島嶼或是其大部分的地區被征服——不過，就目前的情況看來，我不相信這會成爲事實——那麼，我們大英帝國駐守在海外國土的艦隊將繼續地和敵軍格鬥，直到上帝應允的時間到來。到了那個時候，新世界運用其武力，將站出來援救古老的世界。

在接下來的幾個星期當中，邱吉爾都能夠運用他自己獨特的人格特質來使得國會、外交部，以及陸軍部不再質疑他在英國處於如此極度危急的時刻中，是否具有領導英國的能力。敦克爾克精神其中一個最顯著的成份是——卽使在幾個星期之前還對於這位英國首相的能力極盡輕蔑的人士，在敦克爾克大撤退成功之後，也都不約而同地把他當做英雄看待。疲憊且饑餓的英國大兵焦慮地從敦克爾克的海灘和東防波堤遙望著遠處的海面，然後就被快速地安置在救援船隻裡，並且被載運返抵英國。邱吉爾和那些英國大兵一樣，因為施行了發電機作戰，而遭到解救，並且還帶領著英國遠離挫敗的邊緣。

結語

當發電機作戰最後一批救援船隻抵達英格蘭的港口時，德國的陸軍總部聲稱，其部隊在法國北部和比利時境內的勝利將「成爲戰爭史上最偉大的殲滅戰役」。希特勒更可能據此而大肆吹噓自己的部隊獲得空前的大勝。在不到一個月的時間之內，不但英軍被趕出歐洲大陸，而且，法國也搖搖欲墜即將投降。不過，雖然希特勒並不知道，未來還將有更多更大規模的勝利會出現，但是，這位德國領袖非但不應因而得意忘形，反而還應該感到沮喪才對。英國遠征軍成功地從敦克爾克撤退，是導致他的軍隊挫敗，他的納粹帝國瓦解，以及五年之後他的自殺之首要原因。敦克爾克大撤退是納粹帝國毀滅的開始。

在任何勢均力敵的情況當中，「假如」和「但是」是令人感到不甚愉快的兩個因素。不過，從先前所發生的，以及接下來將要發生的看來，可以合理地找出造成另外一個全然不同結果的諸多因素——假如希特勒沒有下令他的裝甲部隊在運河防線停止前進達三天之久；假如高特沒有自作主張地將英國遠征軍撤退到海岸地區；假如英吉利海峽的氣候如同往常般地刮起大風和大浪；或者，假如沒有皇家海軍和皇家空軍前往協助執行大撤退的計劃。

在希特勒得知英國遠征軍已經從敦克爾克抽身而出以及英國還擁有一支軍隊之前，他自信滿滿地告訴他的一位高級將領，他預期英國將會「明智地簽署和平條約」，而到時候他就能夠將心力轉移到征服蘇聯的軍事行動上。甚至在法國被迫投降之後，這位德國的獨裁者還是經由許多中立的調解者傳達出許多停戰的提案。假如發電機作戰徹底地失敗而不是那麼成功的話，那麼，絕大部分的軍隊遭到德軍所俘虜的英國就不得不認眞地考量希特勒將提出的那些停戰條件了。

由於邱吉爾意志非常堅定，甚至都不考慮或許可以和得意揚揚的納粹德國簽訂不致於喪權辱國的停戰協定，因而激怒了哈利法克斯。在倫敦的一些資深政治人士也認為，或許可以簽訂尚可接受的停戰協定，如此一來，將可使英國不致於遭受如同希特勒的空軍所威脅將造成的傷亡和摧毀。這些資深政治人士和無數的英國男女都試圖尋找一個使英國不再陷入戰爭的方法。這些英國人相當擔心二十五萬名英國年輕人的命運，深怕他們會成爲德軍的俘虜。

當初被挑選擔任英國首相，希望能因而帶領英國在戰爭中獲勝的邱吉爾於就任之後的幾個星期當中，曾經極可能率領英國人民打一場英國歷史上最具毀滅性的敗戰。果眞如此，他的首相職位必將不保。由於許多著名的人物對於他的領導能力多所批評，使得他極可能被迫下台。假如似乎不可能在戰爭中獲致勝利而敵軍的蹂躪又日益迫近，再加上一般民衆又施壓要求無論如何必須接受希特勒所提「不喪權辱國」的停戰條件，那將使英國政府幾乎不可能有所抵抗了。

假如英國在這個階段退出戰局，那麼，將造成蘇聯和美國的情況在基本上發生重大的改變。

就蘇聯來說，結果將變得極爲可怕。德軍在不列顛戰役中雖曾試圖掌控英國的領空，卻未能如願。要是英國退出戰局，根本就不可能發生不列顛戰役。此一歷史性的戰役在發電機作戰結束後的第六個星期展開。德國空軍在此一戰役中不但損失了一、八八二架戰機，而且也失去了大多數作戰經驗極爲豐富的戰鬥機與轟炸機駕駛員。假如沒有遭受到上述那些重大的損失，那麼，當希特勒在次年六月對蘇聯發動閃電攻擊時，至少可以多擁有九五一架以上的戰機供其運用。

除此之外，要是英國已退出戰局，那他就用不著爲了對付英軍而必須部署軍隊在大西洋長城(Atlantic Wall)、西歐的其他地區、埃及西部的大沙漠地區，以及利比亞等地，如此一來，他將可多派遣高達四十個師以上的部隊來與俄國作戰。即使在沒有上述那些可望多出來的師級部隊和戰機，德國軍隊在入侵俄國的前四個月當中，就已經俘虜了大約三百萬的蘇聯戰俘。在最初的五個月期間，德軍佔領了全蘇聯百分之四十的人口所居住的地方。德軍在冬季來臨之前，不僅已摧毀了莫斯科城的外圍防線，而且也使得蘇維埃政府覺得必須展開棄城的行動。

假如德軍用不著派遣一些部隊和從敦克爾克撤退後整軍經武的英軍對抗，那麼，即使蘇聯擁有再多的後備部隊，那也將是不足爲懼。德軍大可以在一九四一年五月初就對俄國展開入侵行動，而用不著等到六月底，此外，也可以在季節變換之前佔領更多的陣地。如此，莫斯科很可能早已被佔領。甚至列寧格勒(Leningrad)也可能臣服於德軍。而且，歷史上極著名的史達林格勒冬季之戰（winter battle of Stalingrad, 此一戰役結束後，已可預言納粹德國將走向毀滅的道路）的結果將可能大爲改觀。

在德軍入侵蘇聯的第一個冬季，美國開始奮力運送軍需品給俄國人，希望能協助他們阻擋德軍的前進並進一步地對德軍採取攻勢。要是敦克爾克撤退行動失敗並使英國被迫退出戰局，那美國將很可能還是會堅守著先前那種不被捲入歐戰的信念。根據國務卿赫爾的看法：「假如我們對於英國繼續奮戰到底的決心還存有絲毫質疑的話，那我們是不會採取措施對其提供物資方面的援助。」而假如不對英國提供援助，那當然就更不可能對由共產黨所執政的俄國提供援助。這並不意謂著蘇聯這個世上最大的國家必然地會遭到德軍的摧毀。不過，若沒有美國的伸出援手，那不但很可能地將導致戰爭結局的改觀，而且也很可能使得戰後的俄國發生重大的變革。

法國在英國遠征軍被救援後的三個星期就淪入德軍的手中。這使美國極為震驚。然而，敦克爾克精神的充分發揮以及英國展現出奮勇抵抗納粹德國的決心，贏得了大西洋對岸美國人的讚賞、同情，以及支持。在發電機作戰結束的次日，《華盛頓晚報》反映了美國政府和一般大衆的看法：「由於攸關我們自己國家的安危，因此我們必須立即能解除對於同盟國的物質援助之禁令。」才不過幾天之後，財政部長莫根索私底下曾向一位官員透露：「我們正盡最大的努力來提供武器給予同盟國，不論合法或不合法。」自此之後，為了阻擋納粹，使其無法掌控西方世界，美國已經不得不直接介入戰爭了。

衡諸各種所曾經發生過的事件，像敦克爾克大撤退此種在短短幾天的行動之後就能造成世界歷史因而改觀，確實極為罕見。